KB193548

롱원

The Long Win, 2nd Edition :
There's more to success than you think by Cath Bishop
Copyright © Cath Bishop, 2024
This translation of The Long Win, 2nd Edition :
There's more to success than you think by Cath Bishop is published by
arrangement with Alison Jones Business Services Ltd trading
as Practical Inspiration Publishing All rights reserved.

Korean language edition © 2025 by Clabbooks
Korean translation rights arranged with Alison Jones Business Services Ltd trading
as Practical Inspiration Publishing through EntersKorea Co., Ltd., Seoul, Korea.

롱 윈

찰나의 영광을 넘어 오래 지속되는 승리로

캐스 비숍 지음 | 정성재 옮김

C
클랩북스

언제나 끝없는 호기심으로 나를 자극해
세상을 더 깊이 탐구하도록 이끌어 준 아버지 브라이언에게 목표의식은 종착점만 보고 달리게 하지만 목적의식은 관점을 만들어 준다. 그러면 자연스레 결과가 아닌 퍼포먼스에 집중하며 성공을 바라보는 시간 스케일이 넓어진다.

승리가 곧 성공이라는 편협한 기준에서 벗어나 나만의 승리 공식과 성공 비결을 찾아야 한다. 경쟁competition의 어원 competere는 "함께 노력하다"라는 뜻을 지닌다. 행복하고 풍성한 인간관계야말로 성공의 궁극적 척도이다. 찰나의 영광이 아니라 사람을 얻는 자가 진정한 승자로 남는다.

삶의 여정에서 지금 어느 순간에 처해 있든 승리와 성공이 당신에게 무엇을 의미하는지 진지하게 생각하고 싶다면 이 책을 읽기 바란다. 평생 흔들림 없이 붙들고 온 소박한 목적의식, 비록 출발은 늦었지만 남들보다 훨씬 오래 한 공부 덕에, 그리고 성공만을 쫓지 않고 주변과 부대끼며 살아온 덕에 나는 지금 제법 행복한 '롱 위너'의 삶을 살고 있다. 삶에 오래 남을 것들을 깨닫는다면 당신의 삶도 목적과 의미를 얻게 될 것이다.

— 최재천 | 이화여대 에코과학부 석좌교수, 생명다양성재단 이사장

승리와 패배는 현대 서구 사회가 성공을 바라보는 단순한 방식에 불과하다. 하지만 캐스 비숍은 경쟁의 실체가 그보다 훨씬 복잡하다는 사실을 명확히 보여 준다. 이토록 중요한 주제를 자신의 경험에 근거해 이야기하는 사람을 만나는 건 정말 반가운 일이다. 이 책을 읽으면 자신과 타인을 평가하는 방식에 대해 우리가 얼마나 잘못 알고 있는지 깨달을수 있다. 동기 부여에 관심이 있다면 이 책을 꼭 읽어 보기 바란다.
—마거릿 헤퍼넌 | 전 BBC 프로듀서, CEO 및 바스 경영대학원 교수

성공을 명확히 정의하지 않은 채 승리에 집착하는 일이 얼마나 위험한지 알게 되었다. 시의적절하면서도 반드시 필요한 책이다.
—매슈 사이드 | 전 올림픽 국가대표 탁구 선수, 《10대를 위한 그릿》 저자

금메달을 목표하는 건 간단하지만 실제로 따내긴 무척 어렵다. 스포츠의 이런 잔혹한 단순성을 넘어 승리라는 개념이 우리에게 어떤 도움이될 수 있는가? 우리는 정확히 무엇을 이기고, 왜 이겨야 하는가? 이 책은 이러한 질문을 던지며 우리가 자신을 더 깊이 이해하고 일, 가족, 그리고 인생의 모든 곳을 새롭게 바라보도록 돕는다.
—맷 브리틴 | 구글 유럽·중동·아프리카 법인장, 전 올림픽 국가대표 조정 선수

지금 이 시대에 아주 유용하고 적절한 책임에 틀림없다. 당신이 어떤 분야에 관심 있든 이 책에서 중요한 교훈을 얻을 수 있을 것이다. 모든 리더가 이 책을 읽었으면 한다. 그러면 세상은 더 나은 곳이 될 것이다.
—골디 세이어스 | 올림픽 창던지기 메달리스트, 비즈니스 코치

말콤 글래드웰, 매슈 사이드의 책과 어깨를 나란히 할 만하다. 지금처

럼 변화가 많은 시대에 이 책은 미래의 성공을 바라보는 날카로운 통찰을 제시한다. 당신과 주변 사람을 성장시키고 싶다면 반드시 읽어라.

─벤 헌트 데이비스 | 올림픽 조정 금메달리스트

개인과 집단의 성공을 다시 정의하게 된다. 그 모든 과정이 우리의 현실과 맞닿아 있다. 이 책으로 깨달음을 얻은 팀은 반드시 더 나은 팀이 될 것이다.

─사라 엘리스 & 헬렌 터퍼 | 어메이징 이프 Amazing If **공동 창립자**

나만의 승리 말고 모두의 승리를 염원하게 되는 책이다. 우리가 당면한 시대적 과제는 각자가 소비자로서 원하는 것을 손에 넣는 방식으로는 해결할 수 없다. 시민으로서 협력해야만 한다. 시대의 승리를 위해서라면 반드시 읽어야 할 지침서다.

─존 알렉산더 | 신 시민 프로젝트 New Citizen Project **공동 창립자, 《시민**Citizens**》 저자**

세상을 다른 시각으로 바라보는 건 아무나 할 수 있는 일이 아니다. 이토록 깊이 있는 연구와 풍부한 경험, 그리고 참신한 아이디어로 가득한 이 책이 당신의 관점을 완전히 바꿔 놓을 것이다.

─클레어 볼딩 | BBC 스포츠 진행자, 저널리스트

이 책의 생각에 전적으로 동의한다. 문화를 바꾸는 유일한 방법은 왜 변화가 필요한지를 사회에 교육하는 것이니까. 그다음 더 나은 방법을 제시해야 한다. 이 책은 세상을 변화시켜 다음 세대가 더 나은 세상을 누릴 수 있도록 예리한 질문들을 던진다.

─발로리 콘도스 필드 | UCLA 체조 코치, PAC─12 선정 '세기의 코치'

강력하고 탁월한 책이다. 그녀는 퍼포먼스를 내야 하는 선수들이 어떤 좌절을 겪는지 제대로 이해하고 있다. 그리고 더 나은 성장의 방향까지 제시한다. 스포츠계의 감독, 교사, 리더라면 반드시 읽어야 한다.

—에바 카네이로 | 운동 의학 컨설턴트, 전 프리미어리그 팀 닥터

당신의 성공 기준에 따라 당신이 생각하는 스스로의 가치도 달라진다. 이 책을 읽고 나면 자기만의 방식으로 성공을 정의할 수 있게 되고, 결과에 집착하는 나쁜 습관을 버리게 될 것이다. 게임을 바꾸려 하지 말고 당신에게 승리란 무엇인지 새롭게 정의해 보기 바란다.

—크리스 샘브룩 | 전 영국 조정 올림픽 팀 스포츠 심리학자(1997-2019)

누군가는 자신이 승승장구했다고 생각할 것이고 누군가는 한 번도 승리하지 못했다고 생각할 것이다. 어느 쪽이든 우리가 당연하게 여겨 온 승리의 의미를 신랄하게 깨부수는 책이다. 승리를 포괄적으로 바라볼 수 있을 때, 우리는 건강하고 지속 가능한 21세기를 만들 수 있다.

—앨리슨 메이트런드 | 스포츠 심리학자, HR 디렉터 및 컨설턴트

A+만 바라는 문화 대신 협력하고 도전하는 문화를 정착시키고 싶은 교육자라면 이 책을 꼭 읽어 보기 바란다. 학생들이 다채로운 역량을 갖추고 더 행복해지도록 이끄는 데 도움이 될 것이다.

—수지 롱스태프 | 전 푸트니 하이스쿨 교장, 전 올림픽 국가대표 조정 선수

승리만 추구하는 문화는 '패자'뿐만 아니라 '승자'에게까지 해롭다. 내가 살고 싶은 세상은 캐스의 비전처럼 더 자비롭고 협력적인 세상이다.

—로즈 새비지 | 2011 내셔널지오그래픽 선정 '올해의 모험가', 환경 운동가 및 연설가

어떻게든 이겨야 한다는 집착은 문화적으로 아주 깊이 뿌리내려 있다. 우리는 이 사실을 쉽게 간과하거나 과소평가하지만 이 책이 조명 역할을 해 주었다. 캐스는 삶을 바라보는 방식을 바꾸고 진화해야 할 때임을 설득력 있게 주장한다. 인류 역사에서 지금이야말로 이 책이 꼭 필요한 순간이라고 확신한다.

—사이먼 먼디 | BBC 방송인

스포츠, 정치, 비즈니스, 개인의 삶에 이르기까지 인간의 동기에 대한 깊이 있고 보람찬 탐구로 가득하다.

—〈파이낸셜 타임스〉

'책이 인생을 바꿀 수 있다'고 말할 일은 흔치 않지만 이 책은 확실히 그럴 수 있다. 경쟁이 아니라 협력이 더 나은 삶을 만들기에. 모두가 읽어야 할 책.

—〈데일리 메일〉

일러두기

1. 이 책은 영국에서 출간한 《The Long Win(2020)》의 개정판(2024)입니다. 국내에는 개정판만
   출간되었습니다.
2. 국내 출간 저자나 국가 원수 등 널리 알려진 인명은 원어 병기에서 제외하였습니다.
3. 국내 미출간 도서는 번역한 제목 옆에 원제목을 함께 적었습니다.
4. 이 책에 인용된 도서는 모두 영미판이며 자세한 출처는 '주' 페이지에 있습니다.
5. 도서는 《 》으로, 기사, 논문, TV 프로그램 시리즈, 영화, 강연 제목은 〈 〉으로 표기하였습니다.

◆

non teneas aurum totum quod splendet ut aurum.[1]
금처럼 반짝이는 것이 전부 금은 아니다.

—알랭 드 릴Alain de Lille

◆

"세상은 승리 너머에 있다."

—노자

◆ 책을 개정하며

변화는 이미 시작되었다. 처음 이 책을 집필할 때만 해도 걱정이 이만저만이 아니었다. 이 이야기가 너무 급진적으로 보이지는 않을까? 거부감을 불러일으킬 정도라면? 잘 지내고 있는 사람들을 굳이 들쑤셨다가 외면당하는지는 않을까?

하지만 2020년 10월, 초판이 출간되었을 때 사회에는 이미 변화의 물결이 일고 있었다. 코로나19 팬데믹이 삶을 송두리째 흔들어 놓자 우리는 진정 중요한 것이 무엇인지를 다시 고민해야 했다. 그해에 하계 올림픽이 연기되고, 넷플릭스 다큐멘터리 〈우리는 영원히 어리지 않다〉가 전례 없는 규모의 성 학대 사건을 폭로하며 스포츠계에 큰 파장을 일으켰다. 다큐멘터리의 후폭풍으로 스포츠계는 지금도 변화 중이다. 기업 문화에도 위기가 잇따랐다. 이제 기업들은 목표를 명확히 세우고 직원의 복지를 증진하며, 환경에 대한 책임과 사회적 영향력을 키우는 데 주력하고 있다.

성공이란 무엇인가.
우리는 성공을 어떻게 추구해야 하는가.

비즈니스, 스포츠, 교육, 정치, 개인의 삶에 이르기까지 성공을 다시 정의하자는 목소리가 날로 커졌다. 개인은 물론이고 공동체를 위해서라도 성공의 개념을 새롭게 그려야 할 때다. 여기에 필요한 능력과 의지를 보태기 위해 개정판을 썼다.

초판의 독자들에게 꾸준히 받은 피드백 중 하나는 '롱 윈 사고'를 실천할 만한 구체적인 방법을 더 알려 달라는 것이었다. 그래서 이번 개정판에 '롱 위너'들의 짧은 이야기를 추가했다. 새로운 길을 개척한 리더들이 어떻게 성공을 정의하고 실천하고 있는지 엿볼 수 있을 것이다. 마지막에는 다양한 팁도 소개한다. 지난 몇 년간 얻은 교훈을 모두 반영하고자 했다.

올림픽, 전쟁터, 그리고 비즈니스 현장과 학교의 최전선에서 경험한 이야기를 담았다. 다양한 사례와 연구 결과를 조사하면서 운동선수, 학자, 교사, 심리학자, CEO 등 각계 전문가를 직접 만났다. 그 덕분에 승리가 궁극적으로 우리 삶에 어떤 영향을 미치는지, '최고의 성과를 내야 하는' 환경이란 무엇인지 자세히 탐구할 수 있었다.

승리는 인간 문화에서 아주 큰 비중을 차지한다. 하지만 정확히 정의하기는 어렵다. 겉으로 드러나는 모습과 표면 아래의 모습이 사뭇 다르기 때문이다. 승리는 우리의 의식과 무의식에 모두 녹아 있다. 따라서 승리를 알려면 통상적인 관점에만 머물러서는 안 되고 온갖 선입견과 신념을 두루 고려해야 한다.

이 책은 광범위한 분야를 이야기할 것이다. 그래서 더더욱 깊이를 잃지 않으려 노력했다. 어느 한 장도 빠짐없이 우리에게 필요한 이야기를 담고자 했다. 때로는 도발적일 수 있는 내용도 담아야 했다. 이 책을 쓰는 일은 지극히 개인적인 작업이기도 했다. 스포츠, 외교, 교육, 비즈니스, 그리고 가족까지 내가 경험한 세상을 한층 더 깊이 이해할 수 있었기 때문이다.

나는 우리가 당연하게 여기는 것들에 질문을 던지고 싶다. 우리가 어떻게 사고하고 행동하는지, 평소에 어떤 말들을 주고받는지, 나 자신부터 가족과 친구, 동료를 움직이는 근본적인 동기는 무엇인지 모든 것을 다시 고찰해 볼 필요가 있다.

이 책을 통해 많은 분이 자신만의 '성공'을 정의할 수 있게 되기를 바란다. 나 역시 승리와 성공이 내게 어떤 의미인지 끊임없이 고민해 왔다. 이런 탐구의 시간을 거친다면 지금 우리가 살아가는 세상은 물론, 미래 세대가 물려받을 세상에서도 모두가 더 큰 의지를 가지고 풍부한 기회를 누릴 수 있으리라 믿는다.

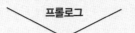

올림픽 7분 8.66초의 기억

◆ **2004년 8월 21일 오전 9시 10분, 스키니아스 호수**

출발선에 앉아 몇 차례 심호흡을 하며 자세를 바로잡았다. 우리
는 5번 레인이었다. 왼쪽으로는 루마니아, 벨라루스, 캐나다, 독일
대표 팀이 있었고 오른쪽으로는 뉴질랜드 대표 팀이 자리했다.
가만히 앉아 있는데도 심장 박동이 빨라졌다.

아테네 외곽을 둘러싼 언덕이 굽이굽이 장관을 이루었다. 이 언
덕들은 오래도록 자리를 지키며 그리스의 역사를 지켜보았으리
라. 나는 한 번 더 심호흡한 뒤 고개를 돌려 나의 뒤에 앉아 있는
캐서린을 바라봤다. 우리는 눈빛만으로 수많은 말을 주고받았다.

캐서린의 뒤로는 우리가 뚫고 가야 할 2,000미터에 달하는 잔

잔한 수면이 보였다. 나는 다시 고개를 돌려 출발선의 팽팽한 긴장 속에서 숨을 크게 내쉬었다. 출발 심판이 대기 중인 구조물 앞면에는 거대한 오륜기가 걸려 있었다. 전보다 더욱 깊이 숨을 들이마셨다. 지금까지 수도 없이 연습한 첫 노질을 머릿속에 그려보았다. 앞으로 7분간 펼쳐질 레이스가 얼마나 중요한지 되새겼다. 올림픽 결승전에 출전하기까지 몇 주, 몇 달, 아니 몇 년을 준비했다. 게임의 규칙은 간단했다. 가장 먼저 결승선을 통과한 자만이 승리한다.

◆ **2004년 8월 21일 오전 9시 15분, 스키니아스 호수**

노를 저을 때마다 통증이 심해졌다. 숨 쉬기가 힘들고 초점도 흐려지기 시작했다. 우리 팀은 어디에 있고 경쟁자는 어디에 있는지 파악되지 않았다. 그런데도 의식은 또렷했기에 이 레이스에서 가장 중요한 마지막 구간에 다다른 것을 분명히 알아차렸다. 지금부터 90초를 어떻게 보내느냐에 따라 남은 인생이 달라질 터였다.

나의 의식은 노를 젓는 데만 집중하는 듯했다. 그러나 무의식 어딘가에서 인생의 여러 순간이 주마등처럼 스쳐 지나갔다. 시험 공부에 몰두하던 시절, 최악으로 남은 학교 운동회, 의욕을 꺾던 체육 선생님들, 성적표를 들고 집으로 가던 날, 처음으로 노를 손에 쥔 순간까지…. 얼마나 많은 부침을 겪었는지 모른다. 그 많은 기회와 선택이 쌓이고 쌓여 마침내 여기까지 오게 되었다.

결승선까지 50번의 노질을 남겨 둔 순간 본능적으로 느꼈다. 우리가 얼마나 지쳐 있든 간에, 지금이야말로 전력을 다해야 할 때라는 것을 말이다. 흐릿해진 시야 너머로 우리의 위치를 확인했다. 선두는 아니었지만 크게 뒤처지지도 않았다. 남은 기력을 쥐어짜서라도 속도를 높여야 했다.

경기 전부터 나는 이미 우리 앞에 두 가지 결말이 기다리고 있다는 걸 알고 있었다. 첫 번째는 영광의 결말이다. 승리한 선수가 꿈을 이루고 새 역사를 쓰면서 마침내 빛나는 커리어를 완성한다. 다른 하나는 실패한 결말이다. 이 결말의 주인공은 끊임없이 도전하지만 거듭 실패하고 결정적인 순간 무너져 내린다. 어느 쪽이든 내 이야기가 될 수 있었다. 그리고 어느 쪽이든 내 인생을 크게 바꿔 놓을 것이다.

◆ **2004년 8월 21일 오전 9시 16분, 스키니아스 호수**

마지막 몇 차례의 노질이 승부를 결정할 참이었다. 기진맥진한 상태였지만 노를 물속에 빠르게 넣고, 있는 힘껏 물살을 가르며, 다시 정교하게 들어 올리는 데 온 힘을 썼다. 수천 시간 동안 함께 훈련하며 들었던 캐서린의 구령에 맞춰 몸을 움직였다. 때로는 말하지 않아도 그 소리가 들리는 듯했다.

온갖 생각이 또렷하게 스쳐 지나갔다. 나를 사랑하고 응원해 준 모든 이들과 지금이 아니면 영영 기회가 없다는 사실. 내가 이 자리까지 어떻게 올 수 있었는지에 대한 의문과 앞으로 다시는 노

를 젓지 않겠다는 결심. 그리고 내 안에서 무언가를 더 찾아야만
한다는 깨달음.

꽉 들어찬 관중석 옆을 지나자 사람들의 함성이 보트와 몸을
따라 고스란히 전해졌다. 귀가 먹먹해져도 고함 소리와 발 구르
는 소리는 선명히 들리는 듯했다. 그때 나는 본능에 따라 움직이
고 있었다.

◆ 2004년 8월 21일 오전 9시 17분, 스키니아스 호수

결승선을 통과한 순간, 관중의 함성이 멈췄다. 조금 전까지만
해도 미친 듯이 노를 젓던 몸이 노 위로 축 늘어졌다. 불과 몇 분
전까지 감돌았던 긴박함이 순식간에 사라졌다. 청각이 선명해지
자, 신선한 공기를 들이마시려 헐떡이는 폐 때문에 귀가 아플 지
경이었다. 내 몸은 자동 수습 단계에 돌입했다. 근육에 쌓인 엄청
난 양의 젖산을 분해하고 산소 부족으로 인한 괴로움을 해소하려
했다. 한편 머릿속에서는 방금 전 무슨 일이 일어났는지 파악하
려고 했다. 이내 질문 하나가 떠올랐다. '금메달인가?' 메달을 획
득한 세 나라의 응원단이 국기를 흔들며 환호했다. 그중 영국 국
기를 흔드는 사람이 몇몇 눈에 띄었다.

짧고 단순한 전자음이 울리면 결승선을 넘었다는 뜻이다. 수년
의 노력이 마침표를 찍는 순간. 물론 대다수에게 꿈과 희망이 사
라지는 순간이기도 하다. 결승선을 앞두고 여러 팀이 접전을 펼
치면 삐 소리가 연달아 울린다. 아무리 지쳐도 그중 어떤 삐 소리

가 우리 팀의 완주 소리인지는 바로 알아차릴 수 있다. 이날 역시 나는 우리 팀의 전자음이 어느 것인지 알고 있었다. 하지만 그 사실을 받아들이기 어려웠다.

조정 선수의 시선은 보트가 움직이는 방향과 반대다. 그렇기 때문에 나보다 뒤처지는 상대는 볼 수 있지만 나를 앞서는 상대는 볼 수 없다. 노에 몸을 기대어 멍하니 떠 있는 동안 주변을 둘러보았다. 불과 몇 초 전까지 경합했던 보트들이 보였다. 딱 한 척을 제외하고. 그게 무엇을 의미하는지는 너무도 명확했다.

◆ 2004년 8월 21일 오전 9시 20분, 스키니아스 호수

경기가 끝나고 얼마 지나지 않아 심판진은 우리에게 배를 돌려 시상대가 있는 배다리로 출발하라고 말했다. 나에겐 익숙하지 않은 경로였다. 시상대에 오르는 건 세계 선수권 대회에서 두 번뿐, 올림픽에서는 처음이었다. 이전에 참가한 두 번의 올림픽 경기에서는 경기를 마친 뒤 힘겹게 노를 저어 보트장으로 돌아가야만 했다. 3위 안에 들지 못했기 때문이다. 그때마다 좌절하고 무너져 내린 패자의 심정이 되곤 했다.

낯선 사람들이 우리를 향해 깃발을 흔들고 있었다. 혹시 아는 얼굴이 있을까 싶어 관중석을 살폈지만 모든 것이 흐릿했다. 방금 전만 해도 나는 사투를 벌이고 있었고, 7분 동안 전력을 다한 몸은 아직 회복되지 않은 상태였다. 멍한 표정으로 보트에서 내린 뒤 본능적으로 캐서린을 껴안았다가, 다리에 힘이 풀려 그대로 주저앉았다. 지원 팀 중 한 명이 물을 건네주었다. 탈수 증세가 심각한 상태에서 뙤약볕 아래에 서 있던 내가 간절히 원한 것이었다. 그야말로 꿀맛이었다.

우리는 BBC 스포츠 프로그램 진행자들이 있는 쪽으로 이동했다. 그곳에는 올림픽에서 다섯 번이나 금메달을 딴 전설적인 조정 선수 스티브 레드그레이브Steve Redgrave도 있었다. 인터뷰는 즉흥적으로 진행되었다. 경기 결과를 어떻게 생각하느냐는 질문과 함께 마이크가 코앞까지 들이닥쳤다. 뭐라 답해야 할지 혼란스러웠다. 지금도 잘 기억나지 않지만, 아마 경기에 나설 수 있어 영광이었으며 최선을 다했다고 대답했던 것 같다. 제대로 답하지 못한 것이나 마찬가지였다.

인터뷰가 끝난 뒤 메달 수여식이 열릴 예정이었다. 가운데에는 금메달, 오른쪽에는 은메달, 왼쪽에는 동메달 수상자가 선다. 우리는 오른쪽에 서서 은메달을 목에 걸고 고대 올림픽을 연상케 하는 월계관을 머리에 썼다. 뒤이어 세 나라의 국기가 게양됐다. 다른 나라의 국가가 울려 퍼졌다.

경기를 마치고도 여전히 머릿속은 복잡했다. 오랫동안 준비해온 순간이 마침내 끝났다는 사실에 후련했고, 한편으로는 혼란스러웠다. 나는 이 경기에 모든 걸 쏟아부었고, 시상대에 올라 2위라는 성과를 냈다. 이 결과를 어떻게 받아들여야 할까? 마음속에 계속해서 이 질문이 맴돌았다.

◆ 승리와 패배

'동료들은 이 결과를 어떻게 생각할까?' 가장 먼저 떠오른 사람은 오랜 시간 나와 함께 노를 저었던 캐서린이었다. 나는 올림픽 메달이 처음이었지만 캐서린은 은메달만 두 번째였다. 하지만 은메달을 두 개나 원하는 사람은 없다. 엘리트 스포츠 세계는 오직 금메달만 기억하기 때문이다. 우리는 캐서린의 아쉬움을 날려 버리고, 영국 여자 선수 최초로 올림픽 금메달을 따겠다는 목표를 이야기했었다. 비록 그 꿈은 물거품이 되었지만 올림픽을 준비하면서 겪은 수많은 과정은 남았다. 우리 둘만이 알고 평생 공유하게 될 이야기들이었다.

'감독님은 뭐라고 하실까?' 그는 1996 애틀랜타 올림픽에서 호주 대표 팀을 금메달로 이끌었지만 2000년 조국에서 열린 시드니 올림픽에서는 아쉽게 은메달에 그치고 말았다. 아테네 올림픽은 그가 영국 대표 팀 감독이 되어 처음 참가한 올림픽이었다. 그에게도 은메달은 결코 만족할 만한 성과가 아니었을 것이다. 당시 그가 어디에 있었는지 알지는 못했지만, 우리를 만나기 전에 나름대로 마음을 추스르고 있으리라 생각했다. 생각은 다음 단계로 넘어갔다.

'다른 사람들은 뭐라고 할까?' 경기장에 온 기자들은 벌써 내일자 기사를 작성하고 다음 경기를 기다리고 있을 테고, 수많은 이들의 평가도 곧 쏟아질 것이다. 관중들은 집으로 돌아가는 길에 누가 영웅이었고 누가 겁쟁이였는지, 누가 용감하게 싸웠고 누가 긴장감을 이기지 못했는지 이야기를 나눌 것이다.

'부모님은 어떻게 생각하실까?' 마지막으로 이 질문을 던지고 나니 온몸의 긴장이 풀렸다. 어머니와 아버지는 결과를 별로 신경 쓰지 않을 것 같았다. 스포츠와 담을 쌓고 살다가 나 때문에 이 세계를 알게 된 두 분은 언제나 내 반응을 먼저 살폈다. 한번은 경기가 끝난 뒤 내게 너무 잘했다며 칭찬을 건넸는데, 그 경기에서 나는 우승도 하지 못했고 기뻐할 기분도 아니었다. 그때부터 부모님은 내 기대치에 맞춰 당신의 기대치를 조절해 주었다. 아마 이번에도 초조하게 내 반응을 기다리고 있을 것이었다.

승리란 뭘까? 성공은 어떤 모습으로 어떻게 다가올까? 지금까지의 내 경험이 그 답을 알려 줄 수 있을까? 이런 의문을 품고 사는 건 나뿐이 아니다. 수년이 지났지만 나는 아직도 "결승선을 통과할 때 기분이 어땠나요?"라는 질문을 받는다. 나는 그 답을 찾기 위해 오랫동안 고민하고 내 마음을 들여다보려 노력했다. 그러다 문득 이 질문은 나만의 문제가 아니라 질문을 던진 사람의 문제이기도 하다는 사실을 깨달았다. 우리는 모두 승리의 의미를 고민하며, 각자의 성공 기준을 정의하기에 앞서 누군가의 경험을 참고하고 싶어 한다. 한동안 나는 이런 고민을 나만 하고 있다고 생각했다. 하지만 다시 보니 모두가 같은 고민을 가지고 있었다.

우리는 어쩌다
승리에 집착하게 되었나

스포츠계를 떠날 때만 해도 이제 승리에 집착하는 세상과 완전히 이별했다고 생각했다. 하지만 어딜 가도 승리는 빠지지 않는 화두였다. 나는 이 개념이 우리 삶과 사회에 어쩌다 이토록 깊이 스며들었는지, 그래서 어떤 현상이 벌어지고 있는지 알고 싶어졌다. 외교관으로 일할 땐 큰 협상 상황에서 승자와 패자가 갈리는 장면을 목격했다. 경영 컨설턴트로 일하고부터 각 시장에서 1등을 차지하고 경쟁자를 몰아내려는 기업을 수도 없이 만났다. 사람들은 언제까지나 '승리 공식'이나 '성공 비결'을 찾아 헤맸다.

아이를 키울 때마저도 승자와 패자가 존재하는 세상에 던져진 기분을 느꼈다. 학교는 아이가 성적과 등수에 지나치게 집착하도록 만들었다. 재능 있고 우수한 학생이 아니라면 의욕이 없고 무기력한 학생이라는 꼬리표가 붙었다. 법조계, 금융계, 컨설팅 업계에 진출한 동창들은 모두 업계 최고가 되기 위해 치열하게 경쟁했다. 마치 올림픽 선수처럼 말이다.

우리는 '승리'라는 언어와 문화에 둘러싸여 있다. 우리를 승자로 만들어 주겠다는 책이나 상품이 수백만이다. 20세기 명곡인 아바ABBA의 〈The Winner Takes It All〉, 롤링 스톤스The Rolling Stones의 〈Winning Ugly〉, 퀸Queen의 〈We Are The Champions〉처럼 승리를 부르는 노래는 많다. 미디어에도 스포츠 영웅, 패션 모델, 정치인, 유명 기업가 등 사회적 롤 모델로 추앙받는 이들이 승자로 소개된다.

이렇게 매일 승자를 접하면 우리가 세상을 바라보는 관점은 어떻게 변할까? 우리는 누구를 롤 모델로 삼을까? 그들은 우리에게 어떻게 하라고 말하는가? 옆 사람은 나의 동료인가, 적인가? 주변 사람들을 도와야 하는가, 아니면 밟고 넘어서야 하는가? 승리의 언어는 이미 일상에 스며들었다. 그리고 이 언어는 우리가 승리를 원한다는 믿음을 의식적으로든 무의식적으로든 강화한다. 이런 승패 이분법에 맞서기란 쉽지 않다. 그런 건 '패배자'나 할 법한 일이기 때문이다. 하지만 그게 바로 내가 감히 하고자 하는 일이다.

승리를 지나치게 단순하고 편협하게 정의하면 심각한 부작용이 따른다. 이기면 좋고 지면 나쁘다는 식의 이분법적 관점이 현실을 얼마나 반영할 수 있을까? 승리 지상주의는 인간을 망가트린다. 이제는 화려한 트로피 너머에 어떤 그림자가 숨어 있는지 알아야 한다. 성공을 더 현명하게 정의할 때가 되었다.

◆ 승자, 만들어진 환상

우리는 평소에 성공을 어떻게 인식하고 있을까? 사람들에게 승리 하면 무엇이 떠오르는지 물으면 으레 비슷한 대답이 돌아온다. 메달, 시상대, 트로피, 환호하는 사람들, 최고가 되는 것, 경쟁자를 물리치는 것…. 특정한 몸짓을 이야기하는 사람도 있다. 예컨대 함박웃음, 불끈 쥔 주먹, 만세 등이다. 문장을 인용하기도 했다. "누구나 승자를 좋아한다." "이기는 건 중요하지 않다. 경쟁에 참여하는 것 자체가 중요하다."(후자는 대개 비꼬는 어조의 답변이었다.) 그 외에도 개인적인 성취 경험, 올림픽 역사에 상징적으로 남은 승리 또는 스포츠 스타, 바다와 육지를 정복한 모험가, 세계적인 거물 기업가, 나폴레옹이나 넬슨 만델라 같은 세계적인 위인 등 답변은 아주 다양했다.

우리가 떠올리는 승자는 모두 영웅적이며 때로는 초인적이다. 마치 이 세상에 없는 마법 같기도 하다. 이처럼 굉장히 본능적인 인식은 개인의 일상과 직장 생활에서 쉽게 찾아볼 수 있고 심지어 사회적 규범으로 받아들여질 정도다. 승리가 곧 성공이고, 성공이 곧 승리다. 특히 상대방을 '이기는 것'이 승리라고 생각하는 사람이 많다.

승리와 성공을 이야기하다 보면 최고의 능력을 발휘하기 위해서 경쟁이 필요하다는 의견이 곧잘 등장한다. 어떤 사람들은 획기적인 발명, 남극점 정복, 달 착륙 등 인류의 위대한 성과가 전부 경쟁 덕분이라고 믿는다. 하지만 나는 이 문제가 그리 간단하다고 생각하지 않는다. 경쟁이 늘 긍정적인 원동력이라고 믿으면 너무 많은 것을 놓치게 된다.

우리가 영웅이자 롤 모델로 삼는 이들의 삶과 경험을 더 폭넓게 살펴보고 싶다. 이를테면 달에 최초로 착륙한 우주 비행사들의 삶이다. 그들은 지구로 돌아오면서 어떤 감정을 느꼈을까? 달에 착륙한 최초의 인류 두 명 중 하나인 버즈 올드린Buzz Aldrin은 실제로 지구로 귀환 후 우울증에 시달렸다. 그는 달의 풍경을 보고 "웅장한 황무지"라고 말한 바 있는데, 이 표현이 지구로 돌아온 후 자신의 삶에 똑같이 적용된 셈이다.[2]

달 탐사 경쟁은 국제 정치의 일부였다. 당시에는 전 세계가 승리와 패배라는 단어에 푹 빠져 있었다. 그러나 경쟁에서 승리한다고 해서 기후 변화, 테러, 세계 보건, 사회 불평등 같은 당대의 주요 쟁점들이 해결되지는 않았다.

우리는 승리의 의미를 너무나도 단순하게 생각한다. 경쟁자를 모두 꺾어 1등을 하는 것이라고. "이기는 것이 전부가 아니다. 유일한 것이다Winning isn't everything; it's the only thing."라는 진부한 말이 사무실이나 운동장은 물론이고 가정집 곳곳에 널리 퍼져 있다. 대부분의 사람은 원래 인생이 이런 것 아니겠냐며 이를 당연하게 받아들인다. 이런 언어에 익숙해지면 '승리는 우리 삶을 좋게 만들고 모두 승리를 갈망해야 한다'는 믿음이 강화된다. 이런 믿음을 가진 채 계속 살아갈 수도 있다. 하지만 더는 그런 선택을 해서는 안 된다. 낯설게 들리겠지만, 승리에 집착할수록 우리에게 유익하지 않다는 사실을 이제는 마주해야 한다.

◆ '망가진 인간'을 만드는 승리 지상주의

승리가 곧 성공이 아닌 사례는 얼마든지 있다. 로드 사이클 대회 투르 드 프랑스 7연패에 빛나던 랜스 암스트롱Lance Armstrong은 도핑 사실이 적발되면서 우승 타이틀을 모두 박탈당했다. 잉글랜드 최고의 럭비 선수 조니 윌킨슨Jonny Wilkinson은 더 많은 경기에 나서고, 더 많은 타이틀을 따내고, 더 많은 득점을 올리면 우울증이 사라지고 삶의 기쁨을 찾을 수 있으리라 기대했다. 하지만 그의 말마따나 "그걸로는 한참 부족했다."[3] 올림픽 금메달리스트가 탈의실 쓰레기통에 메달을 던져 버렸다는 이야기도 있다. 그만큼 결과를 내는 과정이 고통스러웠던 것이다.

이제 우리가 바라보는 성공의 모습은 어떻게 달라졌는가? 승자들은 어떤 대가를 치렀는가? 우리가 무시하고 외면해 왔던 레이스의 패자들은 또 어떤가? 단지 1등을 하는 것만이 성공이라는 편협한 기준 때문에 탁월한 재능과 미래의 가능성을 얼마나 내팽개쳤는가?

수많은 교사가 성적, 목표, 서열을 중심으로 돌아가는 학교 시스템에 지쳐 교직을 떠나고 있다. 여러 연구 결과에 따르면 학교에서 승자라 할 수 있는 우등생들이 사회에 나가서도 반드시 성공적인 커리어를 쌓는 건 아니다. 우리가 잘 알고 있는 빌 게이츠도 하버드를 중퇴했고 스티브 잡스와 리처드 브랜슨은 학창 시절에 두각을 나타내지 못했다고 전해진다.

비즈니스 세계에도 최고가 되기 위해 싸우다 오히려 크게 실패한 사례가 많다. 프레드 굿윈Fred Goodwin은 스코틀랜드 왕립은행을 이끌며 연달아 큰 성과를 냈으나 2008년, 영국 기업 역사상 가장 큰 손실을 기록하며 정부로부터 전례 없는 구제 금융을 받았다. 과연 그를 어떻게 평가해야 할까? 사상 최대 규모의 폰지 사기를 벌인 투자자 버니 메이도프Bernie Madoff는 또 어떤가? 거대 기업이지만 장기적으로 볼 때 성공을 거두지 못한 엔론Enron이나 폭스바겐Volkswagen은? 요즘 웬만한 기업들은 생산성이 제자리걸음인 데다 분야를 막론하고 직원들의 직무 몰입도가 떨어지고 있다. 번아웃 문제는 그 어느 때보다 심각하다. 이러한 현실을 볼 때 '최고가 되자.', '경쟁자를 물리치자.', '1등이 되자.' 같은 진부한 메시지는 더 이상 효과가 없어 보인다. 하버드 경영대학원을 졸업하고 현재 투자 업계에서 연봉 120만 달러를 받으며 일하는 사람을 만난 적이 있다. 그는 대학원 시절 스스로 정의한 성공 기준을 대부분 충족한 상태라고 했다. 하지만 출근하는 게 너무 싫다며 "인생을 낭비하는 기분이에요."라고 고백했다.

승리하려는 욕망은 사회 곳곳에 문제를 일으킨다. 언론과 학문,

법률 제도의 질을 떨어트린다는 사실은 이미 확인된 바 있다. 언론의 주목을 받고 할리우드 영화 소재가 될 정도로 굵직한 법정 사건도 발생한다. 법정에서는 피고와 원고가 양편으로 나뉘어 첨예하게 자신의 주장을 펼친다. 이들은 승리를 거두기 위해 주장을 왜곡하고 거짓말까지 한다.

장기적이고 거시적인 관점에서 승자를 살펴보면 우리가 흔히 생각하는 성공의 정의는 흔들릴 수밖에 없다. 일반적으로 승리하면 우리는 이런 장면들을 떠올린다. 시상대에 오른 사람의 모습, 기업의 연간 수익 발표회, 법정에서의 승소, 압도적인 차이로 당선된 정치인 등등. 그러나 테니스 스타 크리스 에버트Chris Evert 는 윔블던 테니스 대회에서 우승한 기쁨이 단 일주일뿐이었다고 말한다. 그럼 그 이후에는 어떻게 되는 걸까?

스포츠 선수의 삶에서 승리와 패배는 무엇을 뜻할까? 기업의 성공은 장기적으로 어떤 모습일까? 학교에서 좋은 성적을 받는 것이 훗날 그 학생에게 어떤 도움이 될까? 정치인이 선거에서 당선되어 권력을 쥐었을 때, 어떻게 해야 이 결과가 우리 시대의 과제를 해결하는 방향으로 이어질 수 있을까? 만약 성공이 일시적이라면, 그다음에는 무엇이 뒤따를까?

미국의 전설적인 체조 코치 발로리 콘도스 필드Valorie Kondos Field는 승리를 추구하는 세상이 '망가진 인간'을 만들고 있다며 우려를 표했다. 그녀는 TED 강연 〈이기는 것이 꼭 성공은 아닌 이유Why Winning Doesn't Always Equal Success〉에서 이렇게 말한다.

우리는 어떤 수단을 동원해서라도 승리해야 한다는 문화를 만들어 냈습니다. 그리고 이 문화 때문에 위기에 처했습니다. 우리 사회는 피라미드의 정점에 선 사람을 존경합니다. 트로피를 든 챔피언, 선거에서 이긴 정치인, 각종 수상의 영예를 안은 사람에게 열렬한 박수를 보내죠. 하지만 안타깝게도 그들 중 상당수는 상처를 입고 몸담고 있던 곳을 떠납니다. 100점으로 가득한 성적표를 받은 아이는 학교를, 메달과 우승 트로피를 손에 넣은 스포츠 선수는 팀을 떠납니다. 신체적으로만 그런 게아니고 정신적, 감정적으로도 상처를 받는 것입니다. 심지어 막대한 이윤을 남긴 직원이라도 상처를 입고 회사를 떠날 때가 많습니다.[4]

승리가 이토록 많은 악영향을 낳는다면 이제는 무슨 일이 벌어지고 있는지 더 깊은 차원에서 살펴볼 때가 아닐까? 나아가 어쩌다 이 지경에 이르렀는지 파악하고, 변화를 일으킬 방법도 모색해야 하지 않을까?

◆ 승리를 다시 정의해야 할 때
승리나 경쟁, 또는 최선을 다하려는 마음을 싸잡아 부정하지는 않는다. 이것들에 씌워진 고루한 틀을 벗기고 더 바람직하게 받아들이는 방법을 고민하자는 것이다. 승리가 진정한 성공으로 이어지지 않는 경우를 이해하기 위해 우리가 그동안 외면하고 대충

덮어 두던 진실을 제대로 들추어내려 한다. 동전의 양면, 즉 승리가 가져다주는 밝은 면과 어두운 면을 모두 알아야 비로소 성공의 의미를 재정립할 수 있으며, 찰나의 영광을 넘어 훨씬 오래 지속되고 멀리 나아가는 목표를 세울 수 있다. 성공에는 우리의 생각보다 훨씬 많은 의미가 담겨 있다. 우리는 그것을 알아야 한다.

이렇게 깊이 뿌리내린 문화 현상을 분석하기 위해서는 당장 볼 수 있는 것과 그렇지 못한 것을 모두 탐구해야 한다. 우리는 회의 준비나 보고서 작성처럼 눈에 보이는 일은 손쉽게 해낸다. 하지만 마음과 생각, 믿음과 감정을 고려하는 법은 잘 모른다. 정작 이 보이지 않는 요소들이 눈에 보이는 일을 지배하며 우리의 행동과 관계를 결정하는데 말이다. 그래서 우리는 성공의 구성 요소 중 눈에 보이는 것과 그렇지 않은 것을 모두 들여다볼 것이다.

1부에서는 우리가 어떻게 지금처럼 승리에 집착하게 되었는지를 언어, 과학, 역사의 관점으로 바라본다. 언어학과 문화, 종교와 철학, 심리학과 생물학에서 승리가 미친 영향력을 살펴볼 것이다. 모든 분야를 망라하지는 못했으나 인류가 승리를 어떻게 인식해 왔는지 이해하기에는 충분하리라 생각한다.

2부에서는 교육, 스포츠, 비즈니스, 정치에서 승리를 향한 열망이 어떤 재앙을 낳는지 살펴볼 것이다. 내가 직접 경험한 사례부터 누군가의 경험담, 이미 널리 알려진 이야기까지 여러 관점을 담았다. 승리의 어두운 면을 깊이 있게 탐구하는 과정이 성공을 다시 바라보고 새로이 정의하는 계기가 되어 줄 것이다.

3부에서는 성공을 새롭게 정의하는 방식으로 '롱 윈' 사고법을 제안한다. 더 이상 과거의 고정관념을 답습하지 않고 나 자신과 공동체를 위해 어떤 성공을 추구할 것인지 탐구한다. 롱 윈 사고법을 실천에 옮길 때 마주하는 문제점과 이를 극복할 전략도 담았다. 책을 한 차례 개정하면서 세계적 리더들이 실천한 롱 윈 사례와 팁을 추가했다.

이 책은 주저 없이 온갖 질문을 던진다. 그 질문들이 우리를 새로운 방식으로 행동하도록 이끌 것이다. 우리가 지금까지 당연하게 받아들였던 믿음, 가정, 보편적 진리를 뒤흔들고 싶다면 새로운 시각으로 세상을 다시 본 뒤 깨달음을 되새겨야 한다.

한 물고기가 다른 물고기에게 "오늘 물은 좀 어때?"라고 묻자 "물? 그게 뭔데?"라는 대답이 돌아왔다는 이야기가 떠오른다. 당신의 삶에서 승리란 무엇인가? 부디 새롭게 바라보기 바란다.

목차

1부 승리란 무엇인가

2부 승리는 어떻게 인간을 망가트리는가

3부 지속되는 승리는 어떻게 얻는가

1부

승리란
무엇인가

"누가 승리하는지가
그 무엇보다도
우리 삶을 크게 좌우한다."

—신경 과학자 이안 로버트슨, 《승자의 뇌》

1장

'루저' 부르짖는 사회

우리의 일상에 스며든 승리의 언어

대학교 지도 교수는 '루저'의 길을 걸으면 안 된다고 경고하며 스포츠에 과몰입하거나 술집에 들락거리는 일을 조심하라고 말했다. 올림픽 조정 감독은 나와 동료 선수들을 향해 몇 년 동안이나 "네 녀석들은 챔피언이냐 루저냐?"라고 물었다. 이 질문은 우리가 지쳐 나약해지고 자기혐오에 시달릴 때마다 우리를 괴롭혔다. 직장에서 만난 나의 첫 상사는 공정하게 기회를 받지 못하더라도 불평하지 말라고 조언했다. "툭하면 불평하는 사람은 모두가 싫어해. 그러면 패배자 취급만 받을 뿐이야. 당연히 출세도 물건너가고."

승자가 되고 싶은가 패자가 되고 싶은가? 어릴 때부터 이런 질문을 숱하게 들으며 자랐다. 영화, 책, 연설 등 어디에나 있을 법한 질문이다. 노골적일 때도 있고 에두를 때도 있지만 어쨌든 그말대로 따르지 않으면 패배자가 될 것이라는 기운이 느껴진다. 이런 말은 주로 영향력이 강한 권력자한테 나오기 마련인데, 그들은 인생의 본질적인 딜레마, 즉 '승자가 될 것인가 패자가 될 것인가'라는 질문에 명확한 선택지가 있음을 강조했다. 리더, 교사, 스포츠 코치, 직장의 관리자 모두 인생이 세력 싸움이라고 끊임없이 역설하며 승패로 나뉜 이분법적 세상을 만들어 가고 있다.

'모 아니면 도' 식의 승자 분류법

우리 사회에는 오랫동안 승자와 영웅의 이야기가 전해 내려온다. 언제나 승리를 말하고, 승리하기를 바라고, 승패의 관점으로 세상을 이해하는 방식이 이런 이야기의 일부분이다. 승자를 찬양하는 이야기는 언론에서도 쉽게 볼 수 있다. 셀 수 없이 많은 매체가 '승리의 비결'을 소개하며 우리를 승자로 만들어 주겠다고 약속한다. 헤어 케어 제품의 마케팅 캠페인부터 블로그나 여타 수익 창출 활동에서 '1등 하는 법'을 가르쳐 주겠다는 온라인 사이트까지 거의 모든 장르를 망라한다. 책은 말할 것도 없다. 잭 웰치의 경영 고전《잭 웰치, 위대한 승리》, 올림픽 챔피언이자 세계육상연맹 회장인 세바스찬 코Sebastian Coe의《위닝 마인드The Winning

Mind》, 영국의 정치 고문 알레스테어 캠벨이 승리의 청사진을 제시하고자 한《위너스》가 대표적이다. 기업인이자 잉글랜드 럭비 대표 팀을 이끌기도 했던 클라이브 우드워드Clive Woodward는《위닝!Winning!》을 썼고 후속작으로《승리하는 법How to Win》까지 출간했다. 마지막으로《승자 독식의 세상에서 승리하는 법How to Win in a Winner-Take-All World》은 뉴욕 타임스 기자 닐 어윈Neil Irwin이 쓴 책으로, 어떻게 성공적인 커리어를 쌓을 수 있는지 소개한다. 우리 모두가 당면한 문제를 요약한 듯한 제목이다.

서점에서 경제경영, 스포츠, 정치, 역사, 자기계발 코너를 둘러보면 '승리'가 적힌 책을 쉽게 찾을 수 있다. 이런 책들은 승자가 되는 확실한 비법이나 공식을 가득 담고 있는 듯하다. 독자들은 이런 책들이 이미 즐비한데도 열성적으로 신간을 찾아 읽는다. 이번 책이야말로 자신을 진정한 승자로 만들어 줄 것이라고 굳게 믿으면서 말이다. 이는 마치 다이어트 산업을 소비하는 사람들의 모습과도 크게 다르지 않아 보인다.

기업의 이사회는 승패의 언어로 대화를 계속한다. 이익과 시장 점유율을 논하며 시장의 리더가 되고 경쟁자를 무너뜨리겠다는 야망을 드러내면서. 전 세계 증권 거래소에서 쏟아지는 뉴스 또한 끊임없이 승자와 패자를 나눈다.

검투 경기와도 같은 윔블던 결승, 잉글랜드 프리미어리그의 치열한 더비 경기, 라이더 컵에서 벌어지는 미국과 유럽의 골프 대결 등 세상에는 흥미진진한 스포츠 이벤트가 많다. 팬이라면 즐겁게 관람할 것이고 스포츠 기자라면 그 과정과 결과를 멋지게 묘사할 것이다. 수준 높은 스포츠 경기는 보는 것만으로도 즐겁고 특별한 감동을 선사한다. 그런데 우리가 스포츠를 어떻게 해석하고 바라보느냐에 따라 스포츠의 의미는 크게 달라진다. 단순히 승패를 가리는 게 스포츠의 전부일까? 승패 이상의 것을 지켜보고 감탄할 수는 없는 걸까?

사람들은 스포츠 영웅을 초인적 능력을 지닌 신처럼 여긴다. 하지만 그런 영웅도 슬럼프에 빠지거나 경기에서 지면 인정사정없이 헐뜯긴다. 정상에 오르거나 나락으로 떨어질 뿐 중간은 없다. 화려해 보이는 스포츠 세계의 이면도 살펴볼 필요가 있다. 정신건강 문제를 겪는 엘리트 스포츠 선수가 갈수록 늘고 있으며, 미국 프로 미식축구 선수 중 스스로 목숨을 끊는 사례도 많아지고 있다. 올림픽 시청률은 계속 하락하고 각종 부패와 도핑 문제는 여전히 만연하다. 스포츠 세계에서 금빛은 더 이상 반짝이지 않는 듯하다.

학교에 가면 운동장이든 시험장이든 승리의 언어가 울려 퍼진다. 주변의 영향을 받기 쉬운 아이들은 경쟁을 통해 모든 답을 알아야 한다고, 친구들을 제치고 1등이 되어야 한다고 배운다. 학교 역시 명문으로 인정받기 위해 다른 학교와 경쟁한다. 마치 축구 클럽이 리그 순위를 두고 다투는 것처럼 말이다.

정치인들은 '승리'를 남용한다. 아마도 승리를 계속 입에 올리면 승리의 아이콘이 되어 다음 선거도 이길 수 있다고 믿는 모양이다.

미국의 도널드 트럼프도 이 카드를 여러 번 활용한 바 있다.

> 우린 다시 승리하기 시작할 겁니다. 그것도 정말 많이 승리할
> 겁니다. 모든 면에서 승리할 겁니다. 경제에서 승리하고, 안보
> 에서 승리하고, 의료 시스템에서 승리하고, 참전 용사를 위해서
> 도 승리할 겁니다. 모든 분야에서 승리할 겁니다. 우리는 계속
> 승리해야 합니다. 지금보다 더 많이, 더 많이 승리할 겁니다.[5]

팬데믹이나 테러와 같은 위협이 닥칠 때마다 승리를 이용한 수
사법은 정치인들의 단골 메뉴였다. 승리의 언어를 수백 년 동안
(지나치게) 사용해 온 것이다.

하지만 우리가 살아가는 이 복잡한 세상에 승리의 언어는 갈수
록 어울리지 않고 불편한 옷이 되어 간다. 예측하기 어렵고 불확
실한 사회 문제에 모두가 힘을 합쳐 효과적으로 대응해야 할 때,
이런 승리의 언어는 방해가 될 뿐이다. 결국 정치인들도 시대에
맞게 시야를 넓히고 접근 방식을 바꿔야 한다.

더 높이 올라가려는 욕망들

우리 주변에는 온갖 '승리의 산업'이 연중무휴 돌아간다. 장학
금을 받기 위해서, 베스트셀러를 쓰기 위해서, 세계 최고의 피아

니스트가 되기 위해서, 최고로 일하기 좋은 기업으로 선정되기 위해서, 최고의 마케팅 캠페인과 발명품을 만들기 위해서. 지금도 누군가는 이를 위해 경쟁하고 있다. 그 결과 수상자를 축하하는 각종 행사가 끝없이 이어진다.

하지만 이런 경쟁이 과연 의미가 있을까? 우선 자의든 타의든 경쟁에 참여하기로 했다면 시간을 들여 지원 서류를 작성해야 하고 이렇게 모인 서류는 심사와 평가를 거쳐야 한다. 그런데 심사 기준은 대개 제각각이고 편협하며 때로는 이전 수상자가 임의로 정하기도 한다(물론 심사 측에서는 기준을 독립적으로 검증한다고 주장한다). 예컨대 기업을 대상으로 하는 상은 후원사로 참여하거나 심사 위원단에 합류하여 수상 가능성을 높일 수도 있다. 명확하지 않은 기준으로 경쟁자를 제치는 촌극에 가까울 뿐, 세상에 무언가 진정한 의미를 전할 것도 깊은 반향을 일으킬 것도 없다.

눈으로 확인하기 쉬운 경쟁을 하나 예로 들어 보겠다. '누가 더 높은 건물을 짓느냐' 경쟁은 수 세기 동안 이어져 왔다. 인류가 만든 가장 높은 건물의 원조는 이집트의 기자 피라미드로, 무려 3,800년 넘게 1위 자리를 지켰다. 이 기록은 1311년 영국의 링컨 대성당이 지어지면서 바뀌었다. 한동안 유럽의 교회와 성당이 '가장 높은' 타이틀을 차지했다. 그러다 1884년 워싱턴 기념비가 지어지고 20세기 들어서는 미국이 마천루 건축을 선도하기 시작했다. 초고층 건물 붐은 이후 서아시아와 중국, 동남아시아로 옮겨 가며 쿠알라룸푸르에 페트로나스 트윈 타워가 지어졌고, 이제는 두바이의 부르즈 할리파가 세계 최고의 높이를 자랑한다. 참고로 세계에서 가장 높은 건물이 무엇인지에 대한 관리는 국제기구 '세계초고층도시건축학회'가 맡고 있다.

세계 곳곳에 새로운 건물이 들어설 때마다 사람들은 더 높은 건물을 세워 힘과 우위를 과시하고 싶어 한다. 민족적으로 분열된 도시 모스타르에서 이러한 욕망을 찾아볼 수 있다. 모스타르에서는 보스니아 무슬림과 보스니아 가톨릭 크로아티아인 사이에 치열한 패권 다툼이 벌어졌다. 양측은 강을 사이에 두고 자신들의 종교 시설을 눈에 띄는 곳에 세웠다. 모스타르 시민들은 이 광경을 지켜보며 분열의 현실을 매일매일 느꼈을 것이다. 1990년대 일어났던 보스니아 전쟁이 끝난 뒤, 가톨릭 공동체는 모스타르에 있는 그 어느 모스크 첨탑보다 높은 종탑을 세우고 그 위에 거대한 십자가를 얹었다. 전쟁 후에도 양측의 적대적 감정이 사라지지 않았음을 여실히 보여 주는 건축물이었다.

이러한 과시욕은 전쟁으로 폐허가 된 도시나 부유한 억만장자만 겪는 현상이 아니다. 수많은 지도자가 승리의 언어에 매혹되어 자신과 자신이 속한 기업을 '승자'로 만들고 싶어 한다. 그렇게 하면 자신의 가치도 높아진다고 믿기 때문이다. 하지만 사람들이 탐내는 온갖 훈장과 상패가 지속 가능한 방식으로 이 세상을 단단하게 만들 수 있을까? 어차피 시간이 지나면 다른 누군가가 우승해 또 다른 트로피나 기념패를 받을 것이며 어딘가에는 더 높은 마천루가 지어질 텐데 이런 승리에 무슨 의미가 있을까?

성공 명언   승리 요정   연승   이기면 장땡

승리의 기쁨   너무 착하면 꼴찌를 한다

이길 때도 있고 질 때도 있지   승리의 비결

이기는 팀 우리 팀   윈-윈

승자 독식   압도적인 승리   "무슨 수를 써서라도"

2등을 위한 자리는 없다

매번 이길 수는 없다   오직 승리뿐   손쉬운 승리

"승자는 결코 포기하지 않으며 포기하는 자는 절대 승자가 될 수 없다"

승패와 관련된 표현은 우리의 일상에 깊이 자리 잡았다. 이제는 너무 익숙해서 그런 표현을 사용하고 있다는 사실조차 알아차리지 못한다. 그렇지만 과연 이런 표현이 우리가 원하는 목표를 달성하는 데 도움이 되는지 방해가 되는지 곰곰이 생각해 볼 필요가 있다.

'win'은 노력과 즐거움의 상징

승리를 뜻하는 영어 단어 win의 어원을 추적해 보자. 이 단어는 중세 시대 게르만어에 뿌리를 두고 있으며 두 가지 단어에서 비롯되었다. 바로 gewinn게빈과 wunnia부니아다. 옥스퍼드 영어 사전에 따르면 gewinn의 뜻은 '일하다', '노동하다', '애쓰다', '싸우다'로, 노력과 수고를 강조한다. 한편 wunnia는 '기쁨', '즐거움',

'환희', '행복'을 뜻한다. 즉, 언어 발전의 초기 단계로 거슬러 올라가 보면 win이라는 단어는 패배나 상실, 타인을 이기는 것과는 관련이 없었다. 그저 노력과 즐거움의 상징이었을 뿐이다. 물질적 결과보다는 인간의 경험과 관련되었으며 특정한 순간이 아니라 지속적인 활동이나 상태를 의미했다.

이후 승리는 전쟁과 전투, 그리고 역사와 세계를 바라보는 관점과 결부하며 점점 의미가 확장되었다. 옥스퍼드 영어 사전에서 승리의 의미가 '(상대방을) 정복하고 굴복시키고 압도하는 행위', '(적을) 격파하고 무찌르는 행위'로 변화하기까지 그리 오랜 시간이 걸리지 않았다.

경쟁이라는 뜻의 competition은 라틴어 competere에서 파생된 단어다. 이 라틴어의 뜻은 '함께 노력하다'로, 그 바탕에는 합동이 만들어 내는 시너지 효과가 있었다. 하지만 이제는 의미가 바뀌어 다른 사람을 무찌르고 파괴하는 모습으로 설명된다. 경쟁자를 뜻하는 competitor 역시 함께하고 협력하는 대상에서 반드시 무너뜨리고 짓밟아야 할 강력한 적으로 뜻이 바뀌었다.

승리라는 단어는 수 세기 동안 군사적 맥락에서 사용되었다. 그러다 전쟁이 시장과 의회, 스포츠 경기장으로 옮겨 가면서 승리의 의미도 달라졌다. 전장의 언어가 자연스럽게 상업의 세계로 스며든 것이다. 비즈니스에서는 시장의 경쟁자가 곧 적이며, 승리를 위해서는 그들을 경제적으로 무너뜨려야 한다.

산업 혁명이 사회를 빠르게 변화시키자 기계와 관련된 단어도 비즈니스 성공 어휘에 빠르게 침투했다. 노동자는 숫자로 취급되었고 우리는 사람을 두고 '자원'이나 '자산'으로 표현하기도 한다. 프로세스와 목표가 성공의 중심이 되자 인간의 감정이나 정서는 거의 모든 일터에서 자취를 감췄다. 승리란 오로지 이윤과 물질적 부를 뜻했다. 20세기가 끝나갈 무렵에야 비로소 직장 내 문화의 영향력과 중요성이 진지하게 주목받기 시작했다. 하지만 일터에서 인간성을 회복하는 데에는 많은 노력이 필요하며, 아직까지는 별다른 성과가 없는 초기 단계일 뿐이다.

오늘날에는 승리와 패배만 존재하는 이분법적 사고가 만연하다. 기업은 여전히 경쟁자를 시장에서 몰아내는 데만 집중하고 정치인은 상대 정당을 짓밟기 위해 싸우며 민주주의와 책임 정치를 표방하는 사회에서조차 상대가 약할수록 자신에게 유리하다고 믿는다. 학생들은 반에서 1등을 하기 위해 서로를 친구나 함께 공부하는 협력자가 아닌 밟고 넘어서야 할 경쟁자로 바라본다.

당신에게 승리의 의미는 '상대를 꺾는 것'에 얼마나 가까운가? 이 질문은 살아가면서 반드시 한 번쯤 생각해 봐야 한다. 꼭 누군가를 이겨야만 성공일까? 누군가를 무너뜨리지 않는 성취는 의미가 없을까? 당신은 학교에서 괜찮은 성적을 받았을 때 스스로의 성과만 생각했는가, 아니면 친구들과 비교해 더 나은 성과를 거두었는지 따졌는가? 당신이 어떤 시험에서 10점 만점에 8점을 받았다고 하면, 다른 사람이 9점을 받았을 때보다 7점을 받았을 때 더 기분이 좋지는 않을까? 이번에는 직장에서 승진을 했다고 가

정해 보자. 동료들은 승진하지 못하고 나만 승진했다면, 동료들과 함께 승진했을 때보다 더 성공한 느낌이 들까? 당신의 사업이 성장했는데 알고 보니 경쟁 업체가 더 크게 성장했다면, 당신의 성장은 긍정적으로 보기 어려운 걸까? 육상 경기에서 세계 신기록을 세웠는데 바로 다음 선수가 그 기록을 뛰어넘었다면, 이제는 2등이 되어 버린 선수의 기록은 무의미해지는 걸까?

성공을 정의할 때 이런 '상대적' 관점을 얼마나 중요시하느냐에 따라 다른 사람을 대하는 태도와 행동도 크게 달라진다. 상대를 신뢰할지 의심할지, 좋은 아이디어를 기꺼이 공유할지 나만 알고 있을지, 진심으로 도울지 기만할지 모두 달라진다. 협력할지 혼자 일할지, 상대를 응원할지 깎아내릴지, 잠재력을 발휘할지 억누를지도 누군가를 이기는 데 얼마나 집착하느냐에 달려 있다. 내 생각에 성공을 상대적으로 평가하는 건 매우 위험한 일이다. 우리를 잘못된 길로 이끌고 집중력을 흐트러뜨리며 장기적으로는 목표를 이룰 가능성도 낮출 것이다.

시간 역시 승리와 관련된 언어에서 중요한 부분을 차지한다. 중세의 승리 개념은 노력과 즐거움에 초점을 맞춘 것이었지 시간에 강하게 얽매인 개념이 아니었다. 또한 승리가 어떤 결과가 아니라 과정에서 드러나는 노력이었고, 무언가가 마무리되는 특정한 순간보다는 경험 자체가 더 중요했다. 하지만 현대 사회에서의 승리는 짧은 순간과 연관되어 있다. 스포츠 선수가 결승선을 통과하는 찰나의 순간, 주식 시장에서 하루의 주가가 확정되는 순간, 우승자가 발표되거나 시상식이 열리는 순간을 떠올려 보자. 모두 짧은 순간일 뿐이다.

스포츠 리그나 대회는 대개 1년을 주기로 운영된다. 각종 축구 리그, 투르 드 프랑스, 식스 네이션스 챔피언십, 그리고 여러 종목의 세계 선수권 대회가 그렇다. 비즈니스 전략은 분기 실적을 기준으로 삼으며, 대개 1년짜리 사업 계획에 따라 실행된다. 3년에서 5년 이상을 내다보는 전략은 좀처럼 찾아보기 어렵다. 정부는 다음 선거일보다 멀리 내다보지 않는다. 많아야 4년에서 5년, 그보다 더 짧은 경우도 많다. 스포츠에서 장기적인 계획은 보통 월드컵이나 올림픽처럼 4년 주기를 기준으로 한다. 최근에는 8년, 그러니까 두 번의 주기를 내다보는 파격적인 계획도 등장하기는 했다. 하지만 이렇게 주기에 얽매여서는 안 된다. 선수들의 삶은 결승선을 통과한 뒤에도 계속된다. 기업은 직원들이 회사에 있는 동안은 물론이고 퇴사 후에도 그들의 복지와 커리어에 영향을 미치며 지역 사회와 공동체에도 적지 않은 변화를 일으킨다. 정치인들이 내리는 결정은 사람들의 일상을 바꾸고 그 영향이 몇 세대에 걸쳐 이어지기도 한다.

시간의 범위를 떠나서 우리는 무엇을 성공이라 정의하고 있을까? 개인의 성취인가, 아니면 모두가 함께 이루는 목표인가? 사회가 번영하는 모습은 국가의 테두리 안에서 바라봐야 할까, 아니면 세계로 확장해야 할까? 이 질문의 답에 따라 생각과 행동이 달라질 것이다. 우리가 직면한 문제는 하나같이 독특하면서 복잡하

52

다. 지구를 어떻게 보호할지 떠올려 보라. 이런 문제에 맞서려면 목표의 범위와 기한을 잘 헤아려 보는 것이 중요하다. 성공이 무엇인지에 대한 기존의 가정에 의문을 제기하고, 더 나은 결과를 위해 성공의 정의를 새롭게 내릴 필요가 있다.

우리가 승리로 여겼던 것들

승리의 뜻을 잘못 이해한 사례는 아주 많다. 아마 주변에서도 많은 오해를 쉽게 찾을 수 있을 것이다. 첫 번째는 승리와 패배를 힘의 문제로 바라보는 경우다. 사람들은 대개 승자는 강하고 패자는 약하다고 생각한다. 힘은 전통적으로 남성의 특징으로 여겨졌기 때문에 역사 속 승리자들이 대체로 남성이라는 사실은 결코 우연이 아니다. 이는 곧 승리 자체가 영웅, 경쟁, 지배 같은 남성적인 자질과 연관된다는 의미이기도 하다. 악당을 물리치고 세상을 구하여 인정받는 뻔한 스토리의 영웅은 대부분 남성이지 않은가? 지난 한 세기 동안 양성평등이 크게 진전했음에도 불구하고 스포츠 스타, 정치 지도자, 비즈니스 리더 중 여성이 주목받는 경우는 남성에 비해 현저히 적다. 직장 내 젠더 코드를 연구한 결과에 따르면 회의, 채용 및 승진 과정에서 사용되는 언어는 주로 백인 남성 리더를 지지하고 보호하는 것으로 나타났다.[6] 이를테면 승리, 경쟁, 자신감 같은 표현은 모두 여성보다 남성에게 더 매력적으로 다가온다. 물론 성별을 불문하고 승리의 게임을 배우는 사람도 많다. 이들은 승리에 유리한 언어를 사용하고 승리에 유리한 방식으로 일하는 법을 익힌다. 이렇게 해야만 어떤 상황에서도 인정받을 수 있기 때문이다. 이 세계에서 정의한 승자는 계급이 높은 자, 지배하는 자, 주류 집단, 적으로 만들고 싶지 않은 자이다. 심지어 약자를 괴롭히는 자가 때로는 승자가 되기도 한다.

인간 행동 및 교육 전문가인 알피 콘은 모두가 경쟁해야 한다는 믿음이 어떻게 자기 충족적 예언으로 변모하는지 설명한다.

> 경쟁적인 사람들은 다른 사람들도 자신과 같은 성향을 가졌다고 (잘못) 생각한다. 실제로 세상이 '약육강식의 세계'라며 격렬하게 목소리 높이는 자들은 대개 다른 사람들보다 더 많이 약자를 '잡아먹으며', 이 과정에서 경쟁 지향적인 태도가 더욱 강화된다.[7]

조직의 리더 중에는 타운홀 미팅이나 내부 소통 중 반드시 '승리'를 언급해야 한다고 믿는 사람들이 있다. 이게 바로 구성원들이 듣고 싶어 하는 말이고 소속감을 키울 수 있다고 생각하기 때문이다.

승리는 강력한 힘과 성공을 연상시키기 때문에 확실히 사람의 마음을 사로잡는 묘약이라 할 만하다. 하지만 승리가 권력과 지나치게 결합되면 문제가 발생한다. 구성원이 제기하는 의문이나 이의를 묵살하는 수단이 될 가능성이 있으며, 심지어는 조직을 해치는 행위까지 정당화할 수 있다. 조직의 하위 구성원일수록 이런 문제에 맞서기는 어렵다.

승자를 슈퍼히어로나 전지전능한 리더와 동일시하는 것은 심리적으로 매우 큰 부담을 준다. 이렇게 초인적인 힘과 연결하는 것만이 문제가 아니다. "승자는 결코 포기하지 않으며 포기하는 자는 절대 승자가 될 수 없다."와 같은 진부한 표현 또한 승리를 끈기나 인내의 상징으로 보는데, 무언가를 포기하는 사람은 나약한 사람 취급을 받으며 '패배자'라는 낙인이 찍힌다. 어떤 상황에서든 끈기를 가지고 계속하는 것이 승리라고 생각한다면 매몰 비용 편향(회수 불가능한 비용 때문에 비합리적 결정을 내리는 것)은 강화될 수밖에 없다. 승자는 절대 포기하지 않는다고 굳게 믿기 때문에 실패할 프로젝트라는 걸 뻔히 알면서도 끝까지 추진하고 만다. 이러한 믿음은 개인에게도 막대한 압박으로 다가온다. 어떤 일을 해내지 못하면 무력감을 느끼고 정신적 고통을 겪는 것이다.

대다수 사람은 실패를 감수하면서까지 새롭게 시도하려 하지 않는다. 하지만 도전과 실패는 배움과 혁신에 있어 반드시 필요하다. 다행히 최근 기업가 정신이 부상하면서 기존의 고정관념에 맞서고 있긴 하다. 기업가들은 실패를 두려워하지 않으며 가끔은 빠르게 포기해야 더 나은 결과를 얻을 수 있다는 것을 몸소 증명하고 있다.

나는 암과 같은 질병에 걸린 환자에게 '전쟁'이나 '전투'라는 표현을 쓸 때마다 늘 불편했다. 이제는 이런 표현이 득보다 실이 많다는 것이 입증되었다. 환자에게 경각심을 주고 적극적으로 병을 치료하도록 동기를 부여하려는 의도였겠지만, 한 연구에 따르면 투병을 전쟁이나 전투에 비유한다고 해서 환자들이 더 의욕적으로 치료에 임하는 건 아니라고 한다. 오히려 건강한 생활을 유지하려는 의지를 약화시킬 수도 있었다.[8] 무엇보다 이런 비유는 암이나 코로나19 같은 병에 걸려 죽은 사람들을 향해 '충분히 노력하지 않았고, 용감하게 싸우지 않았으며, 결국에는 패배한 사람'이라고 비난하는 것과 다르지 않다.

숫자의 함정

예로부터 승리의 큰 매력 중 하나는 측정할 수 있다는 데 있었다. 스포츠 경기의 결승선을 가장 먼저 통과하는 것이 우리 모두가 바라는 확실한 기준인 것처럼 말이다. 산업 혁명 이후 산출량과 생산성이 정량화되면서 리더들은 성공 또한 정확히 측정할 수 있다고 믿었다. 하지만 측정이 가능한 승리는 그 본질이 왜곡되고 의미 또한 협소하다. 우리는 무언가를 측정해야 할 순간에 늘 승리를 최우선 순위로 생각한다. 그러다 보니 승리는 그 자체로 측정을 정당화하는 이유가 되곤 했다.

이제 우리 사회는 무엇이든 숫자로 평가한다. 정부는 무엇을 측정하는지는 고려하지 않은 채, 그저 책임감이나 투명성을 보여주기 위한 수단으로 숫자를 활용한다. 통계는 측정 과정을 거쳤다는 이유만으로 그 가치를 인정받는다. 수치화할 수 있는 것은 과학적으로 느껴지며 엄중해 보인다. 이제 데이터를 수집하고 측정하는 일은 진보의 상징이 되어 실상 아무런 진전이 없을 때도 성공 신화를 만들어 냈다. (과학적) 데이터는 개인의 판단보다 신뢰할 만하다고 여겨지며 누구도 이 전제를 의심하지 않는다.

숫자로 된 평가는 우리의 행동을 좌우한다. 만약 우리가 특정한 기준으로 평가받는다고 하면 당연히 그 기준에 좀 더 관심이 갈 것이다. 실제로 경영대학원 수업에 참여한 학생들이 처음으로 던진 질문은 "평가 항목은 무엇인가요?"였다. 그들은 이 수업에서 무엇을 배우는지, 어떻게 하면 이 수업에서 최대한 많은 걸 얻고 성장할 수 있는지는 묻지 않았다. 제리 멀러Jerry Muller는《성과지표의 배신》에서 측정과 평가가 경찰, 의료, 학계, 비즈니스 등 사회의 모든 영역을 어떻게 왜곡하는지 상세히 설명한다.[9] 굿하트의 법칙Goodhart's law에 따르면 "어떤 지표가 목표가 되는 순간, 그 지표는 더 이상 좋은 지표로 기능할 수 없다." 무언가를 숫자로 측정하려는 그 의도는 나쁘지 않다. 효율을 높이고 더 나은 성과를 내려는 것이기 때문이다. 하지만 지표가 우리의 행동과 사고방식, 그리고 성공을 정의하는 기준에 미치는 악영향은 반드시 주의해야 한다. 노벨 경제학상 수상자인 조지프 스티글리츠 역시 이렇게 경고한 바 있다. "애당초 잘못된 지표를 측정하면 잘못된 결정을 내리게 됩니다."[10]

미디어가 승리를 묘사하는 방식

내가 조정 선수일 때, 아테네 올림픽 결승선을 통과하는 순간 BBC 해설자가 전한 멘트를 소개하겠다. 그의 목소리는 점점 커졌으며, **진하게 표시한** 부분이 특히 두드러졌다.

선두 루마니아가 지친 것만은 분명합니다. … 이제 150미터 남았어요. 루마니아가 버티고 있습니다. 영국이 속도를 끌어올리면서 벨라루스와 나란히 가고 있어요. 앞으로 75미터. … 이대로 끝나면 은메달이고요. 이제 **루마니아를 따라잡아야 합니다.** 올림픽 금메달까지 마지막 열 번의 스트로크. **영국 대표 팀 힘을 내 줘요!** 전력을 다해 속도를 높여야 합니다. 금메달 가야 해요. **밀어붙입시다, 밀어붙여요.** … 결승선을 통과합니다. **아쉽게도** 은메달에 그칩니다.

미디어는 승리를 너무도 명확하고 아름다운 것으로 묘사한다. 승자 아니면 패자, 그 외에는 무엇도 중요하지 않다는 듯이. 스포츠 스타, 정치인, 사업가 등 승리의 아이콘이 보여 주는 이미지는 지나치게 단순하고 과장됐다. 보통 몇 가지 상투적인 틀에 맞추어 분류된다. 이를테면 역경을 극복한 영웅, 타고난 리더, 민중의 챔피언이 대표적이다. 이렇듯 이야기가 늘 뻔하다 보니 독자들도 무엇을 읽게 될지 훤히 내다볼 정도다. 올림픽 스타를 묘사하고 선거에서 압승한 정치인을 바라보는 방식이 그들의 내면에 존재하는 모순, 결과에 이르는 과정에서 발생하는 미묘한 차이, 복잡하게 뒤엉킨 머릿속 상황이나 그들 '뒤'에 어떤 사람들이 있었는지는 생각조차 하지 못하게 만든다. 결국 그들뿐만 아니라 지켜보는 우리 또한 틀에 갇히고 만다.

승자 아니면 패자, 옳은 사람 아니면 틀린 사람만 존재하는 이분법적 세계에서는 실수를 인정하고 교훈을 얻거나, 심지어 반대 의견과 다양한 관점을 유연하게 이해하는 접근법은 설 자리가 없다. 이분법적 세계에서 승리의 규칙은 명확하다. 타협은 약하고 고집은 강하다. 기후 변화 회의론자와 환경 운동가, 좌파와 우파, 부자와 빈자까지 우리는 두 편이 서로 맞붙어 싸우면 누가 이기고 누가 질지를 두고 볼 뿐, 문제의 실체와 그 장기적인 결과들은 외면한다. 정치인들이 내려야 하는 결정은 점점 더 복잡해지는데 유권자들의 이해 수준은 제자리걸음이다. 그 결과, 적 또는 경쟁자로 여겨 왔던 사람과 협력하거나 타협하는 것이 어려워졌으며 단기적으로는 손해가 될지라도 장기적으로는 좋은 결과(앞으로 '롱 윈'이라고 부를 것이다)를 낼 만한 결정도 선뜻 내리기 힘들어졌다. 우리는 그저 승자가 누구고 패자가 누구인지만 확인한다. 그것도 500단어 분량의 기사나 짧은 소셜 미디어 포스트를 통해서 말이다.

단기적인 성과에 집착하는 건 미디어의 고질적인 문제였다. 신문, 방송, 영화, 블로그, 소셜 미디어 모두 마찬가지다. 오늘 나온 신문은 금세 낡고, 온라인 뉴스도 끊임없이 업데이트되며, 소셜 미디어 게시물도 순식간에 잊힌다. 언론의 경쟁적인 속성이 장기적으로 언론의 질을 낮춘다는 연구 결과도 있다. 그 이유를 이해하는 일은 어렵지 않다. 1980년대 과학 보도에 관한 연구에 따르면, 기자들은 기사를 경쟁사보다 눈에 띄게 배치하기 위해 보도를 왜곡하려는 경향이 있었다.[11] 이후로도 비슷한 결과를 보여 주는 연구가 뒤따랐다.[12] 언론은 지름길을 택하고 억측을 남발하며 내용을 지나치게 단순화한다. 우리가 경험하는 삶은 더 길고 복잡해지고 있는데 미디어는 정반대 방향으로 멀어지고 있는 것이다.

언어가 중요하다

이 책을 읽다 보면 승리와 관련된 언어, 이미지, 은유가 어디에나 있다는 사실을 깨닫게 될 것이다. 전 세계의 의회, 교실, 증권거래소, 기업 이사회뿐만 아니라 우리의 저녁 식사 자리에서도 승리를 논하곤 한다.

전쟁에서 승리와 패배라는 표현이 너무나 익숙해진 나머지 우리는 별다른 의심 없이 이 표현을 받아들인다. 하지만 이런 표현이 현대 사회에 정말 도움이 될까? 대다수 사람이 전쟁을 겪고 있지 않은데 이런 표현을 쓰는 게 적절할까?

빠르게 변하고 다양한 분야가 공존하는 역동적인 비즈니스 세계에서는 상황에 적응하고 스스로 혁신하며 파트너와 협력할 줄 아는 기업이 번영을 누릴 수 있다. 이런 세계에 전쟁과 승패라는 프레임이 어울릴까? 승리가 우리의 잠재력을 끌어내고 가능성을 탐구하는 데 정말로 도움이 될까? 이 세상에서 오직 승리만이 중요한 걸까?

이 책에서는 언어가 우리의 사고와 행동에 어떤 영향을 미치는지 계속해서 살펴볼 것이다. 언어가 어떻게 우리를 잘못된 이분법적 세계에 가두어 더 섬세한 결과를 탐구하지 못하도록 만드는지 확인해 보자.

하지만 그 전에 우리가 어쩌다 승리에 집착하게 되었는지부터 살펴봐야 한다. 승리를 향한 집착은 인간의 본성일 뿐이라는 통념도 따져 볼 필요가 있다. 몸과 마음이 승리에 반응하는 모습을 두고 그저 인간의 본성이라며 책임을 모면할 수 있을까? 과학과 자연의 탓으로 돌려도 괜찮은 걸까?

2장

인간은 원래 그래?

오해와 편견을 부르는 과학적 해석

행동 심리학에서 널리 알려진 죄수의 딜레마 게임[13]을 아는가? 개인의 사리사욕과 타인과의 협력 사이에서 인간이 어떤 선택을 하는지 보여 주는 게임이다. 나는 경영 컨설팅 중 리더들이 인간의 심리를 깊이 고민할 수 있기를 바라는 마음으로 '모의 주식 시장' 프로그램을 운영한 적이 있다. 이 활동에서 주식을 살지 말지 선택하는 것이 바로 죄수들이 서로 협력할지 배신할지를 선택하는 것과 같다.

모든 팀이 매 라운드 동안 매수만 한다면 모두가 이익을 얻는다. 한 팀이 매수하고 다른 팀이 매도하면 매수한 팀은 손해를 보며 매도한 팀은 매수한 팀의 손해를 바탕으로 더 큰 이익을 얻는다. 만약 모든 팀이 매도하면 전부 손해를 본다. 이 게임의 목표는 다른 팀보다 더 많은 수익을 내는 것도, 다른 팀을 파산시키는 것도 아니다. 그저 게임이 마무리될 때 모든 팀에 수익이 나 있기만 하면 된다. 그래서 이 활동을 소개할 때마다 나는 조금 초조함을 느낀다. 모든 팀이 매 라운드마다 주식을 매수하기만 하면 된다는 명백한 해답을 금방 눈치챌까 불안하기 때문이다. 그렇게 되면 이 활동은 지루하고 허무하게 끝날 테며, 나는 남은 수업 시간을 어떻게 보내야 할지 고민에 빠질 것이다. 하지만 지금까지 모든 팀이 매수를 선택한 경우는 단 한 번도 없었다.[14]

경쟁의 딜레마

대개 온건한 목소리를 내는 사람들은 목표를 달성하려면 모든 팀이 협력해 주식을 매수해야 한다는 사실을 일찌감치 깨닫는다. 그러나 강경한 목소리를 내는 자들은 언제나 이들을 제지하면서 주식을 팔아야 한다고 적극 주장한다. (그들의 표현에 따르면) 다른 팀의 뒤통수를 쳐야만 승리한다고 부추기는 것이다. 강경파가 말하는 승리는 다른 팀보다 더 많은 돈을 벌거나 다른 팀을 파산시키는 것인데, 사실 이런 방식은 이 활동의 본래 목표와 전혀 맞지 않다. 다시 말지만, 목표는 모든 팀이 흑자로 활동을 마무리하는 것이다.

이들은 승리의 모습을 단정 짓는다. '경쟁자는 반드시 실패해야 하고, 공동의 이익을 위해 협력하는 것은 승리 전략이 될 수 없으며, 승자는 오직 하나여야 한다.' 물론 이런 사고방식에 반기를 드는 팀원도 있다. 이들은 '우리가 진정으로 이루고자 하는 건 무엇인가?'라는 질문을 던진다. 처음에는 이런 식으로 협력을 추구하는 사람들이 약자로 느껴질 수도 있다. 어쩔 수 없이 강경파의 주장이 더 강하게 느껴지기 때문이다.

게임이 어느 정도 진행되면 각 팀의 대표끼리 대화를 나눌 수 있다. 이 시간이 신뢰를 쌓고 서로 협력할 수 있는 절호의 기회다. 협상의 성패는 어떻게 소통하는지에 달려 있다. 만약 팀 대표들이 서로 협박하거나 배신자라고 손가락질해 대면 어떨까? 아무래도 그보다는 어떻게 해야 상대가 협조할 수 있을지를 고민해야 할 것이다.

협력해야만 성공할 수 있다는 사실을 모든 팀이 깨닫는 경우도 가끔 있다. 하지만 이 사실을 이해하지 못하거나 받아들이지 못하는 팀원이 있으면 답답한 상황이 펼쳐진다. 협력을 피하는 가장 흔한 이유는 승리의 의미를 잘못 이해하기 때문이다. 심지어 자의적으로 허구의 승리 전략을 만들어 내는 팀도 있다. 모든 팀이 흑자를 기록해야 한다는 것을 완전히 망각한 셈이다.

활동이 끝난 후 참가자들과 회고를 갖는 시간은 늘 오래 걸린다. 각자 어떤 본능과 행동을 드러냈는지, 또 이런 행동이 팀원과 다른 팀에게 어떤 영향을 미쳤는지 금방 인지할 수 없기 때문이다. 또한 이런 행동이 실제로 직장에서 어떻게 드러나는지도 고민할 시간이 필요하다. 마지막으로, 직장에서 서로를 옥죄고 파괴하는 편협하고 개인적인 단기 목표 대신 공동의 장기 목표를 위해 협력하는 건강한 문화를 어떻게 만들 수 있을지도 논의해야 한다. 이런 과정을 거치면 새로운 사고방식이 갖추어진다. 이 변화가 우리를 승리의 함정에서 구해 줄 것이다. 본질적으로 우리가 어떤 계산을 하고 어떤 가정을 세우며 무엇을 믿는지에 따라 일터에서 어떻게 생각하고 행동하며 의사 결정을 내리는지가 달라진다.

우리 삶에도 이런 심리적 딜레마가 가득하다. 사리사욕을 채우는 단기적인 이익과 오래 지속될 공공의 이익 사이에서 누구나 저울질하기 마련이다. 더 나아가 국제 문제도 마찬가지다. 스포츠 선수의 불법 도핑, 국가 간의 핵무기 경쟁, 기후 변화 협상 상황에서도 딜레마는 반복된다.

사람들은 이렇게 말하곤 한다. "원래 다 그래.", "어쩔 수 없어.", "인간은 승리를 좋아할 수밖에.", "경쟁할 때 최고의 모습이 나오는 법이야.", "이게 인간의 본성인걸." 하지만 이런 주장은 언제나 현상을 유지하고 싶을 때 쓰일 뿐이다. 알피 콘은 《경쟁에 반대한다》에서 다음과 같이 지적했다. "이런 식으로 합리화하는 특성은 거의 항상 달갑지 않은 것들이다. 너그러운 행동을 보고서 '그저 인간의 본성'으로 치부하는 경우는 거의 없다."[15]

지금부터는 승리에 관한 설명 중 자연스러운 것과 그렇지 않은 것을 모두 탐구해 보려 한다. 특히 인류학, 동물 행동학, 생물학, 심리학에 걸쳐 다양한 관점으로 문제를 살펴보겠다.

경쟁 없이 살아남는 전략 : 동물 행동학과 인류학

오늘날 인간의 행동과 사고방식을 설명할 때 인류의 조상이나 동물의 세계에서 근거를 찾기도 한다. 이때 '본능'을 중시하는 자들이 눈에 띄는데, 이들은 승리하여 최고가 되는 것이 인간의 본능이라고 주장하곤 한다. 인류는 동굴에 살던 시절부터 승리를 통해 생존해 왔으며, 동물 역시 야생의 승부에서 이겨야 생존할 수 있었다는 것이다.

사자가 먹이를 물어뜯고 큰 물고기가 작은 물고기를 잡아먹는 장면은 우리에게 익숙하다. 하지만 자연을 조금만 더 자세히 들여다보면 이런 장면이 자연의 아주 작은 부분에 불과하다는 사실을 알 수 있다. 간과되었을 뿐이지 자연에는 상리공생 사례도 많다. 예를 들어 소등쪼기새는 코뿔소나 얼룩말의 피부에 붙어사는 기생충을 잡아먹으며 살아간다. 소등쪼기새는 그저 먹이를 먹을 뿐이지만 그 덕분에 대형 동물은 기생충의 괴롭힘에서 벗어날 수 있다. 개코원숭이와 가젤은 서로 협력하여 위험을 감지하고 침팬지는 힘을 합쳐 사냥하며 먹이를 나눈다. 우리는 피바람이 부는 약육강식의 세계를 보면서 생명의 순환을 배운다. 하지만 동물도 관계를 소중히 여기고 공정성을 보이며 서로 공감하고 위로를 건넬 수 있다. 침팬지와 돌고래를 비롯한 몇몇 동물은 갈등을 해결하고 서로 다른 의견을 조율할 줄 안다고 한다. 만약 우리 사회가 오로지 지배와 경쟁으로만 돌아간다면 이러한 행동은 모두 쓸모없는 짓이 되고 말 것이다.[16]

미국의 고생물학자 스티븐 제이 굴드Stephen Jay Gould와 조지 게일로드 심슨George Gaylord Simpson에 따르면 자연 선택과 경쟁 사이에 필연적인 연관성이 있는 건 아니다. 실제로 알피 콘이 말했듯 자연에서 우위를 점하는 데 경쟁은 그리 중요하지 않다. 그보다는 "생태계에 잘 적응하고 자연의 균형을 유지하는 것, 먹이를 효율적으로 구하고 섭취하며 새끼를 잘 돌보는 것, 무리 내 불화를 해소하는 것 등이 더 중요하다. 이처럼 주변 환경에서도 경쟁의 대상이 아니거나 다른 종이 제대로 활용하지 못하는 가능성을 잘 발견해 누릴 줄 알아야 한다."[17]

자연계에서의 성공을 '살아남는 자손을 많이 남기는 것'으로 정의한다면 적자생존 같은 '경쟁 전략' 말고 공생 같은 '협력 전략'도 유효하다. 그런데 우리는 보통 경쟁 전략만 떠올린다. 이것은 '어떤 수를 써서라도 이겨야 한다'는 문화적인 강박과도 잘 맞아떨어진다.[18] 흥미롭게도 우리는 다윈이 사용한 '생존 경쟁'이라는 용어가 '승패를 가리는 싸움'을 의미한다고 착각한다. 하지만 다윈은 이 용어를 '한 생명체가 다른 생명체에 의존하는 것까지 포함한 넓고 비유적인 의미'로 사용한다고 설명한 바 있다.[19]

나는 올림픽 선수 출신이지만 모든 삶이 경쟁이라는 말을 완전히 받아들일 수 없다. 주변 사람들은 이런 나를 좀처럼 이해하지 못하고 심지어 어리둥절해한다. 지금은 은퇴한 한 올림픽 챔피언이 내게 속마음을 털어놓은 적이 있다. 그녀는 수년간 매일 주어진 훈련을 소화하면서 최고가 되겠다는 마음으로 살았고, 그 과정에서 이기적일 수밖에 없었다고 말한다. 이제는 경쟁에 지쳐버렸으며 더 이상 그렇게 살지 않아도 된다는 사실에 안도감을 느낀다고도 했다. 그러나 그녀가 새로운 삶의 국면에 접어든 것과 별개로, 다른 사람들은 그녀가 모든 일에 경쟁심을 불태우며 반드시 이기겠다는 마음으로 살기를 기대하는 듯했다.

왜 이런 사고방식이 뿌리박혔을까? 우리가 어릴 때부터 경쟁을 배우며 자라기 때문이다. 주변을 둘러보면 경쟁은 어디에나 존재한다. 우리는 성공에 이르는 단 하나의 길만 배웠다. 이 길은 다른 경쟁자와 비교했을 때 정해진 기준에 더욱 잘 부합하는 결과를 내는 것이다. 이때 승리는 본질적으로 좋은 것이고 패배는 본질적으로 나쁜 것이라고 배운다. 사회 학습 이론에 따르면 학습은 사회적 맥락에서 이루어진다.[20] 어떤 행동이 꾸준히 보상받으면 그 행동은 지속될 수 있는 반면, 어떤 행동이 꾸준히 제재되면 그 행동은 지속되지 못한다. 그런데 우리 사회는 경쟁적인 사고와 행동을 장려하고 보상한다. 경쟁은 성공에 이르는 여러 방식 중 하나일 뿐인데 말이다.

여러 인류학자의 견해에 따르면 인류의 시초를 정의하는 중요한 특징은 커다란 두뇌도 아니고 도구의 사용 유무도 아니며 공격성은 더더욱 아니다. 바로 협력이다. 인간이 동물과 다른 점은 대규모 집단에서 협동할 줄 알고, 정교한 언어로 소통하며, 아이디어와 이야기를 주고받으며 관계를 맺을 수 있다는 점이다. 소통과 사고의 수단이 꾸준히 발전하면서 사람들이 서로 이어지고 협력하게 될 가능성 또한 커지고 있다. 이는 아주 반가운 소식이다. 우리 사회의 복잡한 문제는 개인의 힘만으로 해결할 수 없기 때문이다.

무엇이 '자연스러운지' 성급하게 단정해서는 안 된다. 이것이 동물 행동학과 인류학이 우리에게 일깨워 주는 교훈이다.

단기적 성과의 함정: 생물학과 심리학

한 과학 실험에서 수컷 쥐들을 둘씩 짝지어 '쥐들의 권투 링'에 올린 적이 있다. 대결을 벌이기 전, 한쪽에게만 소량의 진정제를 먹였다. 그 결과 진정제를 먹지 않은 쥐가 승리했다. 여기까지는 예상과 다를 바 없지만 추가 실험에서 흥미로운 결과가 나왔다. 새로운 쥐를 데려와 이전 실험에서 승리한 쥐와 맞붙였다. 이때 새로운 쥐에게는 진정제를 먹이지 않았다. 즉, 이전 실험에서 진정제를 먹은 쥐를 손쉽게 승리한 쥐의 입장에서는 더욱 강력한 상대를 만난 셈이다. 결과는 어떻게 됐을까? 진정제를 먹은 쥐를 이겨 본 경험이 있는 쥐들이 승리 경험이 없는 쥐들보다 더 많이 승리했다.

행동 과학자들은 이 실험을 '승자 효과'의 증거로 여긴다.[21] 약한 상대와 싸워 몇 차례 승리를 맛본 동물은 나중에 더 강한 상대와 싸울 때 승리할 가능성이 높다는 것이다. 인간에게도 이 효과가 똑같이 적용된다는 건 어렵지 않게 추측할 수 있다. 승리의 경험은 호르몬 분비를 촉진하여 행동과 의사 결정, 자존감과 자신감에 영향을 미친다. 결국 승리가 승리를 낳는 '힘의 생물학'이 작동한다. 하지만 승자 효과는 양날의 검이다. 오히려 장기적으로 보면 손실로 이어질 수 있기 때문이다. 몇 차례 승리하여 얻은 자신감으로 훨씬 강한 상대, 더 많은 상대와 싸워도 이길 수 있다고 여기는 만용이 때로는 위험을 부른다. 이런 사례는 비즈니스, 스포츠, 교육, 정치 어느 곳을 봐도 쉽게 찾아볼 수 있다.

앞서 언급한 쥐 실험은 승리 경험이 미치는 영향 한 가지만을 보여 준다. 그러나 승리를 설명하는 과학적 정의는 단 하나로 정리되지 않는다. 과학으로 바라본 승리는 복잡한 조각보와 같다. 신경 과학, 생물학, 심리학 등 다양한 분야에서 인간이 어떻게 생각하고 느끼고 행동하는지 계속해서 새로운 사실을 밝혀내고 있기 때문이다.

남성과 여성의 서로 다른 호르몬 체계가 승리할 수 있는 역량이나 승부욕에 어떤 영향을 미치는지는 아직 완전히 밝혀지지 않았다. 지배적이고 공격적이며 반사회적인 성향과 자주 연결되는 테스토스테론을 떠올려 보자. 남성은 여성보다 테스토스테론 수치가 높기 때문에 더 경쟁적이고 야망이 크며 승부욕이 강하다고 여겨진다. 하지만 오늘날 올림픽에서 그 어느 때보다 많은 여성 선수가 활약한 장면을 보면 이런 통념은 충분히 깨질 수 있다.

전통적으로 테스토스테론은 지배, 권력, 성공과 연관되어 왔다. 그리고 테스토스테론이 우리의 판단을 방해하고 감성 지능을 저해한다는 사실도 밝혀졌다. 판단력과 감성 지능은 현대 사회에서 성공적인 팀을 만들고 리더십을 발휘해 조직의 성과를 높이는 데 중요한 자질로 평가받는다. 결국 성공을 어떻게 정의하는지에 따라 어떤 자질을 계발하고 어떤 행동에 보상을 줄지도 결정되는 것이다.

테스토스테론은 행동에 영향을 미치고, 반대로 행동이 테스토스테론 수치에 영향을 미치기도 한다. 미국의 심리학자 에이미 커디는 '파워 포즈'가 남녀 불문하고 테스토스테론 수치를 높여 준다고 말했다. 테스토스테론 수치가 올라가면 스스로 더 강하고 자신감이 넘친다고 느끼며 주변 사람들의 눈에도 그렇게 보이게 된다.[22] 이렇듯 테스토스테론 수치가 행동에 따라 달라질 수 있다는 사실은 천성과 교육 중 무엇이 더 중요한지에 관한 오랜 논쟁을 다시 소환하며, 권력을 휘두르는 행동이 인간의 본능이라는 주장에도 도전장을 내민다.

어쩌면 우리의 행동을 어떻게 계발할지 결정하는 데는 생각보다 훨씬 다양한 선택지가 존재할지도 모른다. 그중에서 더 나은 선택을 하려면 승리가 우리의 뇌에 어떤 영향을 미치는지 알아야 한다. 앞서 쥐 실험에서 보았듯이 승리는 자신감을 높인다. 이와 더불어 승리는 행복 호르몬이라 불리는 도파민 수치도 높인다. 도파민 때문에 우리는 승리의 기쁨을 다시 느끼고 싶어 한다. 이 것은 승리가 매혹적이고 중독적인 이유다. 하지만 매혹과 중독은 긍정적으로 보기 어려운 속성이다. 실제로 운동선수는 도박에 중독되기 쉽다고 알려져 있다. 도박꾼과 운동선수 모두 경쟁과 외적 보상에 과도하게 노출되어 있으니 그리 놀라운 일도 아니다.[23]

보너스나 승진 같은 보상은 비즈니스 세계에서 성공을 가늠하는 중요한 지표다. 문제는 리더가 이런 보상에 중독되면 금세 태도가 달라진다는 점이다. 이런 리더는 공동의 목표를 향해 나아가는 큰 그림에서 성공을 찾지 못하고 그저 다음 승진만을 바란다. 이런 방식은 단기적으로 효과가 있을지 모르지만 장기적으로는 성공하기 어려울 뿐만 아니라 주변에 큰 피해를 입힐 수도 있다. 승리 지향적 태도의 어둡고 파괴적인 면모는 닉 리슨Nick Lee-son이나 버니 메이도프 같은 악명 높은 사기꾼의 사례에서도 확인할 수 있다. 이들은 모두 성과가 점점 나빠지고 자기 파괴를 거듭하는 악순환 속에서 최후를 맞았다.

중독적인 행동은 반복할수록 즐거움이 줄어든다. 중독자를 성공한 사람이라 생각하는 경우는 거의 없다. 중독자는 대개 병약하고 나약한 사람으로 인식되며, 이는 우리가 승자 하면 떠올리는 강인한 모습과 정반대다. 승리의 의미를 자세히 살펴보면 현실과 모순되는 부분이 많다. 만약 스포츠 선수가 승리 직후 공허함을 느끼고 곧바로 다음 경기에서 승리하기 위해 에너지를 쏟는다면 그것은 도박 중독자와 다를 바가 없다. 《베스트 플레이어》의 저자이자 올림픽 탁구 선수였던 매슈 사이드는 "오랫동안 바라던 목표를 달성하고 나면 종종 형이상학적 공허함이 뒤따른다."라고 말했다.[24] 그의 의견에 따르면 이 공허함은 다음 도전에 나서기 위해 앞선 성공 경험에서 자연스럽게 벗어나는 과정이다. 물론 목표를 달성할 때마다 어느 정도는 다음 목표로 초점을 옮겨야 계속 성장할 수 있다. 하지만 오늘날 엘리트 스포츠 선수와 코치에게 나타나는 극심한 공허함은 성과를 높이기보다 오히려 저해하는 위험에 가깝다.

알렉스 퍼거슨Sir Alex Ferguson 감독은 이 방식을 잘 보여 주는 대표적인 인물이다. 그는 맨체스터 유나이티드의 감독으로서 프리미어리그, UEFA 챔피언스리그, FA컵을 모두 석권하며 역사적인 트레블을 달성한 후에도 즉시 다음 시즌에 집중했다. 이렇게 하면 당장 팀의 성과를 높일 수는 있어도, 시간이 흐르면서 구성원들이 행복을 덜 느끼고 자기 파괴적인 상황에 놓이기 쉽다.

월드컵 우승자인 잉글랜드 럭비 레전드 조니 윌킨슨의 사례도 눈에 띈다. 그는 커리어 내내 국가대표에 더 많이 선발되고, 더 많은 타이틀을 따고, 더 많은 점수를 올리기 위해 자신을 몰아붙였다. 하지만 그런 집념은 그의 삶에 전혀 도움이 되지 않았다.

나는 오랜 시간 우울증과 싸우면서 식스 네이션스 챔피언십 우승, 국가대표 발탁, 타이틀, 득점 기록 같은 목표를 세웠다. '이 목표를 달성하면 우울증에서 벗어날 수 있겠지?'라고 생각했지만 아무 소용이 없었다. 그걸로는 한참 부족했다.[25]

1990년대, 로버트 골드만Robert Goldman 박사는 운동선수를 대상으로 연구를 진행했다. 자신의 종목에서 압도적인 성공을 보장하지만 5년 뒤 죽음에 이르는 약이 있다면 복용하겠냐고 물어본 것이다. '골드만 딜레마'로도 잘 알려진 이 연구에서 놀랍게도 절반에 가까운 피험자가 약을 먹겠다고 응답했다[26] (최근 연구에 따르면 이 수치는 약간 낮아졌지만[27] 기꺼이 약을 먹겠다고 하는 선수는 여전히 존재한다). 이런 가상의 질문은 이른바 '파우스트식 거래'로, 우리를 괴롭힌다. 막상 이런 상황에 놓이면 우리는 어떻게 행동할까?

스포츠 선수에게 도핑은 위험 부담이 매우 크다. 당장은 승리의 기쁨을 맛볼 수 있을지 모르지만 멀리 보면 건강과 명예를 모두 잃을 수 있다. 누군가는 승리의 의미를 지나치게 왜곡하고 미화한 나머지 이러한 위험을 감수할 만하다고 생각할지도 모른다. 그러나 도핑으로 얻은 성과는 오래가지 않으며 적발되는 순간 모든 게 물거품이 된다. 도핑으로 얻은 승리는 대부분 허탈함과 공허함만 남긴다. 큰 위험을 감수할수록 허무함은 더 커진다.

엘리트 스쿼시 선수 출신 심리학자 탈 벤 샤하르는 목표를 달성하면 행복해진다는 통념을 '도착 오류arrival fallacy'라고 표현했다. 그 역시 스쿼시 경기에서 이기면 행복해질 것이라고 믿었지만 현실은 그렇지 않았다. 심리학자 티모시 윌슨과 대니얼 길버트 역시 영향력 편향impact bias이 우리에게 얼마나 큰 영향을 미치는지 밝혀냈다. 사람들은 어떤 사건을 겪을 때 느낄 수 있는 긍정적 감정의 지속 시간과 강도를 과대평가하는 경향이 있다. 기본적으로 인간은 정서 예측 능력, 즉 미래의 감정을 예측하는 능력이 떨어진다. 이 모든 연구 결과는 성공의 의미를 신중하게 재구성해야 한다는 사실을 다시금 일깨워 준다.

유혹적인 가정이나 잘못된 생각에 빠져서는 안 된다. 롱 윈 사고를 기르려면 우리 뇌의 작동 방식을 더 잘 이해해야 한다. 인간의 생물학적, 심리적 특성 중 즉각적이고 빠르게 행동할 수 있도록 돕는 것들이 있다. 이는 수 세기 전 생존에 필요했던 능력이다. 예를 들면 호랑이가 다가올 때 우리 뇌의 변연계가 작동하며 본능적으로 재빨리 상황에 대처할 수 있다. 문제는 이 변연계에 지나치게 의존하거나 과도한 자극을 주면 안 된다는 것이다. 변연계 말고도 우리의 행동과 사고에 영향을 미치는 영역을 의식적으로 발달시켜야 한다. 이성과 사고를 담당하는 뇌 영역이 발달하면 우리는 더욱 의미 있는 목표를 장기적으로 추구할 수 있다. 차차 살펴보겠지만 의미와 목표가 우리의 사고에 얼마나 중요한 역할을 하는지는 성공을 재정의하는 일과도 밀접한 관련이 있다.

승자의 마음가짐

승자의 마음가짐이라는 게 정말 존재할까? 학교에서든 운동장에서든 직장에서든 승리가 태도에 달렸다는 이야기를 자주 듣는다. 농구의 전설 마이클 조던은 이렇게 말했다. "나는 연습할 때나 실제 경기에서나 언제나 승리를 위해 뛴다. 이기고자 하는 열정 앞에서는 그 무엇도 걸림돌이 될 수 없다." 골프 황제 타이거 우즈도 이런 말을 남겼다. "승리가 모든 걸 해결해 준다." 내 생각에 이런 케케묵은 승자의 마음가짐은 현실의 경험이나 심리학 연구 결과에 비추어 볼 때 그리 설득력이 없다. 물론 아직도 곳곳에 이런 생각이 널리 퍼져 있지만 말이다.

마음가짐을 어떻게 다잡아야 하는지 깨닫는 건 매우 어려운 일이다. 나는 올림픽에 처음 출전하던 때에도 마음을 어떻게 최적의 상태로 만들 수 있는지, 머릿속을 떠도는 온갖 생각을 어떻게 정리해야 좋을지 알아내려고 애를 썼다. 이에 대한 숱한 해결책 사이에서 무엇이 사실이고 무엇이 근거 없는 낭설인지 구분하기란 쉽지 않은 일이었다. 특히 감독과 코치가 누가 승자의 마음가짐을 가졌고 누가 그러지 않은지를 두고 이야기하는 것을 보고 이런 마음가짐은 타고나는 것이지 계발할 수 있는 게 아니라는 생각마저 들었다. 내게도 승자의 마음가짐이 있을까. 그런 생각을 하면 불안해졌다. 만약 내게 승자의 마음가짐이 없다면? 그 사실이 들통날까 무서웠다.

물론 나도 패배가 싫었다. 패배하고서 기분이 좋을 리 없다. 게다가 경기에서 지면 감독이나 코치의 반응도 당연히 좋지 않았다. 그들은 우리에게서 패배를 싫어하는 모습, 다시는 패배하지 않겠다고 의지를 불태우는 모습을 보고 싶어 했다. 패배를 대수롭지 않게 여기거나 지고서도 여유로운 모습을 보이면 챔피언이 될 인물이 아니라고 판단했다. 그러니 선수들은 경기에서 지면 머리를 쥐어뜯고 극도로 슬퍼하는 모습을 보여 줘야 했다.

나조차도 패배 후 충분히 괴로워하지 않는 사람을 닦달했다. 그러나 지금 생각해 보면 이러한 감정에 빠져 있는 것이 다음 경기에 전혀 도움이 되지 않았다. 그저 두려움에 사로잡혀 '생존 모드'가 작동될 뿐이었다. 시간이 흐르면서 이성적으로는 질 수도 있다는 사실을 받아들였다. 어쩌면 이 경험 덕분에 개선점을 발견할 수도 있었다. 하지만 주변에는 패배를 거부하고 승리에 집착하는 사람들이 너무나 많았다. 승리에 집착하는 것이 '올바른 방식'이라고 주장하며 말이다. 실제로 이들은 과거에 승리한 경험이 많거나 권위 있는 사람들이었기에 나는 선뜻 그 주장에 반박할 수 없었다. 괜히 우승할 재목이 아니라고 낙인찍힐까 봐 두렵기도 했다.

이런 환경에서 '이기려는 의지'는 승리를 보장하는 최고의 덕목으로 추앙받는다. 하지만 나는 승리를 향한 열망이 성적과 별로 상관없다는 사실을 깨달았다. 오히려 의지보다 '수행 능력'을 끌어올리는 데 집중했더니 기록이 더 빨라졌다. 다시 말해, 더 빨라지고 싶다는 바람이나 노를 더 빠르게 젓겠다고 마음먹기보다는, 어떻게 해야 더 좋은 성과를 낼지 고민하고 여러 가능성을 탐색했다. 언뜻 미묘해 보이지만 아주 결정적인 차이다. 성공의 의미를 재구성하자 자연스럽게 마음가짐도 변했다. 승리에 집착하는 태도에서 벗어나니 역설적이게도 승리할 가능성이 더 높은 마음가짐을 갖게 되었다.

그 과정에서 동기 부여, 목표 지향, 능력에 관한 다양한 심리학적 지식을 알게 되었다. 우리는 자아 지향ego orientation을 추구하는가? 즉, 다른 사람과 비교해 누가 더 뛰어난지 판단하는가? 자아지향은 순위와 메달로 정의되는 세상의 핵심이다. 그게 아니라면 어제의 나와 오늘의 나를 비교해 매일매일 더 나아지려는 숙달지향mastery orientation을 추구하는가? 숙달 지향은 성공을 외부의 기준이 아닌 스스로의 성취로 판단한다.

운동선수는 메달이나 순위 같은 외부 기준으로 평가받는다. 하지만 최고 수준의 기량을 꾸준히 발휘하려면 외부 평가에서 벗어나 숙달 지향적인 태도를 가져야 한다. 이런 태도야말로 에너지를 줄 뿐만 아니라 성적을 유지시켜 준다. 숙달 지향적 태도는 심리학과 철학이 결합된 개념이다. 한마디로 어떤 일을 하거나 삶의 방식을 정의할 때 결과에 연연하지 않고 현재에 집중하는 방식이다.

패배를 두려워하지 않기를

승리의 심리를 이해하려면 패배의 심리를 알아야 한다. 심리학자들은 20파운드를 잃은 경험이 20파운드를 얻은 경험보다 훨씬 강하게 각인된다고 말한다. 이성적으로는 두 경험이 같은 비중으로 다가와야 할 것 같지만, 생존 본능의 측면에서는 위험이나 부정적인 사건에 더 강하게 반응할 수밖에 없다. 이를 손실 회피loss aversion라고 한다.

어떤 사람들은 이 손실 회피 때문에 우리가 승리에 집착한다고 주장한다. 승패가 분명한 상황에 놓이면 패배의 공포에서 벗어나고자 승리를 갈망하게 된다는 것이다. 스포츠 코치나 기업의 리더 중에도 패배의 공포에 사로잡힌 사람이 많은데, 이들은 동기를 부여하는 유일한 방법이 승리라고 믿는다. 하지만 중독적인 행동과 마찬가지로 이러한 전략은 한계가 명확하다. 단기적으로는 효과가 있을지 모르지만 장기적으로는 큰 대가를 치를 뿐이다.

승리에 집착할수록 패배에 대한 두려움은 더욱 커진다. 그리고 두려움이 동기가 되는 순간, 성공에 필수적인 창의성과 협동 능력, 성장하고 학습하며 적응하는 능력은 억제되고 만다. 두려움은 결국 불안을 키우는 요인이다. 스트레스는 이성적인 사고와 감정조절을 방해한다. 그래서 무슨 일이 일어났는지 분석하지도 못하고 다음에는 어떻게 해야 할지 판단하지도 못하게 된다. 그런데도 우리는 왜 승패에 집착하면서 어리석은 사람이 되고 마는 걸까?

패배는 큰 상처를 남긴다. 그럼에도 우리는 여전히 승패를 나누는 서사에 집착하며 패자가 양산되는 상황을 만들어 낸다. 1등만이 성공이라고 정의하며 나머지를 늘 패자로 만드는 것이다. 올림픽만 봐도 그렇다. 전 세계에서 모인 최고 수준의 선수 1만 명의 가슴에는 꿈과 희망, 설렘이 가득하다. 2주 후 폐막식에서 축하받는 건 그중 300여 명에 불과하다. 만약 승패를 이분법적으로 바라본다면 나머지 선수들은 모두 실패자다. 이들은 다시는 언급되지 않으며, 수치심과 자기 의심, 깊은 무력감에 빠져들고 만다.

심리학자 프랭크 라이언Frank Ryan은 성공한 경쟁자일수록 패배를 받아들이기 힘들어한다고 지적한다. 이들은 패배 후 분노와 불쾌감을 느낀다(그럼에도 모두가 그들처럼 되고 싶어 한다). 게다가 승리 경험이 쌓일수록 이런 부정적인 감정도 커진다.[28]

오늘날 스포츠 심리학자들은 완전히 새로운 방식으로 패배에 대응해야 한다고 조언한다. 성공과 실패라는 결과에 집중하지 말고 배우는 과정 자체를 목표로 삼으라는 뜻이다. 배움의 일환으로 우리의 다양한 생각과 감정을 받아들여야 한다. 그래야 정신적으로 다시 균형을 잡을 수 있으며, 패배가 자존감에 미치는 영향을 성급하게 판단하지 않게 된다.

제로섬 게임 벗어나기

개인의 이익을 우선할지 공동의 이익을 우선할지 선택해야 하는 상황은 어렵지 않게 찾아볼 수 있다. 이는 직장에서뿐만 아니라 국제 사회 문제, 이를 테면 무역, 기후 변화, 안보 등에서도 마찬가지다.

국제적인 기후 변화 협상은 앞서 살펴본 죄수의 딜레마와 매우 비슷하다. 협상에 참여하는 국가들은 모두 협력하지 않겠다고 결정할 수 있다. 협력하기로 했지만 막상 상대방이 협력하지 않으면 경제적으로 큰 손해를 보기 때문이다. 협력은 공동의 이익에 가장 도움이 되는 선택이지만, 각국은 개별적인 손해를 감수하면서까지 협력하고 싶어 하지 않는다. 결국 기후 변화 정상 회의는 다른 국가보다 더 큰 부담을 지지 않도록 싸우는 자리로 전락하고 말았다. 이쯤 되면 지구를 보호하기 위해 무엇을 해야 할지 모색하자는 본래의 목적은 사라진다. 북유럽 각료 회의가 보건과 환경 문제를 포함한 2030 비전을 위해 협력하는 것처럼 지역 차원에서 협력하는 사례도 있지만 극히 예외적인 경우에 불과하다.

국제 정치의 장에는 언제나 중대한 사안이 걸려 있기 마련이다. 그렇기에 당사자들이 한뜻으로 성공을 정의할 수 있느냐가 매우 중요하다. 나는 12년간 영국의 외교관으로 일하면서 난민 문제를 둘러싼 유럽연합의 협상, 스페인과 지브롤터의 협력 증진을 위한 삼자 협상(지브롤터는 영국의 영토지만 이베리아반도 남단에 위치해 스페인과 맞닿아 있다. 영국이 유럽연합에 속했을 때는 스페인과 지브롤터의 교류가 원활했으나 브렉시트 이후 지브롤터를 두고 영국과 스페인의 갈등이 심화되었다.ㅡ옮긴이 주), 1990년대 격렬한 전쟁으로 인한 유고슬라비아 해체 이후 보스니아의 정치 개혁을 위한 협상 등에 참여했다. 사실 지브롤터의 영유권에 대한 영국과 스페인의 분쟁은 1713년 위트레흐트 조약까지 거슬러 올라가고, 1990년대 보스니아 내전과 민족 갈등 이전에는 이미 수 세기에 걸쳐 끊임없이 전쟁이 벌어졌다. 이처럼 갈등이 고착화된 상황에서는 제로섬 게임에서 빠져나오기 힘들고 협상을 진전시키기가 무척 어렵다. 한쪽이 협상에서 진전이 있다고 느끼려면 다른 쪽이 그만큼 양보해야 하기 때문이다.

외교관이자 협상가인 우리의 역할은 언제나 아주 작은 기회라도 찾아내 양측 모두 이득이라고 느끼도록 차근차근 이야기를 만들어 가는 것이었다. 이 과정에서 가장 어려운 건 곧 상대방에게도 이득이 생긴다는 사실을 받아들이는 것이다. 이 작업을 위해 몇 년이 필요하기도 하다. 중동의 사례처럼 거의 불가능해 보일 때도 있다. 하지만 이런 접근법은 세계 곳곳에서 불안정한 상황이 실제 분쟁으로 번지는 것을 효과적으로 막아 준다.

2008년부터 2009년까지 나는 이라크 바스라에 있는 영국 영사관에서 정무부장으로 일했다. 주요 임무는 지역 정치인, 민병대나 무장 세력의 수장들을 설득하는 일이었다. 이들은 매일 밤 거리에서 싸우며 폭력으로 각자의 목적을 이루려 했다. 우리는 폭력이 아닌 협력을 통해 누구나 자신의 몫을 하는 평화롭고 번영한 도시를 만들자고 호소했다. 하지만 몇 년 동안 아무런 성과도 거두지 못했다. 지역에 기반을 둔 세력들이 모두 누가 바스라의 지배 세력이자 '왕'이 될 것인지를 두고 다투었기 때문이다. 우리가 평화적이고 민주적인 선거를 치러 민주주의를 정착시키고자 애써도 그들은 아랑곳하지 않았다.

하지만 2008년이 되자 새로운 흐름이 감지되기 시작했다. 각 진영의 끊임없는 싸움에 모두가 지치고 사망자 수와 각종 피해가 날로 늘어 갔다. 그 누구도 원하는 바를 얻지 못한다는 사실을 모두가 알게 되었다. 여러 세력이 앞다퉈 도시를 장악하려 했지만 사랑하는 도시를 파괴할 뿐이었다. 전쟁은 끝날 기미가 보이지 않았다. 결국 변화를 향한 열망이 피어나면서 새로운 이야기와 사고방식을 만들어 낼 작은 단초가 마련되었다. 모두가 협력할 방안을 모색하고 공통의 기반을 찾을 수 있다는 희망이 엿보였다. 이해관계가 워낙 많았기 때문에 '승리'가 무엇을 의미하는지부터 합의해야 했다. 이 과정은 복잡하고 불안정한 상황에서 온갖 우여곡절을 겪으며 혼란스럽게 이어졌다. 그래도 새로운 동력이 나타나기 시작한 건 분명했다.

우리는 지역 유지, 정치인, 민병대 지도자를 만나 무엇을 원하는지, 그 이유는 무엇인지 물었다. 저마다의 답변에는 몇 가지 공통적인 화제가 있었다. 그들은 모두 바스라를 다시 위대한 도시로 만들고 싶어 했다. 중동의 베네치아로 불리며 번영했던 시절을 떠올린 것이다. 우리도 그들을 돕고 싶었다. 도시를 재건하고 픈 열망과 매일같이 폭격을 당해 산산조각이 난 도시의 현실은 너무나 대조적이었다. 하지만 우리는 이런 극명한 대조를 활용해 사람들의 사고방식을 조금씩 바꿔 나갈 수 있었다.

국제 사회는 이라크를 향해 평화적으로 선거를 치르고 민주주의를 확립해야 한다고 권고했으나 지역 사회의 유력가들은 이를 매번 거부했다. 그런데 오히려 훨씬 더 매력적인 공동의 목표가 부상하고 있었다. 바로 '번영'이었다. 번영하기 위해서는 강력한 장기 비전이 필요했고, 비전을 실현하기 위해서는 모두가 각자의 역할을 해내야 했다. 몇몇 지도자는 이라크 남부에 두바이 같은 도시를 만들자며 나섰고, 그 과정에서 논의가 지속되며 '제로섬 게임' 사고가 아니라 '윈윈' 사고가 꽃필 기회가 마련되었다.

물론 이 모든 게 하루아침에 일어나지는 않았다. 과정은 순탄하지 않았고 유혈 사태도 여전했다. 이처럼 혼란과 갈등이 만연한 상황에서 각기 다른 동기를 지닌 수많은 세력이 존재했다. 하지만 서구식 민주주의를 강요받거나 특정 '패거리'가 다른 세력을 모두 파괴하여 승리하는 세상을 만드는 대신, 번영이라는 공동의 비전을 향해 나아가자는 분위기가 폭넓게 형성되었다. 그러자 눈에 띄는 변화가 일어났다. 조금이나마 도시가 안정되기 시작한 것이다.

협상 과정에서 정치나 기술 문제를 다룰 때는 언제나 그 이면에 심리적 요소가 존재한다. 외교 교섭 과정을 보면 문제 이면에 존재하는 상대의 사고방식과 행동 심리를 바꾸는 게 얼마나 중요하고 어려운지 알 수 있다. 일단 상대가 사용하는 언어를 보고 이들이 어떤 게임을 할 작정인지 파악해야 한다. 그다음에는 그 게임의 규칙을 따를지 아니면 언어와 사고, 대응 방식을 바꾸어 제로섬 게임에서 벗어날지 결정해야 한다.

스포츠에서든 비즈니스에서든 인생에서든 우리에게는 생각보다 훨씬 많은 선택지가 존재한다. 어떤 게임을 할 것이며 게임 안에서 어떻게 플레이할지 자유롭게 결정할 수 있는 것이다.

경쟁과 이기심만이 인간의 본성이 아니다

인간의 기질 중 일부는 생물학적, 심리적, 사회적으로 경쟁과 제로섬 게임에 반응하도록 되어 있다. 하지만 우리는 그 외 방식도 얼마든지 수용할 수 있다. 이제 우리가 할 일은 다른 방식의 사고, 행동, 동기를 중시하고 보상하는 환경을 조성하는 것이다. 일터와 가정에 온통 갈등과 위협이 가득해 스트레스를 받고 있는가? 아니면 서로를 지지하고 받아들이는 안정적인 문화가 자리잡았는가? 갈등이 전혀 없을 수는 없지만 이를 건설적이고 온화하게 해결할 수는 있다.

경쟁과 이기심을 인간의 본성으로 단정하는 것은 크나큰 오류다. 나아가 경쟁과 이기심이 최고의 결과를 만든다는 것도 더더욱 잘못된 믿음이다. 승리의 함정을 깨닫고 틀에 박힌 사고에서 벗어나려면 인생의 여러 영역에서 대대적으로 마음가짐을 바꾸고 삶의 균형을 회복해야 한다.

지금까지 살펴본 과학적 근거 때문에 장기적이고 다양한 협력 관계를 구성하기란 불가능하다며 지레 포기해선 안 된다. 오히려 과학이 말하는 바는, 모두가 번영하고 성공적인 관계를 이루며 뛰어난 팀을 만들려면 '새로운 접근법'이 필요하다는 것이다.

이제 승리에 관한 문화적 전제를 더 잘 이해하기 위해 역사 속에서 승리가 어떻게 그려져 왔는지 살펴볼 차례다.

3장

패자는 말이 없는 법

오직 승리만 기록되는 역사

검투사들이 콜로세움에 입장하자 군중은 환호성을 지르며 열광한다. 칼을 뽑아 들고 치열한 싸움이 벌어진다. 분위기는 점점 뜨거워지고 관중의 환호성도 커진다. 모든 시선이 두 남자에게 쏠렸다. 이 싸움엔 한 가지 명확하고 보편적인 룰이 있다. 바로 승자는 오직 한 명뿐이라는 것. 패배한 검투사는 죽음이라는 가혹한 대가를 치른다.

올림픽 대표를 선발하는 과정도 이와 크게 다르지 않았다. 이기는 자가 선발되고 탈락한 선수는 유니폼도 받지 못한다. 올림픽에 출전할 수 없으니 당연히 메달도 딸 수 없다. 실패한 인생이자 영원한 패배자가 되는 셈이다.

조정에서는 대표 선수를 선발할 때 시트 레이싱seat racing 방식을 자주 사용한다. 이 방식은 꽤나 가혹하다. 모든 선수를 조합해 평가하기 때문이다. 먼저 어떤 선수와 짝을 이뤄 온 힘을 다해 경주를 펼친다. 그리고 다음 경기에서 새로운 파트너와 새롭게 호흡을 맞춘다. 그러다 보면 방금 전까지 함께 노를 저었던 사람은 경쟁 상대가 되어 있다.

시트 레이싱에는 온갖 변수가 도사린다. 이를테면 한 번을 제외한 모든 경주에서 이긴다 해도 그 한 번의 경주 기록 때문에 꼴찌를 할 수도 있는 것이다. 어떤 파트너와 함께 신기록을 세워도 다른 파트너와의 기록이 좋지 않으면 좋은 성적이 안 나올 수도 있다. 이처럼 언제 뒤바뀔지 모를 결과로 코치들은 골머리를 앓고 출전이 걸린 선수들은 고통스럽다. 다른 스포츠도 비슷한 방식으로 대표를 선발한다. 심지어 어떤 종목은 더 엄격하다.

순위는 간발의 차이로 갈리기도 한다. 그럼에도 순위에서 밀렸다는 이유만으로 뛰어난 운동선수들이 평생을 실패자로 취급받는다. 이것이 이 게임의 법칙이다. 이 법칙을 버티지 못하면 승자가 될 자격이 없다. 패배한 자의 의견은 모두 묵살당한다. 패배했다는 이유 하나로 말이다. 대표 선수가 된 사람은 자신의 입지와 승리 가능성을 의심하지 않는다. 승자와 패자의 법칙은 대개 이런 식으로 굴러간다. 그런데 이게 정말 최고의 성과를 내는 데 도움이 될까? 이런 방식이 오히려 승자와 패자 모두에게 해로운 건 아닐까?

수백 년 전 이야기지만 로마 제국의 검투사는 지금까지도 우리에게 화려하고 영웅적인 이미지로 각인되어 있다. 이를 소재로 한 할리우드 블록버스터 영화가 나올 정도다. 정치인들은 끊임없이 전투에 관한 은유를 사용하고 때로는 자신을 로마 검투사와 동일시하며 영웅적인 구원자처럼 보이고자 한다. 기업가 역시 위기에 빠진 회사를 구해 내거나, 시장에서 승자가 되기 위해 거대한 경쟁자와 과감하게(때로는 잔인하게) 싸운다. 실제로 역사를 돌아보면 기업 간에 굵직한 전쟁이 벌어졌음을 알 수 있다. 20세기에는 포드와 제너럴 모터스가 자동차 산업에서 각축을 벌였고, 1980년대에는 코카콜라와 펩시가 '콜라 전쟁'을 펼쳤으며, 21세기 초에는 마이크로소프트와 애플이 다투었다.

역사는 언제나 승자의 편에 섰다

세계 어느 역사책을 봐도 대개 승자들, 즉 군 장성 또는 정치인의 이야기에 초점을 맞춘다. 그들이 역사의 주인공이자 서술자일 때, 우리는 그들의 관점으로 세상을 바라볼 수밖에 없다. 결국 역사는 말 그대로 '그의 이야기his story'가 되며 (남성) 승자의 극히 편향된 시각을 담는다. 《보이지 않는 여자들》의 저자 캐럴라인 크리아도 페레스의 말처럼 "역사는 커다란 데이터 공백에 불과하다."[29] 이런 남성 중심의 서사에는 공통점이 있다. 승자는 약자를 물리친 강하고 위대한 존재라는 것이다.

역사를 살펴보면 힘을 승리와 연관 짓는 이유를 쉽게 알 수 있다. 바로 지배와 통제라는 제국주의적 언어가 그대로 반영되었기 때문이다. 제국주의 세계는 지배와 복종, 식민과 피식민 두 가지 상태만 존재하는 이분법적 세계다. 이곳은 승리해서 지배하거나 패배하여 정복당하는 것 외에 다른 선택지가 없다.

호메로스의 《일리아스》, 베르길리우스의 《아이네이스》 같은 서사시나 널리 알려진 고전 문학도 영웅적 인물과 통치자의 위대함을 찬양한다. 이는 당시의 정치 상황과도 잘 맞아떨어진다. 왕과 황제 들은 다른 국가와 민족을 지배하기 위해 패권을 다퉜다. 정치의 지배적 흐름으로 자리 잡은 정복과 승리 개념은 오늘날 문화와 오락에 그대로 반영되었다.

예나 지금이나 전투에서 승리한 부대는 점령한 영토에서 무엇이든 마음대로 해도 된다. 이 오랜 관행 때문에 승리한 부대는 재산과 수확물, 여자와 가축 등 원하는 모든 것을 약탈한다. 이를 정당한 '승리의 전리품'으로 여기면서 말이다. 오늘날에도 여전히 비슷한 원칙이 통용된다. 이 사회에서 승자나 강자라 불리는 자들을 보면 마치 이기면 제멋대로 행동해도 된다고 생각하는 것 같다. 관례를 따르지 않아도 되고 심지어 법을 어겨도 된다고 착각한다. 승리가 얼마나 쉽게 사람을 타락시키는지 보여 주는 대표적인 사례다.

역사를 통틀어 봐도 정의를 실현할 기회는 거의 없었다. 근래 들어서야 막대한 비용을 들여 국제 재판소를 설립해 전쟁 범죄나 잔혹 행위를 저지른 자들을 심판하려는 시도가 있긴 했다. 르완다 국제 형사 재판소와 구 유고슬라비아 국제 형사 재판소가 그 예다. 그러나 권력자들을 법정에 세우는 일은 여전히 너무나 어렵다.

전쟁 영웅을 칭송하는 문화는 수 세기 전에 시작되었다. 이전 세대는 다양한 관점을 접할 기회가 많지 않았지만 기술의 발달, 다양한 전문가의 등장, 그리고 강력한 수정주의 사조 덕분에 이제는 훨씬 폭넓은 관점을 가지게 되었다. 그런데 우리는 왜 아직도 그들을 당연하게 치켜세울까?

역사와 정치에 대한 대안적 시각은 아직 '주류'에 이르지 못한 듯하다. 학교, 기업, 국가 차원에서 아직도 '여성 과학자 행사'나 '흑인 역사의 달'과 같은 행사를 개최하는 걸 보면 현재로서는 기존의 단조로운 역사 서술이 주류를 차지하고 있다고 봐도 무방하다.

역사는 '승자'의 것이다. 정치와 군사 분야에서 두각을 나타낸 사람들은 승자로서 계속 권력을 유지하고 앞으로 사회나 정부, 국제 관계 차원에서 무엇을 승리라고 부를지 규정한다. 변화를 요구하는 목소리가 높아지면 변화를 주도할 테지만 승자로 남는 건 언제나 그들이다. 게다가 사회를 바꾸려는 모든 시도에 그들만의 편견이 반영되기도 한다.

뉴욕 타임스의 저널리스트 아난드 기리다라다스의 설명에 따르면 이런 승자 위주의 세상에서는 '세상이 내게 불리하게 돌아간다'고 느끼기 쉽다. 그는 우리 사회가 보다 평등해지려면 민주

주의 제도를 강화해야 한다고 역설한다.[30]

정보를 접할 수 있는 경로가 다양해지면서 그동안 듣지 못했던 목소리를 누구나 들을 수 있게 되었다. 물론 그만큼 가짜 뉴스가 퍼질 가능성도 커졌지만 이런 어려움이 있다고 해서 더 풍성하고 정확한 역사관을 확립하는 일을 멈춰서는 안 된다. 그래야 우리가 앞으로 무엇을 해야 하는지 알 수 있다. 우리는 의문을 제기할 줄 아는 태도, 그리고 단순한 해답은 찾지 않겠다는 마음을 가져야 한다.

기존의 성공 신화에 맞선 종교와 철학자들

역사는 권력과 힘을 차지하기 위한 싸움으로 가득하지만 이에 맞서는 또 다른 흐름도 존재한다. 바로 철학자와 사상가 들이다. 고대 그리스의 철학자들은 성공, 성취, 행복을 이루는 요소가 무엇인지 고민했다. 이들 중 상당수는 당시 사회가 군사력과 물질적 부를 지나치게 중시한다고 여겼으며, 그보다 중요하고 의미 있는 것을 찾아 심오하게 들여다보고자 했다.

아리스토텔레스와 스토아 철학자들은 덕德을 정의하는 데 몰두했다. 그리고 성공이나 행복이 개인의 것인지 집단의 것인지, 물질적 경험인지 정신적 경험인지, 일시적인지 영원한지를 두고 논쟁을 벌였다. 스토아 철학자들은 신체적, 물질적 재화가 인간의 행복에 기여한다는 개념을 받아들이지 않았다. 아리스토텔레스는《니코마코스 윤리학》에서 돈과 영광, 명예와 명성처럼 인생의 목적이라 착각하기 쉬운 것들을 하나하나 짚으며 왜 그것들이 우리에게 만족을 줄 수 없는지 논한다. 그는 우리에게 충만함을 선사하는 것이 오직 '인간의 번영eudaimonia'뿐이라고 말한다.

한편 스토아 철학자들은 행복을 성취하는 것보다 추구하는 과정에 더 의미를 두었다. 결과는 우리의 통제 범위를 벗어나 있기 때문이다. 현대 스포츠 심리학의 모토는 '통제 가능한 것을 통제하라'다. 결과는 어차피 통제할 수 없으니, 통제할 수 있는 '수행 과정'에 초점을 맞추자는 의미다. 어떻게 보면 스토아 철학자들이 현대 스포츠 심리학의 뿌리를 마련한 셈이다.

스토아학파는 주변에서 접하기 쉬운 단기적 사회 규범에 장기적인 사고를 도입했다. 그들은 '사후 세계' 또는 생이 끝났을 때의 관점으로 시간 개념을 확장했는데, 이는 여러 종교의 영성 개념과도 일맥상통한다. 고대 그리스어를 보면 시간을 뜻하는 단어가 두 개 존재한다. '크로노스chronos'는 연대기적이고 순차적이며 정량적인 시간을 뜻한다. 반면 '카이로스kairos'는 정성적인 개념의 시간으로, '결정적 순간'을 가리키는 말이다.

인도 아대륙에서 불교는 물질적인 욕망을 초월한 영적인 삶을 강조하며 명상에 정진하는 것을 성공으로 여긴다. 힌두교 역시 명상을 통해 영혼과 연결될 수 있다고 믿으며 속세의 물질적 가치에서 벗어나는 것을 중시한다.

한편 아시아의 유교 사상은 '덕'을 사회적이고 집단적인 개념으로 바라본다. 중국 문화에서 초월transcendence은 신에 대한 믿음이 아니라 사회와 집단에서 비롯한다. 고대 아프리카에서 유래한 우분투 사상[31]은 인류를 하나로 연결하는 보편적인 유대에 초점을 맞춰 인간을 철저히 사회적인 관점에서 바라본다. 이러한 접근법은 그동안 서양 문화에서 찾아보기 어려웠지만 최근 번아웃, 스트레스, 비인간적인 직장 문화, 기후 변화를 비롯한 사회적 불평등과 부조리에 대응하기 위해 서구권에서도 점점 더 많은 관심을 보이고 있다.

기독교는 모순으로 가득하다. 성경에는 권력과 지배를 둘러싼 오랜 싸움이 기록되어 있으며, 기독교의 역사 또한 다른 종교를 제압하고 부와 권력을 늘리기 위한 끊임없는 전투의 연속이었다. 하지만 그 보상은 물질적 부나 지위, 권력이 아니라 천국에서의 영생으로 주어진다.

예수는 일찍이 전복적 사상가로서 당대의 여러 사회 규범에 맞섰다. 마가복음에는 예수의 제자들이 누가 가장 뛰어난 제자인지를 두고 다투는 장면이 나온다. 이는 당시 유대 사회에서 벌어지던 지위와 명예를 둘러싼 투쟁을 나타낸다. 그들에게 위대함을 추구하는 것은 자연스럽고 고귀하며 가치 있는 일이었다. 하지만 예수는 그 발상을 정면으로 뒤집는다. "누구든지 첫째가 되려면 모든 이의 꼴찌가 되고 모든 이의 종이 되어야 한다."

물질세계를 거부하는 가르침은 세계 주요 종교의 교리에서 어렵지 않게 찾을 수 있다. 예를 들어 이슬람의 경전 쿠란은 예언자 무함마드를 통해 신도들에게 무엇이 훌륭한 삶인지, 또 어떻게 살아야 영원한 낙원으로 보상받을 수 있는지 가르친다. 여기서 성공은 부, 건강, 행복 같은 세속적인 기준과는 무관하며 그저 신도들이 어떻게 살아가는지에 달려 있다. 진정한 보상은 현세가 아니라 내세에서 주어진다. 아랍어로 성공을 뜻하는 단어 팔라흐falah는 매일 기도할 때마다 부르는 '하이야 알랄 팔라흐hayya alal-falah'에서 들을 수 있다. 문자 그대로 번역하면 '어서 성공으로 오라'는 뜻이다.

인생에서 성공을 어떻게 정의할 것인지는 아주 오래된 철학적 딜레마다. 그만큼 오늘날 승리가 무엇을 의미하는지 고민할 때 살펴볼 만한 사상도 오랫동안 축적되었다.

고대부터 현대까지: 올림픽의 두 얼굴

승리의 역사를 거슬러 오르다 보면 고대 그리스의 올림픽을 만날 수밖에 없다. 올림픽은 제우스를 기리기 위해 기원전 776년에 처음 개최되어 4세기 후반까지 4년마다 열렸다. 그리스인들은 올림픽이 종교에서 비롯되었으며, 운동 경기는 신을 숭배하는 행위와 연결되어 있다고 믿었다.

고대 올림픽은 스포츠뿐 아니라 문학, 종교를 아우르는 축제였다. 평화와 화합을 상징했기에 올림픽이 열리는 동안 그리스의 여러 도시 국가는 전쟁을 멈추고 하나가 되었다. 올림픽의 핵심 종목은 달리기였지만 시간이 지나면서 레슬링, 권투, 팡크라티온[32], 경마와 전차 경주, 멀리뛰기와 던지기 등으로 다양해졌다. 이 종목들은 대부분 전쟁을 모방한 것이다. 실제로 많은 경기가 생사를 오가는 싸움이었다. 격투 종목에서는 검지를 들어 항복의 뜻을 표시해야 했는데, 항복 의사를 보이기도 전에 죽는 선수도 있었다.

승리는 곧 엄청난 명예였다. 승자에게 수여되는 화관은 올림피아의 신성한 올리브나무에서 잘라 낸 잎으로 만들었다. 메달은 주어지지 않았지만 오직 승자의 이름만 기록되었다. 2등이나 3등은 아무 의미가 없었다. 1등에게만 동상을 세워 주고 승리를 기념하는 노래를 만들어 주었다. 평생 식사와 숙박, 극장 관람을 무료로 이용하는 특권을 누리기도 했다. 올림픽 우승자는 수많은 팬을 거느린 영웅이 되었다. 문화적이고 종교적인 기반이 깔려 있긴 했으나 결국 올림픽의 핵심은 '승리'와 그에 따라 높아진 지위에 있었다.

20세기로 접어들기 직전, 피에르 드 쿠베르탱Pierre de Coubertin 남작이 올림픽을 부활시켰다. 올림픽은 그의 철학에 따라 새롭게 탈바꿈했다. 그는 특히 고대 올림픽에서 전쟁을 일시적으로 중단했던 휴전 관습을 높이 평가했다. 쿠베르탱은 현대 올림픽 또한 서로 다른 문화에 평화와 이해를 가져오리라 믿었다.

1992년 국제 올림픽 위원회IOC는 고대 그리스의 전통을 이어 받아 올림픽 휴전 관습을 재개했다. 1993년 유엔의 결의안으로 이것이 더욱 공고해졌고 몇 년 뒤에는 국제 올림픽 휴전 재단이 설립되어 올림픽 휴전 정신과 원칙을 계승하도록 장려되었다. 그 덕분에 몇 가지 역사적인 순간이 기록되기도 했는데, 이를테면 2006년과 2018년 개막식에서 남북한 선수단이 공동 입장한 사례다. 개최 도시들은 젊은 세대가 휴전의 원칙을 이해하고 지지하도록 노력을 기울이기도 했다.

하지만 그 외에 올림픽이 세계 정치에 큰 영향력을 행사하거나 장기적인 결과를 낸 바는 없다. 쿠베르탱은 프로이센-프랑스 전쟁에서 뼈아픈 패배를 겪은 프랑스의 변화에도 크게 영향을 받았다. 그는 올림픽을 정신과 육체를 모두 단련하는 일종의 군사 훈련으로 여겼으며, 스포츠가 내면의 수양은 물론 사회 개혁의 원천이 될 수 있다고 보았다.

그는 럭비 스쿨을 비롯해 영국의 여러 퍼블릭 스쿨을 방문하여 스포츠가 교육에서 어떤 역할을 하는지 목도했다. 스포츠는 '사회적'이고 '도덕적'인 힘을 길러 주었고 '잘 싸울 줄 아는' 뛰어난 젊은이를 키워 냈다. 쿠베르탱의 접근법에는 여전히 전쟁의 상징이 가득했지만 그는 체력을 기르는 것뿐만 아니라 도덕적이고 윤리적인 가치도 중시했다. 즉, 단순히 결과에만 집중한 게 아니라 '어떻게' 이기고 지는지가 중요하다고 강조했다. 이는 고대 올림픽 정신에서 벗어난 것이었다. 1908년 런던 올림픽에서 그는 이렇게 말했다. "중요한 건 이기는 게 아니라 참여하는 것이다."(며칠 전

런던을 방문한 펜실베이니아 주교의 연설을 인용한 것이었다.) 이후 1932년 로스앤젤레스 올림픽 개막식의 스코어보드에 이런 말이 적히기도 했다.

> 올림픽에서 중요한 것은 승리가 아니라 참가 그 자체다. 인생에서도 중요한 것은 이기는 게 아니라 멋지게 싸우는 것이다.

이 가르침은 오늘날 '올림픽 신조'로 불린다.[33]

◆ 아무도 자랑하지 않는 메달

'승패보다는 참가에 의의를 두어야 한다'는 말은 보통 승패보다 친절과 배려가 더 큰 화제가 될 때 쓰인다. 예를 들면 달리기 경주 도중 다른 선수를 도와주느라 자신의 기록을 희생하는 경우가 있다. 이럴 때는 존중과 우정이라는 인간의 가치가 승리보다 더 중요하다는 고귀한 원칙이 작용한다. 하지만 실상 이 말은 패자를 조롱할 때 더 자주 사용된다. 패자에게 가짜 동정심을 보이거나 경멸과 비웃음 섞인 위로를 건네면서 말이다. 그 순간 이 말의 본래 의미는 변질되고 승리가 전부라는 생각을 더욱 부추기게 되어버린다. 그렇게 생각하지 않는 사람은 그저 자기 합리화에 빠진 패자로 취급된다.

쿠베르탱은 올림픽 헌장을 통해 올림픽 정신을 삶의 철학이자 지침으로 삼고자 했다. 지금도 올림픽에 참가하는 선수는 모두 참가 메달을 받는다. 그러나 이런 메달을 자랑스럽게 들어 보이는 사진이 언론에 실리는 일은 드물다. 1964년부터 국제 올림픽 위원회는 경기에서 스포츠맨십을 보여 주거나 올림픽 대회에 크게 기여한 이들에게 '피에르 드 쿠베르탱 메달'을 수여하고 있다. 위원회는 이 메달을 올림픽 최고의 상으로 여기지만 안타깝게도 이런 메달이 있다는 걸 들어 본 사람은 드물며 언론에서도 이 메달의 수상은 거의 다루지 않는다.

올림픽 헌장은 세 가지 올림픽 가치를 명시하고 있다. 바로 탁월, 우정, 존중이다. 이는 올림픽 정신을 강화하고, 결과보다 즐기는 과정이 중요하다는 사실을 일깨우기 위해 만들어졌다. 패럴림픽의 가치는 여기에 결단, 영감, 용기, 평등 네 가지를 더한다. 모두 훌륭한 가치다. 그런데 이런 가치들이 스포츠 세계에 얼마나 뿌리내리고 있는지는 의문이다. 우리가 보고 듣는 스포츠 해설이나 언론에서도 이런 가치를 제대로 인정하고 있던가? 내가 선수로 활동하던 시절을 돌아봐도 이런 가치가 언급된 적은 없었다. 심지어 코치들은 경쟁자에게 너무 많은 존중을 보이지는 말라며 당부하기도 했다. 그래야 경기에 '무자비'하게 임할 수 있다고 생각해서다.

◆ 올림픽 정신과 무술 정신의 차이

올림픽 모토 '더 빠르게, 더 높게, 더 강하게Citius, Altius, Fortius'는 올림픽의 가치보다 더 잘 알려져 있다(현재는 '더 빠르게, 더 높게, 더 강하게 그리고 다 함께'로 바뀌었다.— 옮긴이 주). 어쩌면 영웅적인 스포츠 구호에 더 알맞기 때문인지도 모른다. 1894년 국제 올림픽 위원회가 창립되었을 때 처음 제안된 이 표어는 쿠베르탱의 말마따나 '도덕적 아름다움'을 상징한다고 믿었다. 하지만 지금은 그로부터 크게 동떨어져 보인다.

어떤 분야에서건 한계를 뛰어넘는 일은 언제나 사람들에게 큰 영감을 준다. 가능성의 극한을 탐험하거나 이를 지켜보는 일은 짜릿한 경험이기 때문이다. 하지만 이 열망이 지나치면 수단과 방법을 가리지 않고 최고가 되겠다는 집착으로 변질될 수 있다. 모든 사람을 이겨야 자신의 가치를 증명할 수 있다는 믿음은 어떤 영감도 줄 수 없고 삶을 풍요롭게 만들지도 못한다.

무술 세계는 올바른 윤리와 가치를 강하게 중시한다. 이집트, 그리스, 중국, 인도의 고대 문명까지 거슬러 올라갈 만큼 수천 년의 역사를 자랑하는 무술은 전투적인 요소와 정신적인 요소를 똑같이 강조한다. 이러한 무술의 정신은 훈련이든 대결이든, 초보자든 숙련자든 예외 없이 적용된다. 올림픽 정신은 무술과 대조적인 모습을 보인다. 철학과 가치가 일관적이지 않고 결과를 중시하는 경우가 많기 때문이다.

이제 스포츠 세계도 강력한 원칙과 가치를 만들어 나가야 한다. 선수의 전인적 성장을 돕고, 신체와 정서적인 웰빙을 고루 지원하는 것도 잊어선 안 된다. 지속 가능한 경기력을 기르고, 선수 생활을 유지할 수 있도록 정신 건강을 돌보며, 소셜 미디어의 압박을 견딜 수 있도록 돕는 것 등은 모두 엘리트 스포츠 세계에서 개선해야 할 영역이다. 이 문제에 보다 총체적으로 접근하기 위해 '웰빙'이 성과를 내는 데 필수적이며 경기장 밖에서 더 큰 가치를 얻을 수 있다는 믿음이 필요하다. 오로지 결과, 결과, 결과만을 외치는 기존의 지배적 통념은 과감히 거부해야 한다.

꿈꿀 수 없는 아메리칸드림

스포츠가 전투를 재해석한 것이라면 비즈니스 세계는 사회에서 우위를 점하기 위한 경쟁으로 나아간다. 인류가 역사를 기록한 이래로 비즈니스와 무역은 언제나 우리 곁을 떠나지 않았다. 그렇다면 비즈니스 역사에는 주로 무엇이 기록되어 있을까? 역시나 승자들이다. 거대한 무역 제국을 건설하고 막대한 부를 창출한 영웅들이 비즈니스 역사에 이름을 남겼다.

18세기가 끝나갈 무렵, 산업 혁명은 유럽과 미국의 경제 성장 방식을 크게 바꾸었다. 수세기 동안 거의 변화가 없던 농업 경제도 산업 혁명 덕분에 해마다 생산량이 증가하면서 엄청난 파급 효과를 불러일으켰다. 이제 성장은 기업의 주요 목표가 되었고 이후로도 줄곧 이어져 내려오며 곧 성공 기준으로 자리 잡았다. 여전히 대다수 기업이 성장을 위한 전략을 세운다. 기업의 존재 목적이 '이윤 극대화'와 '성장'이라는 것에 이의를 제기하는 사람은 거의 없다.

인간성 없는 일터를 만드는 데 일조한 '과학적 관리법Taylorism'은 19세기 프레더릭 윈즐로 테일러Frederick Winslow Taylor가 고안한 관리 시스템이다. 이는 관리자의 역할이 생산 효율성을 높인다는 원칙에 기반한다. 이런 일터는 직원들을 동기 부여하는 일과 아득히 멀어 보인다.

20세기 미국에서 '아메리칸드림'이 탄생했다. 이 용어는 제임스 트러슬로 애덤스James Truslow Adams가 "누구나 더 훌륭하고 풍요롭고 충만한 삶을 누릴 자격이 있다."는 희망찬 믿음을 내세우며 처음 사용했다. 애덤스는 아메리칸드림이 '좋은 자동차와 고임금을 꿈꾸는 것'이 아니라고 명확히 말했지만 시간이 흐를수록 성공은 점점 물질적 성취와 동일한 의미가 되어 갔다. 이러한 현실은 소설《위대한 개츠비》에 생생하게 묘사되어 있다.

최근 들어 그 영향력이 예전 같지 않은 것은 사실이나, 미국인의 마음속에는 여전히 아메리칸드림의 언어와 철학이 살아 숨 쉰다. 아메리칸드림은 지난 세대에도 제대로 실현되지 못했다. 더 나은 삶을 꿈꾸던 사람들은 세계화의 영향으로 점점 소외되었다. 역대 미국 대통령들은 모두 더 나은 삶을 누리게 해 주겠다고 약속했으나 사회적 제약, 심각한 불평등, 각종 차별은 계속되었다. 아메리칸드림은 우리 모두가 승자가 될 수 있다고 말한다. 그러나 이제 사람들은 그것이 이룰 수 없는 꿈이라는 걸 깨닫고 있다.

전쟁과 정치 세계에서의 '승리'

비즈니스와 산업이 발전하면서 정치와 군대가 결합되자 전쟁은 한층 더 공격적이고 파괴적으로 변모했다. 평화 조약 협상은 여전히 승패를 기준으로 이루어지고 이는 곧 다음 전쟁이 멀지 않음을 의미했다.

제1차 세계 대전의 참상을 겪고 난 1918년, 영국의 데이비드 로이드 조지David Lloyd George, 프랑스의 조르주 클레망소Georges Clemenceau, 미국의 우드로 윌슨Woodrow Wilson이 평화 조약을 논의하기 위해 베르사유에 모였다. 당시 승전국 사이에는 독일에 책임을 물어야 한다는 분위기가 팽배했다. 실제로 영국에서는 "독일이 대가를 치르게 하자."라는 구호가 엄청난 인기를 끌기도 했다.

베르사유 조약은 협상으로 맺어진 게 아니라 승전국들이 일방적으로 강요한 결과였다. 이는 곧바로 제2차 세계 대전과 중동의 혼란으로 이어졌다. 당시 승전국에게 제1차 세계 대전은 승리한 전쟁처럼 보이지만 이후 벌어진 끔찍한 정치적 사건들을 떠올려 보면 참전국 중 그 어느 곳도 승리했다고 보기 어렵다.

산업화가 제1차 세계 대전의 양상을 완전히 바꾸었듯이 20세기 말에는 기술이 전쟁을 바꿔 놓았다. 전쟁의 위협과 갈등이 기존의 군대로는 감당하기 어려운 수준에 이르렀다. 이제 전쟁에서 승리한다는 것이 무엇인지 규정하기도 어려울 지경이다. 1990년대와 2000년대의 아프가니스탄 전쟁과 이라크 전쟁에서 수많은 전투가 승리로 기록되었고 정치인들도 수차례 승리를 선언했으나, 참혹한 현장은 그러한 주장을 번번이 뒤집는다. 아직도 대다수 정치인이 '적'을 이겨야 한다는 단순한 사고에서 벗어나지 못하고 있다. 그러나 오늘날 갈등을 성공적으로 해결하기 위해서는 그 어느 때보다 유연한 접근법이 필요하다.

매력적인 영웅 서사는 사람들의 머릿속 깊이 뿌리박혀 있다. 때로는 정치 세계의 물리적 공간에 의해 그 매력이 더 강화되기도 한다. '의회의 어머니'라고도 불리는 영국 의회에서는 대립하는 의원들이 서로 마주보는 벤치에 앉는다. 이때 양쪽 의석은 두 자루의 칼을 나란히 놓을 수 있는 거리만큼 떨어져 있으며, 그 사이에 철퇴 '로열 메이스'가 놓여 있다. 의원들은 어느 편에 설 것인지 선택해야 한다. 당적을 옮기는 행위, 즉 회의장을 가로지르는 행위는 극도의 배반이자 나약함으로 여겨진다. 이런 세계에서는 자신의 가치와 신념을 저버리더라도 당에 충성하는 것만이 승리에 이르는 강력한 행동이다.

영국 의회는 매주 수요일 정오마다 야당 대표와 하원 의원들이 총리에게 직접 질문을 던지는 총리 질의응답Prime Minister's Questions, PMQs 시간을 가진다. 회의장 중앙 송달함 '디스패치'에서 열리는 전투와도 같은 이 시간에는 항상 환호와 야유, 고함과 손가락질이 난무한다. 정치 기자와 분석가들은 총리와 야당 대표 중 누가 승리했는지 평가하고 심지어는 10점 만점으로 점수를 매기기도 한다. 어떤 실질적인 문제가 논의되었는지보다 양측의 말솜씨와 공격력을 평가하는 데 관심이 집중되는 시간이다.

이렇듯 영국 정치는 현대판 검투 경기나 다름없다. TV 프로그램으로 만들어도 될 정도다. 언론은 누가 승리했고 누가 패배했는지 떠든다. 이런 이분법적 경쟁 속에서 과연 어떤 정부가 (의회에서 공허하게 울려 퍼질 뿐인 문구를 빌리자면) '국익'을 위해 각종 사안을 해결할 수 있을까? 21세기의 크고 복잡한 글로벌 문제에 슬기롭게 대응할 수 있을지 또한 의문이다.

공격적인 언어와 사고방식은 민족주의로 이어지기 쉽다. 여전히 많은 나라가 이웃 국가를 희생양 삼아 정치와 경제에서 승리하려고 한다. 이런 상황은 국경을 뛰어넘는 초국가적 연합을 구축하는 데 걸림돌이 된다. 그 예로 영국의 브렉시트가 있다. 그동안 영국 총리들은 정상 회담이나 협상을 마친 뒤 동맹국들과의 협상에서 승리했다는 듯 조약문을 흔들어 보였다. 보수당과 노동당을 가리지 않고 말이다. 그러니 영국 국민들 역시 유럽 이웃 국가들을 적으로 여길 수밖에 없었다. 하지만 사실 그들은 영국의 최대 교역국이자 70년 넘게 평화를 유지해 온 동맹국이었다.

역사의 한계를 인지해야
나아갈 수 있다

우리의 정신 깊숙한 곳에는 역사 시간에 배운 사건들에 영향을 받은 승리의 정의가 자리 잡고 있다. 과거의 생각을 제대로 이해하지 못하면 새로운 시대에 맞는 새로운 생각을 발전시킬 수 없다. 과거를 돌아보면 승자의 이야기가 얼마나 편협한지 알 수 있으며, 동시에 삶과 비즈니스, 전쟁의 현실이 얼마나 크게 바뀌어 왔는지도 알 수 있다.

예를 들어 성폭력과 성희롱을 고발하는 미투 운동Me too move-ment은 할리우드의 거물 하비 와인스타인Harvey Weinstein을 몰락시켰다. 이처럼 다양한 목소리를 내는 캠페인은 사회적으로 용인되는 행동이 무엇인지에 대한 리더의 인식을 바꾸고 있다는 증거다.

정치 시스템과 문화 시스템이 갖는 기존의 방식은 우리가 살고 있는 세상과 점점 멀어지고 있다. 그 어떤 국가도 기후 변화 문제에서 '승리'할 수 없다. 테러나 세계적인 팬데믹을 단독으로 '물리칠' 수 있는 국가 또한 없다. 수많은 철학자가 주장해 왔듯이 그 누구도 '인생'에서 '승리'할 수는 없다.

2부에서는 이처럼 뿌리 깊은 문화적 강박이 우리 삶에 얼마나 다양한 방식으로 스며들어 있는지, 그것이 우리의 잠재력을 어떻게 짓누르는지 살펴볼 것이다.

2부

승리는 어떻게
인간을 망가트리는가

"어떤 대가를 치르더라도
승리하려고 하면
정말로 대가를 치르게 된다.
세상엔 경쟁, 오만, 이기심만 남고
겸손과 관대함은 사라질 것이다."

—앤서니 살츠Anthony Salz, 〈살츠 리뷰〉(2013)

4장

언제까지 이겨야 할까?

어린 시절부터 어른이 될 때까지
평생 경쟁하는 삶

아직도 그때의 긴장감이 생생하다. 우리는 모노폴리 게임을 하면서 몇 시간 동안 팽팽한 신경전을 벌였다. 친구 동생 토머스는 가끔 짜증을 내기도 했다. 그가 마침내 주사위를 굴렸고, 낡은 부츠 모양의 말을 보드 위에서 천천히 움직였다. 그는 말이 어디에 멈출지 이미 알고 있는 듯했으나, 마음 한구석에서 현실을 부정하고 있었을 것이다. 친구와 나 역시 말이 어디로 갈지 계산을 끝내고 숨을 죽였다. 토머스는 이 위기를 극복하고 싶어 했다. 하지만 곧 그의 몸에서 열기가 뿜어져 나왔고 팔에는 솜털이 삐죽 섰다. 마침내 감정이 북받친 토마스의 뇌는 원초적이고 자극에 쉽게 반응하며 생존을 중시하는 영역에 정복당했다. 결국 낡은 부츠는 빨간 호텔이 세워진 파크 레인(영국판 모노폴리에서 두 번째로 비싼 곳)에 멈춰 섰다. 토머스는 자리에서 벌떡 일어났다. 그리고 울먹이는 목소리로 불공평하다고, 우리가 속임수를 썼다고 고래고래 소리쳤다. 토머스가 보드 판을 번쩍 들어 공중으로 던져 버리자 게임 카드들이 사방으로 흩날렸다.

숨 쉬듯 경쟁하는 아이들

사람들에게 언제 승리를 처음 경험했는지 물어보면 대개 잠시 멈칫하다가 헉 소리를 내며 답한다. "맙소사! 모노폴리예요!" 그리고 초록색 보드 위에서 형제자매나 부모님에게 파산당했던 추억을 줄줄이 쏟아 낸다.

모노폴리는 위키피디아에 '세계 대중문화의 일부'라고 묘사될 만큼 널리 알려진 게임이다. 이 게임은 기본적으로 경쟁이다. 게임의 목표 자체가 상대방을 파산시키는 것이기 때문이다.[34] 어린 아이들은 이를 통해 협력 따위는 바람직하지 않은 제로섬 게임의 세계를 일찍이 경험하게 된다. 모노폴리에서 승리를 거두는 유일한 방법은 다른 플레이어가 패배하고 고통을 겪는 것뿐이다. 그것도 모두 계획하고 의도한 대로 말이다.

당신이 승리를 처음 경험한 순간은 언제인가. 아마도 게임, 시험, 대회 등이 떠오를 것이다. 이때 당신이 승리를 어떻게 정의할

지는 주변 환경과 가정 교육에 따라 달라진다. 당신이 받은 상은 무엇이었는가? 부모와 선생은 누구를 칭찬했는가? 언론은 성공의 모습을 어떻게 묘사했는가? 우리는 어릴 때부터 저마다의 질문을 던지며 승리에 대한 철학을 형성하기 시작한다. 다른 사람의 인정이 없다면 그런 승리는 의미가 없는 걸까? 자신의 기록을 뛰어넘는 것과 상대보다 좋은 기록을 내는 것 중 무엇이 더 중요할까? 성공의 기준은 타인이 정한 것을 따라야 할까 각자 규정하기 나름일까?

우리는 태어나서 처음으로 속하는 공동체인 가족과 함께 가치관을 형성한다. 그리고 어떤 가족 구성원이 권력자인지, 어떻게 해야 초콜릿을 손에 넣을 수 있는지 빠르게 깨우친다. 가정에서 무엇을 보고 자랐는지에 따라 이기기 위한 경쟁을 할지, 아니면 협력하며 또 다른 결과를 만들어 낼지 선택한다.

TV 드라마나 책, 영화에서도 종종 형제자매가 있는 가정을 '승자'와 '패자'로 나뉘는 세계로 묘사하며 경쟁을 부추기곤 한다. 이런 묘사는 제로섬 게임의 사고방식을 벗어나지 못할 뿐 아니라 어린아이들에게 이분법적 관점을 심어 줄 수 있다. 예를 들면 첫째 아이는 자신이 관심을 받으려면 동생을 희생시켜야 한다고 생각한다. 엄마의 관심을 독차지하다가 동생이 태어나고부터 관심과 시간을 빼앗겼다고 느끼기 때문이다. 그러나 아무리 노력해도 첫째 아이는 만족할 수 없을 것이다. 부모는 둘째 아이가 태어난 이상, 더는 한 아이에게만 온전히 집중할 수 없다.

아이들이 각자 부모의 시간을 '나눠 갖고' 함께 즐기는 법을 익히려면 오랜 시간 조율이 필요하다. 부모라면 이 과정이 결코 쉽지 않다는 걸 알 것이다. 안 그래도 참고할 만한 사례를 찾기 어려운데, 미디어에서는 그런 식의 조율엔 관심이 없고 그저 카인과 아벨처럼 형제자매 간의 치열한 경쟁을 그려 내기 바쁘다.

학교는 온통 대회, 상, 칭찬 스티커, 점수판으로 가득하다. 아이들은 이런 것들이 중요하다고 배운다. 학교에서 정답을 두고 친구들과 경쟁해 본 적 있는가? 선생님이 나를 먼저 지목하기를 바라고, 다른 친구가 지목되면 그 친구가 틀리기를 바란 적 없는가? 그래야 다시 기회가 돌아와 내가 얼마나 똑똑한지 보여 줄 수 있으니 말이다. 친구의 실패는 곧 나의 성공이 된다. 친구와 협력자가 될 수 있었는데 경쟁 상대가 되어 버리는 순간이다.

영국 학교에서는 아이들이 규칙을 잘 지키거나 수업 시간에 조용히 했을 때, 다른 친구들에게 친절하게 대했을 때처럼 좋은 일을 하면 스티커, 별 모양 배지, 학급 점수 등으로 보상한다. 문제는 이러한 행동이 금세 잊힌다는 것이다. 한 주가 끝나면 누가 더 보상을 많이 받았는지에 따라 승자와 패자가 갈릴 뿐, 어떤 행동으로 칭찬을 받았는지, 그 행동이 얼마나 좋은 결과로 이어졌는지는 머릿속에서 사라진다. 내 아들은 일곱 살 때 학교에서 문을 열어 주는 일이 학급 점수를 따는 가장 쉬운 방법임을 깨달았다. 아들은 문을 여는 데 엄청난 열정과 에너지를 쏟아부었다. 실제로 점수를 꽤 많이 쌓기도 했다. 훌륭한 행동이긴 했지만 아이는 왜 문을 열어 주는 게 좋은 행동인지 이해하지 못하고 있었다. 그저 남보다 더 많은 점수를 따고 싶었을 뿐이다. 이듬해부터 더 이상 점수를 받을 수 없게 되자 아이의 문 열어 주기도 자연스럽게 끝이 났다.

학교는 여전히 학생들에게 무엇을 강조해야 하는지 잘 모르는 것 같다. 매주 학급 성적표에서 1등이 되는 법과 배려와 친절, 협력으로 다른 사람에게 선한 영향을 미치는 법 중 무엇을 가르쳐야 할까? 스티커를 주는 방식으로 모범적인 행동을 장려하는 것이 쉬운 일이긴 하지만 분명 한계도 존재한다. 외부 동기, 즉 외적인 보상은 단기적으로는 좋은 행동을 이끌어 낼 수 있다. 그러나 멀리 보면 효과가 불분명하며 더 깊이 있고 지속적인 가치를 심어 주기 어렵다. 점점 협력의 중요성이 강조되고 있다. 그러나 협력의 가치를 실천한 사례가 학업 성적이 우수하거나 대회에서 좋은 성적을 거둔 사례보다 더 높게 평가받거나 적어도 비슷한 수준으로 평가받은 적이 있을까?

'운동 못하는 아이'라는 낙인

학창 시절에는 승자와 패자가 명확하게 구분되었다. 공부를 잘하는 아이, 운동을 잘하는 아이, 음악을 잘하는 아이들이 승자였고, 이 세 부류에 속하지 않는 아이들은 모두 패자였다. 세상을 다르게 바라보는 아이들은 대부분 열등생 취급을 받았다. 다른 관점이나 아이디어에 신경 쓸 시간 따위는 없었다. 시험을 잘 보는 것만이 중요했다. 대학교에서도 같은 경쟁이 이어졌다(물론 어떤 대학에 들어갔느냐가 공부를 시작하기도 전에 이미 성공과 실패를 가르기도 했다). 대학교에서 승리란 높은 학점일 뿐 자신에게 영감을 주는 수업이나 세상에 변화를 일으키고 새로운 것을 창조하고 싶어지는 수업을 듣는 건 승리가 아니었다.

올림픽 메달리스트임에도 불구하고 나는 운동을 그다지 좋아하지 않는 아이였다. 반에서 운동을 잘하는 편도 아니었기에 자연스럽게 '운동 못하는 아이'로 분류되었다. 당시 '운동 잘하는 아이'가 되려면 달리기 속도가 빨라야 했다. 이는 아이들의 신체 발달 수준에 따라 결정되었는데, 보통은 주말마다 가족끼리 야외 활동을 즐기거나 학년에서 나이가 많은 아이들이 유리했다. 운동을 잘하는 아이들은 늘 운동회에서 승리의 주역이 되고 체육 선생님의 칭찬을 독차지했다.

모든 학생이 '운동을 잘하는 아이'와 '운동을 못하는 아이' 중하나로 구분되어야 한다는 사실이 체육 시간 내내 나를 괴롭혔다. 그래도 나는 운동을 잘하고 싶었다. 나의 성적표에는 '체육에 흥미가 없고 노력도 부족하다'라고 적혀 있었지만 사실 나는 체육 시간에 관심이 없었던 게 아니다. 어떻게 해야 '운동 못하는 아이'라는 꼬리표를 떼고 운동을 잘할 수 있는지 몰랐을 뿐이다.

어릴 때 규칙적으로 운동을 하다가 중간에 그만두면 운동은 더 이상 삶의 일부가 되기 어렵고 규칙적인 운동을 다시 시작하기도 쉽지 않다. 전 세계 정부와 스포츠 단체들은 청소년들이 꾸준히 운동을 하도록 유도하고, 운동을 그만두었다면 다시 시작하도록 만들 방법을 찾고 있다. 초기에는 청소년들이 어떤 운동에 관심을 보이는지 파악한 뒤 다양한 프로그램을 제공하는 데 초점을 맞추었다. 하지만 추가 연구가 진행되면서 이제는 스포츠를 '경험'한다는 게 무엇인지, 그리고 어떤 문화와 환경에서 스포츠를 경험하는지가 얼마나 중요한지 밝혀졌다.

특히 승리가 스포츠 문화에서 어떤 역할을 하는지가 아이들의 스포츠 경험에 큰 영향을 미치며, 나아가 운동이 평생의 건강한 습관이 될지를 결정할 수 있다. 우리는 모두 태어나서 몸이 허락하는 만큼 움직이다가 점점 더 많이 움직이게 된다. 이 자연스러운 과정이 어른이 되면서 왜 중단되는지 고민해 볼 필요가 있다.

개인적으로는 대학 시절 조정을 접한 게 정말 행운이었다고 생각한다. 조정 덕분에 나는 스포츠를 완전히 다르게 바라볼 수 있었다. 그전까지는 운동에 소질이 없다고만 생각했고 아침잠도 많았기에 새로운 스포츠, 특히나 새벽에 하는 고된 운동이라면 더더욱 내키지 않았다. 하지만 우연한 사건들이 겹쳤다. 첫 학기 중반쯤, 새로 사귄 친구들이 조정 초보자 팀에 대타로 들어와 달라고 부탁한 것이다(물론 술을 사 주겠다는 회유도 빠지지 않았다).

"승부욕이 없으면 패배자!"

1996년, 간신히 올림픽 대표 팀에 합류했을 땐 멀고도 막연한 꿈이 현실이 된 것만 같았다. 스포츠에 소질이 없었던 내가 어떻게 이 자리까지 오게 되었는지 도무지 믿을 수 없었다. 하지만 막상 대표 팀에 들어가고 나니 당황스럽고 혼란스러웠다. 여기서 나는 '여자 선수는 남자 선수만큼 잘할 수 없다'는 편견과 싸워야 했다. 심지어 남자 대표 팀은 우리를 노골적으로 조롱했다. 우리도 남자 선수들과 다르지 않으며 승리할 수 있다는 걸 보여 주고 싶었지만 여건상 그 목표를 달성하기는 어려워 보였다. 여자 팀에는 스포츠 심리 전문가가 없었다. 남자 팀 코치들은 여자 팀이 '승리하는 태도'를 갖추지 못한 것 같다며 떠들고 다녔다. 나는 승리하는 태도가 무엇인지 곰곰이 생각해 보았다. 내가 그런 태도를 갖추고 있는지, 없다면 후천적으로 기를 수 있는지 끊임없이 자문하며 스스로를 괴롭혔다.

지난 바르셀로나 올림픽에서 조정 팀의 금메달을 일구어 낸 코치와 심리 전문가가 우리 팀을 찾아와 강연을 한 적이 있었다. 그들은 승리하는 태도에 대해 이런저런 이야기를 들려주다가 우리에게 물었다. "여러분은 승부욕을 가지고 있나요? 정말로 승리하고 싶은 게 맞나요?" 중요한 질문인 건 분명했다. 내가 아직 찾지 못한 심오한 무언가가 바로 이것이라는 생각이 들었다. 이내 가면 증후군이 고개를 들어 내 마음을 괴롭히기 시작했다.

'승부욕을 가진 것 같기도 하고 갖고 싶기도 한데, 이걸 어떻게 알 수 있지? 만약 나한테 승부욕이 없다면? 내가 착각하는 거라면? 감히 내가 승부욕을 가졌다고 생각해도 되는 건가? 승부욕이 있다고 생각했는데 사실 그렇지 않다면? 만약 경쟁자들의 승부욕이 더 강하다면?'

신화처럼 떠도는 '승부욕'은 우리 머리보다 높이 매달려 있어 손에 닿지 않는 듯했다. 하지만 그토록 붙잡기 어려운 승부욕에 정신이 팔려 정작 어떻게 기록을 향상시킬 수 있는지에는 집중하지 못했다. 결국 이런저런 이유로 우리는 애틀랜타 올림픽에서 좋은 성적을 내지 못했다.

첫 번째 올림픽에서 '실패'한 뒤 1년이 지나 새로운 스포츠 심리학자가 팀에 합류했다. 그는 우리에게 전혀 다른 언어로 말을 걸었다. 승부욕에 대해서는 일절 묻지 않고 '퍼포먼스 마인드셋'의 중요성만 이야기했다. 그는 내가 어떤 능력과 강점을 가지고 있는지, 그걸 어떻게 활용하고 극대화할 수 있는지 물었다. 나아가 훈련과 경기에서 최선을 다할 수 있는지, 매일 발전하고 성장할 수 있다고 믿는지도 물었다. 그러자 새로운 방향으로 생각이 열리기 시작했다. 이때부터 나는 성공의 의미를 새롭게 정의했다. 이제 성공은 단순히 좋은 결과를 내는 것 그 이상이었다. 그리고 이렇게 성공의 정의를 바꿨더니 역설적으로 최고의 결과를 거둘 수 있었다.

권력 투쟁에 휘말려 사라진 아이디어들

승부욕은 스포츠 바깥에서도 얼마든지 찾아볼 수 있다. 예를 들어 회사에서 팀원을 뽑을 때 리더들은 승자를 채용하려 한다. 조직에서 전략과 목표를 설명할 때도 비슷한 표현을 사용한다. "모두 승자가 됩시다.", "승리하는 팀을 만들어 봅시다." 이렇듯 승리를 말로 뱉는 건 쉽다. 그러나 실제로 이 말의 의미가 무엇인지, 승리하는 행동은 도대체 무엇인지, 그리고 승리를 향한 집착이 우리의 궁극적인 목표에 어떤 영향을 미치는지 모두가 같은 마음으로 이해할 수 있을까?

직장 내 계층 구조는 누구의 의견이 가장 중요하고 누가 회사에서 가장 가치 있는지를 보여 주는 일종의 차트와 같다. 내가 막 공무원이 되었을 때도 모두가 등급으로 구분되었다. 심지어 고속 승진 코스에 속한 사람과 속하지 않은 사람으로 나뉘기도 했다. 동료를 이런 기준으로 바라보면 편견이 생길 수밖에 없다. 회의에서 발언권을 갖는 사람, 의견을 묵살해도 되는 사람이 결정되면서 말이다.

저명한 경영인이자 작가인 마거릿 헤퍼넌은 계층 구조가 조직에 끼치는 해악을 이렇게 정리했다.

지난 수십 년 동안 관리자들은 기업의 계층 구조가 직원들에게 승진과 같은 동기를 부여하여 더 뛰어난 성과가 나오리라고 믿었다. … 하지만 오히려 서로 아이디어를 나누지 않는 부작용을 낳았다. … 훌륭한 아이디어와 중요한 사안은 모두 권력 투쟁과 영역 싸움에 휘말려 사라지거나 힘을 잃었다.[35]

경력이 쌓일수록 이제는 성과를 내기 너무 늦었다는 생각이 들수 있다. 원하는 수준에 이르지 못한 상태로 시간이 흘러가면 그걸로 끝이라고 여기는 것이다. 사실 이런 믿음은 커리어뿐만 아니라 삶 전반에 퍼져 있다. 〈포브스〉의 발행인 리치 칼가아드는이런 현상에 의문을 제기하면서 일찍 성공하는 사람을 지나치게받드는 문화, 그리고 '늦깎이'의 가치를 간과하는 현상이 일터와사회에 얼마나 치명적인지 지적한다.[36]

삶 속에 녹아든
승리 지상주의 돌아보기

우리는 삶 곳곳에서 승리와 마주한다. 지금껏 듣고 보았던 온갖 규정과 편견을 내려놓고 다시금 승리의 경험을 돌아보자. 승리 때문에 어떤 사고방식과 행동이 강화되고 발전했으며 그 결과는 또 어떠했는가? 혹시 간과하거나 경시한 것은 없었는가?

지금까지 우리는 개인적인 차원에서 1등 집착을 어떻게 경험했는지 살펴보았다. 이어지는 장에서는 교육, 스포츠, 비즈니스, 정치 등 사회 전반에서 승리가 어떤 의미를 가지는지 살펴보고자 한다. 흔히 당연하게 여기는 것들도 더 면밀히 검토하고 의심해야 한다는 사실을 알게 될 것이다. 그럴 때 지금보다 더 훌륭한 성공을 이룰 수 있다.

5장

이 반에서 누가 제일
공부를 잘합니까?

승부욕이 교육에 미치는 영향

심리학자 매들린 러바인은 열 살짜리 남자아이와 상담을 진행한다. 아이는 소파에 얌전히 앉아 다리가 바닥에 닿지 않은 채로 러바인과 마주했다. 아이에게 커서 무엇이 되고 싶은지 묻자, 자세를 고쳐 앉으며 주저 없이 이렇게 말했다. "스타트업을 만들어 운영하고 싶어요." 아이는 스타트업이 뭔지는 잘 모르는 듯했지만 어떻게 해야 스타트업으로 크게 성공할 수 있는지는 굉장히 자세히 알고 있었다. 아이는 앞으로 15년간의 계획을 세웠다. 우선 경쟁력 있는 고등학교에 들어가야 한다. 그래야 이른바 '명문' 스탠퍼드대학교에 가기 쉬워진다. 대학교에 들어가면 인턴도 해야 하는데 기왕이면 구글에서 일하고 싶은 모양이다.

아이는 '승자'가 되겠다는 의지가 확고했다. 아이의 부모와 교사, 주변 사람들 모두 이런 사고방식을 부추겼다. 정작 이런 사고방식이 아이의 성공 가능성을 낮출 수 있다는 가능성은 깨닫지 못한 채 말이다.

러바인은 이렇게 말한다. "미국의 특권층 문화에서는 성공이란 무엇인지, 어떻게 성공할 수 있는지에 대한 인식이 점점 더 편협해지고 있다. 돈의 가치는 지나치게 중시하는 반면 성품의 가치는 경시된다." 그녀의 소파에 앉아 있던 열 살짜리 아이는 이러한 인식이 낳은 필연적인 결과다. "그 아이는 승자가 되고 싶어 하지만 정작 자신이 어떤 일을 해야 하는지는 모른다."[37]

기가 막힌 어른들의 욕망

한 이웃과 나눈 황당한 대화가 아직도 기억난다. 그녀는 두 살 반짜리 아들의 미래가 걱정된다며 고민을 털어놓았다.

"우리 아들 때문에 걱정이에요. 연필 쥐는 법을 가르치려고 해도 도통 관심을 안 보이거든요. 이대로라면 명문 학교에 들어가지 못할 텐데, 그러면 앞으로 아이 인생이 어찌 될지 막막하네요. 다행히 주변에서 과외 선생님을 추천받았어요. 부디 그분이 입학 면접을 잘 대비해 주면 좋겠어요."

아이를 런던의 명문 사립 학교에 보내기 위해 두 살 반부터 준비시킨다니 정말 충격적이었다. 이런 부모들은 아이가 태어나는 순간부터 걱정이 태산이다. 좋은 유치원에 들어가지 못하면 좋은 초등학교에 들어가지 못하고, 그러면 중학교나 고등학교도 그저 그런 곳에 가야 하고, 결국 명문대 입학도 물 건너가 모두의 인생이 망가진다고 믿는다. 이렇듯 자식을 좋은 학교에 보내려는 욕망 때문에 온 가족의 삶이 피폐해진다(물론 애초에 이런 과열된 게임에 뛰어들지 않는 가족도 많다).

학교는 부모와 아이가 어쩔 수 없이 참여해야 하는 게임이나 다름없다. 이 게임이 얼마나 편협한지 알면서도 그 안에 갇혀 있는 기분이다. 학교라는 게임에서 '승리'하면 평생 성공한 삶을 살 수 있지만 '패배'하는 순간 영영 실패한 삶을 살 것만 같다. 부모나 교사나 대부분 이렇게 생각한다. 아이들은 학교에서 이런 인식을 처음으로 접하며 결국 인생의 성공 기준도 이런 인식을 바탕으로 만들어진다.

표준화된 교육 시스템에서는 아이가 공부를 잘하는지, 똑똑한지, 잠재력이 뛰어난지를 평가한다. 하지만 이런 판단은 아이에게 해로울 수 있다. 아이들의 발달 속도는 제각각이며 잠재력 또한 교과목을 넘어 다양한 분야에서 발휘될 수 있기 때문이다. 성적과 평가 결과에만 의존하다 보면 지능은 변하지 않고 하나의 숫자로 표현할 수 있으며 아이들을 순서대로 줄 세울 수 있다고 생각하기 쉽다. 당연히 모두 사실이 아니다. 표준화된 교육 시스템에서 성과를 낸다고 해서 그 아이의 능력이 뛰어나다고 말할 수는 없다. 반대로 시스템에서 성과를 내지 못하는 아이가 능력이 부족하다고 말할 수도 없다. 재능을 편협하게 정의해 버리면 다양한 사고와 잠재력을 지닌 인재를 놓치게 된다. 결국 그런 인재들이 기업과 사회에 기여할 기회 또한 사라진다.

학교 내에 우수 학생을 선발하는 시스템이 있을 때, 예를 들어 수준별로 학급을 편성해 수업하는 경우에 학생들은 누가 승자이고 누가 패자인지를 명확하게 이해한다. 소위 열등반에 배정된 아이들을 독려하려는 의도일지 모르지만, 현실적으로 열등반 꼬리표는 '패배자'라는 낙인이다. 이러한 낙인은 아이들에게 상처가 된다.

우수한 학생이 되면 더욱더 주목받고 '인재'로 분류되어 그에 걸맞은 투자와 지원을 받는다. 선순환이 시작되는 것이다. 반면 공부를 못하는 학생은 점점 더 소외되는 악순환에 빠진다. 이런 상황을 아는 부모는 자녀가 경쟁에서 이기도록 지나칠 정도로 전력을 다한다. 물론 이 게임이 아이의 미래에 진정으로 도움이 되는지는 고려하지 않는다. 이렇게 무의미한 노력을 지속하는 세계에 온 가족이 갇히게 된다.

이른바 '호랑이 부모'는 아이의 학업 성취도를 높이기 위해 수단과 방법을 가리지 않는 사람을 일컫는 말이다. 호랑이 부모는 주로 아시아 문화권에서 찾아볼 수 있는데, 성공적인 교육(시험에서 높은 점수를 받는 것)이 가족에 명예를 가져다준다고 믿는 경향이 있기 때문이다. 하지만 이런 믿음에는 대가가 따른다. 실제로 한국 학생들은 가족과 사회로부터 엄청난 압박을 받는다. 한국 학생들의 성적은 뛰어나지만 자살률 또한 심각할 정도로 높다.[38]

모두가 A 학점을 받는다면

세계 경제 포럼의 보고서에 따르면 미래 직장에서 필요한 능력이 바뀌고 있다. 북유럽 국가와 네덜란드를 포함한 몇몇 국가는 협업의 중요성을 강조하고 시험의 비중을 줄이며 이 변화에 발맞추고 있다. 그러나 여전히 획일적인 경쟁 위주의 교육에서 벗어나지 못한 곳이 많다. 이런 나라의 학생들은 어릴 때부터 시험 성적이라는 편협한 기준으로 성공과 실패를 가르며 자란다.

경영대학원 교수 마거릿 헤퍼넌과 음악을 가르치는 지휘자 벤저민 잰더는 이런 부정적인 비교의 굴레에서 벗어나고자 학생들에게 처음부터 A 학점을 주는 실험을 했다. 마거릿 헤퍼넌의 수업은 창업에 관한 것이라 애당초 성적은 별로 중요하지 않았다. 그럼에도 MBA 학생들은 불만을 드러냈다. 동료 학생과 학점을 비교하며 자신을 평가하는 방식이 익숙했기 때문이다. "학생들은 단순히 배우는 것 이상으로 다른 사람의 실패로 자신의 성공을 확인하고 싶어 했다."[39]

벤저민 잰더의 음악 수업에서도 학기가 시작되자마자 학생들에게 A 학점을 부여한다. 학생들에게 새로운 가능성을 열어 주고 싶기 때문이다. 이전에는 학생들이 성적을 지나치게 의식하는 바람에 연주가 늘 불안했고, 연주에 변화를 주는 것도 두려워했다. 하지만 그의 말에 따르면 "음악은 연주자의 해석을 거쳐야만 전달될 수 있는 만큼, 표현력은 연주의 생명줄과도 같다. … 연주에서 실수가 나올 때 우리는 비로소 무엇에 주의를 기울여야 하는지 깨달을 수 있다."[40]

이 실험을 보고 기존 시스템을 비판하는 사람과 옹호하는 사람모두가 교육 수준이 떨어질지 모른다며 걱정했다(특히 기존 시스템의 옹호자들은 대개 편협한 성공 기준에서 승승장구했기에 그 시스템에충성을 다하고 의존하면서 각자의 성공을 정당화한다). 하지만 잰더가찾은 답은 정반대였다. 그는 학생들이 최고의 기량을 뽐낼 수 있도록 도와주는 동료가 되어 주었다. 잰더는 학생들이 교수를 만족시키거나 적당한 성적을 받을 정도로만 공부하는 데 그치지 않고 교수와 함께 훨씬 더 깊이 탐구하기를 바랐다.

> 스스로에게 A를 주는 건 자랑이나 자존감의 문제가 아니다. …
> 성공과 실패의 사다리에서 벗어나는 것, 즉 평가의 세계를 떠
> 나 가능성의 우주로 향하는 것이다.[41]

음악을 예로 들면 연주자들이 경쟁에서 승리하기 위해 노력해도 예술적 완성도가 높아지는 건 아니다. 정치와 비즈니스도 마찬가지다. 선거에서 승리한 사람이 나라를 이끌게 되지만 이들이

반드시 국정 운영을 잘하는 것은 아니다. 조직의 리더 역시 승진 경쟁에서 이겼을 뿐 실제로 유능한 리더라는 보장은 없다.

교직을 떠나는 교사들, 불행한 학생들

교육을 뜻하는 영단어 education의 어원은 라틴어 educare, 즉 '기르다'라는 단어에서 왔다. 또 다른 라틴어 단어 educo는 e와 duco가 결합된 것으로 '앞으로 이끌다', '끌어올리다'라는 뜻을 가지며 그 의미가 확장되어 교육이라는 단어가 되었다. 그야말로 교육의 본질이 잘 드러나는 어원이다.

그런데 영국, 미국, 일본, 중국 등 세계 주요 국가들의 교육은 어쩌다 지표와 순위로 가득해진 걸까? 영국의 학교는 이제 교육의 장이 아닌 하나의 '기업'이 되어 가고 있다(공립 학교와 사립 학교 모두 해당한다). 여러 아카데미 체인을 관리하는 사람 역시 교장이 아니라 CEO. 정부는 민간 부문의 관리자들이 교육계로 진출해 성과를 높이고 결과 중심의 경영 방식을 학교에 도입하도록 적극 장려한다. 하지만 기업에서조차 그 방식이 효과적인지 명확하지 않은데, 하물며 그런 접근법이 교육계에 적용될 수 있을지는 누구도 확신하지 못한다.

영국, 미국, 일본은 경쟁을 교육의 핵심으로 삼았다. 아이들의 교육 수준을 높이기 위해, 교육에 투자한 자금을 회수하기 위해,

계층 간 성취도 격차를 해소하기 위해서다. 이들의 논리는 매혹적일 만큼 단순하다. 모든 학교가 1위를 차지하고 싶어 더 나아지기 위해 노력하면 교육도 발전하리라는 것이다. 물론 의도는 좋았으나 현실은 달랐다. 영국과 미국에서는 교직을 떠나는 초등 및 중등 교사를 쉽게 찾아볼 수 있다. 다음 세대에 영감을 주고 학생들의 잠재력을 일깨우기 위해 교직에 입문했지만 현실은 이상과 너무나도 동떨어져 있었다. 아마 교장들은 특히 더 이도 저도 못하는 상황에 처했을 것이다. 정부가 내놓는 지표는 의미와 명분이 그럴듯하다. 교육의 질을 높이고, 학생들이 더 많은 기회를 얻을 수 있도록 성취도를 지속적으로 확인하기 위한 것. 이런 명분을 내세우는데 누가 반대할 수 있겠는가?

교사들은 목표와 순위에 매달려 시간을 허비한다. 지표가 나쁘면 예산이 삭감되거나 공개적으로 블랙리스트에 오르는 등 여러 방면에서 불이익을 당할 수 있기 때문이다. 단기적으로 지표를 개선하는 데만 집중하다 보니 장기적으로 우려될 문제들은 우선순위에서 밀려난다. 교사와 학생 모두가 불행한데 누구 하나 신경 쓰지 않는다.

시험과 평가가 중시되고 점수에 목을 매다 보면 성적과 직접 관련이 없는 과목은 점점 뒷전이 된다. 예컨대 미술, 음악, 체육, 사회, 역사 과목이 영어, 수학, 과학 같은 주요 과목에 밀려 결국 폭넓은 교육은 실패하고 만다. 주요 과목조차 시험에 필요한 내용과 테크닉을 가르치는 데만 집중한다.

제리 멀러 교수는 미국의 아동 낙오 방지법No Child Left Behind을 심도 있게 들여다보았다. 이 법률은 책임, 융통성, 선택권을 내세 워 성취도 격차를 줄이고 어떤 아이도 중도에 낙오시키지 않겠다 는 취지로 만들어졌다. 하지만 멀러 교수를 비롯해 많은 사람이 이 법률의 문제점을 지적한다. "학생들이 본질적인 지식이 아닌 시험 요령을 배우는 데 급급하다."[42]

드라마보다 더 부패한 현실

학생들은 아무리 자신이 좋아하는 과목이라도 나쁜 성적을 거 둘 것 같으면 수강 자체를 포기하고 만다. 이제는 아무도 '왜'라는 질문을 던지지 않는 것 같다. 우리는 왜 학교에 가야 하는가? 학 교의 목적은 무엇인가? 분명 고민해 볼 만한 질문이다. 학교를 가 는 목적이 고작 좋은 성적을 얻기 위함이라면 도저히 납득하기 어렵지 않은가.

데이비드 보일은 저서《틱박스Tickbox》에서 공공 서비스의 불필 요한 목표가 어떤 폐해를 초래했는지 낱낱이 파헤쳤다. 그의 주 장에 따르면, 성적이 우수한 학교 대부분이 "창의적인 커리큘럼 을 모두 없애고 학업이 부진한 학생을 등한시했다."[43]

〈학교가 창의력을 죽인다Do Schools Kill Creativity〉라는 TED 강연 으로 유명한 교육학자 켄 로빈슨은 영국과 미국 교육 기관의 자문에 응하기도 했는데, 그럼에도 불구하고 교육 시스템은 여전히 변화가 없었다. 시험의 중요성이 지나치게 커지면 사람들은 이기고 싶은 욕망에 사로잡혀 비상식적이고 부패한 행동을 서슴지 않는다. 예를 들면 성적이 나쁜 학생들을 통계에서 제외하기 위해 장애인이나 특수 교육 대상자로 분류하고, 아예 퇴학이나 전학을 시키는 일도 벌어진다. 학생들은 부정행위를 저질러서라도 성적을 올리려고 하며, 어떤 교사들은 채점 과정에서 학생의 답을 고쳐 쓰거나 점수가 낮은 시험지를 분실 처리하여 결과를 조작하기도 한다.

그동안 정부는 막대한 노력을 기울여 교육 정책을 만들고 수십 년에 걸쳐 성과를 기록해 왔다. 하지만 영국과 미국 모두 학업 성취도 격차를 뚜렷하게 줄이는 데 실패했다. 팬데믹과 여러 사회경제적 불안 요소 때문에 오히려 많은 나라에서 격차가 더 벌어졌다. 물론 아무도 이 사실을 인정하고 싶어 하지 않는다. 현실을 호도하기 위한 지표가 더욱 많이 만들어졌을 뿐이다.

벤저민 잰더와 심리치료사 로자먼드 스톤 잰더는 함께 쓴 저서에서 이런 화두를 던진 바 있다. "대부분의 경우, 성적은 학생이 공부를 제대로 했는지 제대로 반영하지 못한다. '개념을 잘못 이해했다'거나 '수학 문제를 잘못 풀었다'는 피드백은 그 학생의 성취도를 구체적으로 담고 있지만, 'B⁺'라는 성적으로는 그 학생이 교과 내용을 얼마나 잘 이해했는지 전혀 파악할 수 없다. 그저 상대적으로 비교한 위치이기 때문이다. 이런 비교가 성적을 매기는 주목적이라는 사실은 누구나 잘 알 것이다."[44]

학생들을 성적으로 줄 세우면 서로 경쟁자가 될 뿐이다. 사회성을 익혀야 할 시기에 정작 친구들과 협동하는 법을 배우지 못하고 서열과 경쟁에 갇혀 내가 승리하려면 다른 친구가 패배해야 한다는 생각이 강해진다. 그런데 학창 시절에 대개 혼자서 공부하던 것과 달리, 사회에서는 대부분의 조직이 팀으로 일을 한다. 다른 사람과 비교해서 승리하는 법을 배우는 상대적 교육이 강조될수록 똑바로 배우고 성장하지 못하는 경우가 많아질 수밖에 없다.

불안한 과잉 성취자

성적에 집착하면 숫자로 평가하기 어려운 수많은 영역이 소외될 것이다. 예를 들면 비판적 사고, 자제력, 협업 능력, 창의력, 예술적 능력 등에 소홀해지는 것이다.

캐런 아놀드Karen Arnold가 고등학교 수석 졸업생을 대상으로 한 연구에 따르면, 고등학교 성적이 대체로 대학까지는 이어지나 직장에서의 성과와는 무관했다. 이들 대다수가 훌륭한 직업은 가졌어도 세상을 이끌거나 바꾸지는 못했다. 아놀드는 이들이 학교에서 우수한 성적을 거둘 수 있었던 이유로 '규칙을 잘 따르고 시험에 필요한 것만 공부하는 태도'를 꼽았다. 하지만 이런 태도가 직장에서는 도움이 되지 않는다고 말한다. 직장은 규칙이 불명확하

고 기존의 범주를 넘어 창의적으로 생각하고 행동할 줄 알아야 하기 때문이다.[45]

경쟁을 조장하는 교육 방식은 학생들의 자존감을 지속적으로 압박한다. 알피 콘은 이렇게 설명한다. "남보다 더 잘하고 싶다는 욕망은 그저 잘하고 싶다는 욕망과는 완전히 다르다. 경쟁에는 근본적으로 보상 심리가 깔려 있기 때문이다. 사람들은 자신이 무능하다는 인상을 지우기 위해 남보다 더 잘하려고 한다. … 다른 사람보다 힘이 세거나 똑똑하다는 사실을 통해 자신이 좋은 사람이라는 걸 어느 정도 확신하고 싶은 것이다."[46]

제임스 카스의《유한 게임과 무한 게임》에는 단기적 유한 게임의 승자에 관한 역설이 나온다. 승자들은 자신을 증명하려면 승리가 필요하기 때문에 "승자라고 인정받을수록 스스로 패자임을 깨닫는다." 어떤 타이틀이나 트로피, 또는 거대한 부를 가진 사람은 타인과의 비교, 그리고 승리를 인정하고 박수 쳐 주는 관중이 있어야만 존재한다.

결국 승자들은 승리의 덫에 빠진다. "승자는, 특히 널리 알려진 승자는 자신이 승자라는 사실을 계속해서 증명해야 한다. 새로운 도전자로부터 몇 번이고 타이틀을 지켜야 하듯, 승자는 똑같은 각본을 끊임없이 되풀이해야 한다. 아무리 부유해도, 아무리 명예로워도, 아무리 박수를 받아도 부족할 수밖에 없다."[47]

이런 환경은 불안한 과잉 성취자를 양산한다. 불안한 과잉 성취자는 엘리트 스포츠 선수, 대형 로펌이나 컨설팅 회사 직원, 사회

고위직 인사들 중에서 흔히 찾아볼 수 있다. 이들은 인간의 가치를 왜곡된 시선으로 바라보고 끊임없이 자신과 남을 비교하는데, 이런 문화가 그들이 속한 세계에도 만연하다. 흥미롭게도, 경쟁이 치열한 문화에서 발견되는 특징은 신경증 환자들에게서 나타나는 파괴적인 충동과 비슷하다. 이런 방식으로 성공하는 것이 과연 옳다고 볼 수 있을까?

더 나은 미래를 결정하는 마인드셋과 내적 동기

학교의 운영 방식을 보면 아이들의 타고난 재능을 정량적으로 파악하고 증명할 수 있다고 믿는 듯하다. 아이들은 자신들의 성취도를 평가당하며 마인드셋을 정립하는데, 이것은 평생의 사고 방식과 행동에 영향을 미친다.

미국의 심리학자 캐럴 드웩의 연구 덕분에 우리는 아이들의 마인드셋이 학습 능력에 얼마나 중요한 영향을 미치는지 알게 되었다.[48] 그녀는 아이들이 자신의 능력을 어떻게 평가하는지에 따라, 얼마나 배움과 도전에 열린 마음을 갖는지 결정된다는 사실을 발견했다. 드웩은 자신의 능력에 한계를 두지 않고 실패를 두려워하지 않는, 그래서 폭넓고 효과적으로 학습할 수 있는 이들에게 성장 마인드셋growth mindset을 가졌다고 표현했다. 반면 고정 마인드셋fixed mindset을 가진 사람들은 실패를 두려워한다. 이들은 자신의 성취 가능성에 한계를 두기 때문에 어려운 과제를 만나면 쉽게 해결하지 못한다. 이처럼 성장하면서 어떤 마인드셋을 가지느냐에 따라 앞으로 발생할 예기치 못한 문제에 얼마나 능숙하게 대처할 수 있는지가 결정된다.

드웩의 주장을 비판하는 사람도 있다. 성장 마인드셋이 정말 잠재력을 끌어내는지 의문을 제기하면서 말이다. 실제로 우리의 주변 환경, 성격, 경험 등에는 수없이 많은 요인이 작용한다. 하지만 부모와 교사가 아이들을 어떻게 칭찬하는지, 성공을 어떻게 정의하는지, 성과에 대해 어떻게 이야기하는지가 아이들의 가치관에 큰 영향을 미치는 건 분명하다. 만약 학습 과정보다 고정된 결과에만 집중한다면 아이들은 결과가 가장 중요하다고 믿게 될 것이다. 결과는 그저 결과일 뿐인데 말이다. 이처럼 어릴 때 성공과 실패에 어떤 의미를 부여하는지가 성인이 된 이후의 삶까지 영향을 미친다.

경쟁을 부추기는 교육은 학생들의 동기 부여에도 큰 영향을 미친다. 그러면 성과도 달라질 수밖에 없다. 교사가 승자를 치켜세우면 의도와 상관없이 나머지 학생들은 사기가 꺾인다. 누구나 한 번쯤 경험해 봤을 것이다. 누군가가 승자로 칭송받고 상을 받을 때, 나머지 학생들은 자신이 부족하다고 느낀다. 어떤 학생들은 다음에 더 잘해야겠다고 마음먹지만 대체로 패배의 경험은 좌절을 남긴다. 실제로 많은 학생이 실패했다는 좌절감을 안고 학교를 떠난다. 더 심각한 문제는 성인이 되기도 전에 한 사람으로서 실패했다고 결론지을 수 있다는 것이다.

학교는 외부의 기준과 성적 같은 외적 보상만 강조한다. 그러면 학생들은 내적 동기를 간과한다. 결국 학교는 학생들의 성공 가능성을 제한하고 탐구하는 기쁨마저 빼앗는다. 내적 동기로 배우고 성장한다면 다양한 방식으로 사고할 수 있다. 언어와 숫자를 사랑하게 되고, 주어진 퍼즐을 푸는 것에서 나아가 새로운 퍼즐을 만드는 것을 즐기며 상상력을 최대한 발휘할 수 있다. 그러려면 장기적인 안목으로 생각하고 사물을 바라볼 수 있어야 한다. 하지만 학교 시험은 '확산적 사고'가 아닌 '수렴적 사고'만을 요구한다. 수렴적 사고란 채점표에 적을 수 있는 단 하나의 정답을 찾는 능력이며, 확산적 사고란 문제를 두고 여러 선택지와 해법을 제시하는 능력이다.

요즘은 인공지능이 점점 더 단순하고 예측 가능한 일을 대신하고 있다. 반면 인간은 창의력, 아이디어, 혁신, 관계 구축, 경계 없는 협업, 새로운 방식으로 사고하기 등 다양한 가치를 드러낼 수 있다.[49] 이런 능력은 교실에서 일상적으로 길러져야 한다. 역사학자이자 교육자인 앤서니 셀던 경은 오래전부터 19세기 공장식 학교의 사고방식에서 벗어나 기업가 정신, 능동적 학습, 창의성을 받아들여야 한다고 주장했다. 나아가 인공지능이 어떻게 학생들의 경험을 변화시키고 개인화할 수 있을지 탐구해야 한다고도 강조했다.[50]

심리학자 테레사 아마빌레와 베스 헤네시Beth Hennessey는 교육 시스템의 어떤 요소가 창의성을 죽이는지 알아보기 위해 일련의 실험을 진행했고 그 결과는 다음과 같았다.

- 아이들에게 보상에 대한 기대감 심어 주기
- 학생들에게 평가 의식하도록 하기
- 지나치게 감시하기
- 선택 제한하기
- 경쟁 상황 조성하기[51]

이러한 특징은 전 세계 교육 시스템의 공통점이다. 심리학자 다니엘 핑크는 동기 부여의 세 가지 열쇠로 자율성, 숙련, 목적을 제시했다.[52] 이 세 가지는 학교에서든 직장에서든 무시되기 몹시 쉬운 것들이다.

95퍼센트의 실패를 조명해야 하는 이유

순위와 성적이 지배하는 시스템에서는 낙인과 같은 실패를 두려워할 수밖에 없다. 그렇지만 실패는 반드시 겪어야 하는 것이다. 처음부터 능숙하게 걸음마를 하는 아기가 어디 있겠는가.

스포츠 스타들의 성공담에도 수많은 실패 경험이 빠지지 않고 등장한다. 농구 스타 마이클 조던은 나이키 광고에 등장해 이렇게 말했다. "나는 9,000번이 넘는 슛을 놓쳤고 약 300번의 경기에서 졌다. 승패를 좌우할 슛은 26번이나 놓쳤다." 그의 메시지는 명확하다. 성공하려면 실패를 기꺼이 감당해야 한다는 것이다. 전구를 발명한 토머스 에디슨도 비슷한 요지의 말을 남겼다. "나는 실패하지 않았다. 단지 효과가 없는 1만 가지 방법을 발견했을 뿐이다. 낙담하지는 않는다. 한 번의 시도가 좌절될 때마다 한 걸음 더 나아가는 것이니까."

이와 같은 '실패는 성공의 어머니' 정신은 이상하게 학교에서만큼은 잘 발휘되지 않는 듯하며 심지어는 그 의미가 왜곡되기도 한다. 어느 정도의 실패는 괜찮지만 거듭 실패해서는 안 되며, 실패하더라도 궁극적으로는 성공을 거두어야 한다는 인식이 팽배한 것이다. 학교에서 초청하거나 언론에서 소개하는 운동선수들의 이야기도 이런 식이다. 모두 영광스러운 승리에만 초점을 맞추며 그 과정에서 겪는 어려움은 결과로 정당화된다. 그러나 인생에서 실패는 그런 식으로 작용하지 않으며 우리의 경험도 그런 식으로 흘러가지 않는다.

세계 정상급 선수들도 때로는 올림픽 메달을 따지 못하고 돌아온다. 당일 컨디션이 좋지 않았을 수도 있고, 운이 나빴을 수도 있으며, 타고난 신체 조건이나 통제할 수 없는 이유 때문일 수도 있다. 하지만 우리는 그들의 이야기를 거의 듣지 못한다. 어쩌면 사람들은 만족스럽지 못한 모습을 보이는 것이 지극히 정상적이라는 사실을 받아들이지 못하는 것 같다.

언젠가 한 경영대학원 학장과 대화를 나누다가 런던의 20만 개 스타트업 중 95퍼센트가 망할 것이라는 이야기를 들었다. 경영대학원에서는 항상 5퍼센트의 성공한 사람들을 연구하고 초청할 뿐, 실패한 95퍼센트는 조명하지 않는다. 하지만 이렇게 해서는 스타트업에 대해 제대로 배울 수 없다. 오히려 잘못된 기대만 심어 주기 십상이다.

철학자 알랭 드 보통은 '평범한 삶으로는 부족하고 특별한 사람이 되어야 한다'는 생각 때문에 사람들이 실망을 자초하고 있다고 말한다. 우리 모두가 마크 저커버그나 리오넬 메시가 될 수는 없다. 그보다 못한 삶을 '충분하지 않다'고 생각하는 건 어리석다. 하지만 우리는 어릴 때부터 이런 삶이 승자의 삶이라고 늘으며 자란다. 이처럼 잘못된 기대가 만연하다 보니 아이들은 자신의 미래도 특별할 것이라 기대하게 된다. 그러나 현실적으로 대다수의 삶은 평범할 가능성이 높으며, 애초에 평범한 삶이야말로 훌륭한 삶이기도 하다.

결국 '역경을 극복한 승자'에 집착할수록 자존감은 떨어지기 마련이다. 알랭 드 보통의 표현을 빌리자면 '정신적 불안의 유행'이 벌어지는 것이다.[53]

훌륭한 이야기들이 묻히고 있다

나는 내가 이런 왜곡된 인식에 일조한다는 사실이 늘 불편하다. 어디든 내 이야기를 들려줄 기회가 많았는데, 이는 어디까지나 내가 올림픽과 세계 선수권 대회에서 메달을 땄기 때문이었다. 함께 운동했던 동료들은 어떨까? 국가대표 출신이 아니거나, 메달을 따지 못한 국가대표 선수는 강연을 요청받을 일도, 연설 아카데미에 초대될 일도 없다. 그러나 그들에게도 훌륭한 이야기가 있다. 그들은 최선을 다했고, 자신의 능력이 어디까지인지 시험해보았다. 매일 엄청난 압박을 이겨 내는 법도 배웠다. 동료를 응원하며 평생지기 친구를 만든 사람들이기도 하다.

메달을 따지 못한 선수들도 최고의 기량을 선보이며 올림픽에서 명승부를 만들어 낸다. 위대한 경기는 1등뿐 아니라 모든 참가자가 제 역할을 다하는 법이다. 경기의 결과 외에도 전술, 심리전, 경기력을 세세히 살펴보는 것도 흥미롭다. 사람들은 누가 1등을 했는지에만 집중하지만 어쩌면 1등을 하지 못한 이들이 더 중요하고 보편적인 인간의 경험을 나눠 줄지 모른다. 이들 역시 승자에게 요구되는 다양한 자질을 갖추고 있었다.

모두가 1등을 할 수는 없는 법이다. 우리는 이러한 현실을 받아들여야 한다. 오히려 결과보다 탁월함을 추구하는 과정에서 또 다른 성과를 얻는다. 실력으로 1등이 아닌 선수들 역시 내게 배움과 존경의 대상이었다. 그들은 어려운 상황에도 품위를 잃지 않왔고 강한 정신력을 보여 주었다.

   나는 올림픽 하키 메달리스트인 애니 팬터Annie Panter의 말을 듣고 1등만 영웅으로 삼는 짓이 말도 안 된다는 것을 깨달았다.

   메달을 따지 못한 사람들, 심지어 평생 메달을 따 본 적 없는 사람들 중에도 올림픽 정신을 보여 주는 이들이 있다. 또는 더 뛰어나고 재능이 있더라도 그저 타이밍이 안 맞은 사람들도 많다. 반면 메달은 땄지만 올림픽에서 필요한 자질과 가치를 갖추지 못한 자들도 있다. 단지 타이밍이 좋아서 메달을 땄을 뿐이다.[54]

   럭비 선수 톰 미첼Tom Mitchell은 리우 올림픽 은메달리스트이며 도쿄 올림픽에서 4위로 대회를 마친 바 있다. 그는 자신의 경험을 빌려 사람들에게 당부한다.

   운이 좋게 메달을 따 본 적도, 빈손으로 돌아온 적도 있다. 어린 선수들이 알아주었으면 하는 것이 하나 있다. 열심히 노력하고 자신의 열정을 쫓는 것은 그 자체로 충분히 가치 있다는 사실이다. 오해는 않길 바란다. 결과가 잘 나오면 당연히 기분이 좋고, 반대로 마음먹은 만큼 이루지 못하면 한동안 괴롭기도 하다. 하지만 두 감정 모두 그리 오래가지는 않는다. 오히려 열정을 쏟고 헌신할 때 느껴지는 성취감이 훨씬 오래간다.

144

대서양, 태평양, 인도양을 홀로 건넌 최초의 여성 로즈 새비지는 인내와 회복력에 대한 자신의 이야기를 되돌아보며 새로운 관점을 제시했다. 그녀는 예일대학교를 비롯해 세계 곳곳에서 강연을 했다. 그러던 어느 날 라디오에서 충격적인 이야기를 접했다. 난민들이 조악한 배에 올라타 지중해를 건너는데, 장비는 형편없고 보급품은 턱없이 부족했으며 심지어 항해 도구조차 없다는 것이다. 많은 사람이 바다를 건너다가 죽고, 가까스로 유럽에 도달하더라도 구금 시설에 갇히거나 더 끔찍한 일을 당했다. 그들의 용기와 회복력은 그 무엇과도 비교할 수 없었다.

로즈는 자신의 이야기가 그들의 이야기와 크게 다르지 않다는 사실을 깨달았다. 하지만 로즈는 돈을 받고 무대에 올라 회복력에 관한 이야기를 들려주고 박수를 받는다. 반면 난민들은 태어난 곳이 다르다는 이유만으로 사회적 패배자로 낙인찍혀 끔찍한 환경에 갇힌다. 이제는 우리가 어떤 이야기를 소중히 여길지, 또 그 이유는 무엇인지 다시 곰곰이 생각해야 할 때인지도 모른다.

승리를 강요하지 않는
교육으로 나아가기

어린 시절 승리의 의미를 다시 정립한다고 해서 아이들의 포부가 작아지지는 않는다. 오히려 그 반대다. 승리를 다시 정의하는 건, 모든 아이들에게 더 많은 가능성을 열어 주고 미래에 더 크게 기여할 수 있는 인재로 성장하도록 환경을 조성하는 일이기 때문이다.

우리는 대개 스포츠로 승리의 의미를 배우고 그 의미를 계속 강화한다. 스포츠에는 우리가 생각하는 승리의 모습을 그대로 보여 주는 영웅과 롤 모델이 많기 때문이다. 다음 장에서는 스포츠가 전하는 승리의 의미를 살펴보자.

6장

메달에 울고 웃는 선수들

엘리트 스포츠의 신화와 진실

덴마크의 프로 골프 선수 토마스 비욘Thomas Bjørn은 유러피언 투어에서 첫 우승을 차지했을 때 '이게 다인가?'라는 생각이 들었다. 그는 인터뷰 내내 트로피를 들어 올리며 웃고 있었다. 이후 라커 룸에서 짐을 챙긴 뒤 밖으로 나왔는데, 그 순간 자신이 혼자라는 사실을 깨달았다. "공허했다. 투어에서 첫 번째 우승이었고 시상식 내내 기분도 좋았다. 내 인생에서 가장 큰 꿈이었으니까. 하지만 곧 혼자 남게 되자 기분이 가라앉았다."[55]

이처럼 승리에는 보이지 않는 이면이 있다. 광고판에 대문짝만하게 걸리지 않을 뿐 분명한 현실이다.

영화 〈불의 전차〉에서 주인공 해럴드 에이브러햄스는 1924년

파리 올림픽 100미터 결승에서 우승하고도 시무룩한 표정을 짓는다. 친구가 무슨 일이냐고 묻자 그는 이렇게 대답한다. "언젠가 우승을 하고 나면 그걸 받아들이기가 얼마나 어려운지 알게 될 거야." 실제로 미국의 수영 선수 마크 스피츠Mark Spitz는 1972년 뮌헨 올림픽에서 7개의 금메달을 따고도 정신적으로 무너졌다. 승리의 기쁨이 오래가지 않는다는 걸 깨달았기 때문이다. 심지어 그는 은퇴 후에도 삶의 의미를 찾지 못하며 방황했다.

사이클 선수 빅토리아 펜들턴Victoria Pendleton은 올림픽 금메달을 땄을 때 '텅 빈' 느낌이었고 '감정이 마비'된 것 같았다고 고백했다. 복싱 선수 타이슨 퓨리Tyson Fury는 블라디미르 클리츠코Wladimir Klitschko를 꺾고 헤비급 세계 챔피언이 된 다음 날 아침, 마음속에 구멍이 난 것 같다고 말했다.[56] 이들의 이야기는 우리가 흔히 상상하는 승자의 모습과 너무나 다르다. 처음에는 이렇게 생각하고 싶을 것이다. 그동안 지나친 압박감과 스트레스를 느꼈을 테니, 승리의 순간에 감정이 격해지면서 생긴 일이라고 말이다. 하지만 이 문제는 그렇게 간단하지 않다.

금메달, 영광보다 마음의 평화를 위한 도구

영국과 아일랜드의 사이클 선수 마이클 허친슨Michael Hutchinson은 승리하는 당사자보다 승리하는 모습을 지켜보는 이들이 더 기뼈하는 것 같다고 말한다. 지도자가 '승리야말로 스포츠에서 가장 즐거운 것'이라고 가르치면 선수들은 그 과정에서 얻는 기쁨 따위는 쉽게 간과하게 된다. 게다가 승리가 주는 전율이 기대에 미치지 못하면 마치 실패한 기분을 느낀다.

많은 선수가 우승 후 안도감을 느낀다고 이야기했다. 1996년 애틀랜타 올림픽에서 영국의 유일한 금메달리스트였던 조정 선수 스티브 레드그레이브는 경기 직후 인터뷰에서 엄청난 부담을 느꼈다고 털어놓았다. 그의 얼굴에는 기쁨이 전혀 보이지 않았다. 인터뷰는 "누구든 내가 배 가까이에 간다면 나를 쏴도 좋다"라는 섬뜩한 말로 마무리되었다. 허친슨은 승자가 느끼는 현실적인 감정을 더 깊이 토로했다.

> 이미 수차례 이겨 본 사람일수록 안도감을 더 많이 느낀다. 승리의 기쁨은 몹시 덧없는 감정이다. 스포츠라는 건 굉장히 사소하면서도 어려운 일이기에 승부 근성이 강한 사람만이 스포츠 선수가 될 수 있다. 순수하게 운동을 즐기던 기억은 희미해져 간다. 기쁨은 성취감과 만족감으로 변하고, 마침내 안도감으로 이어진다. 그토록 사소한 것에 완벽을 추구하며 보낸 수많은 날들이 헛되지 않았다는 사실에 안도하는 것이다.[57]

톰 랜슬리Tom Ransley는 리우 올림픽에서 출발선에 섰을 때 마치 자신이 정해진 기능만 수행하는 기계가 된 기분이었다고 말했다.

그리고 이토록 비인간적인 경험을 했음에도 금메달을 따자 안도
감이 밀려왔다고 한다.

> 승리하기 위해서는 그동안 연습한 일련의 절차를 그대로 실행
> 해야 한다. 근육의 기억대로 움직이고 승리 외에 다른 결과는
> 용납할 수 없다고 생각해야 한다. 1등이 아니면 곧 실패다. 그
> 래서 위대한 승리자들의 표정에는 대개 안도감이 가득하다. 완
> 전한 해방. 모든 게 끝났고 해냈다는 의미다.[58]

안드레 애거시도 저서 《오픈》에서 오랫동안 염원했던 그랜드
슬램 대회에서 우승 후 어떤 기분이 들었는지를 이야기하며 승리
의 허상을 폭로했다.

> 2년 동안 나를 사기꾼이라 부르던 사람들이 이제는 나를 영웅
> 으로 떠받든다. 하지만 윔블던 우승이 나를 바꿨다고 생각하지
> 는 않는다. 오히려 추악한 비밀을 하나 알게 된 기분이다. 승리
> 는 아무것도 바꾸지 않는다. 그랜드 슬램 대회에서 우승을 하
> 고 나니 세상에 몇 안 되는 사람들만 알 수 있는 사실을 깨달았
> 다. 승리의 기쁨은 패배의 좌절만큼 크지 않으며, 그것과 비교
> 가 되지 않을 정도로 짧다.[59]

은메달, "패배자 중 1등"

금메달을 딴 선수들이 이렇게 느낀다면 다른 선수들은 오죽할까? 우선 승리에 가장 근접했던 은메달리스트부터 살펴보자. 영국 여자 조정 팀 국가대표로 올림픽에 다섯 번 출전한 캐서린 그레인저Katherine Grainger는 베이징 올림픽에서 세 번째 은메달을 땄을 때 "가족을 떠나보낸 기분"이라고 토로했다. 같은 팀이었던 애니 버논Annie Vernon은 은메달이 첫 올림픽 메달이었는데도 "무덤에 들어갈 때까지 후회할 것"이라고 말했다. [60]

당시에 이 팀은 영국 최초로 여성 조정 종목에서 금메달을 딸 것이라는 기대를 한 몸에 받았다. 실제로 3년 동안 세계 선수권 대회를 휩쓸었으며 올림픽 결승에서도 2,000미터 중 1,750미터를 선두로 달렸다. 하지만 결과는 은메달이었다. 너무나 안타까운 순간이었다. 이 순간을 지켜본 기자, 해설 위원을 비롯한 전문가들은 할 말을 잃은 듯 보였고 선수들은 시상식 내내 눈물을 흘렸다. 연구에 따르면, 은메달리스트가 받는 스트레스는 수명에 영향을 미칠 정도로 심하다고 한다. [61]

영국의 태권도 선수 루탈로 무하마드Lutalo Muhammad는 리우 올림픽에서 은메달을 딴 뒤 아버지의 품에서 눈물을 쏟았다. BBC와의 인터뷰에서 그는 이렇게 말했다. "제 인생에서 가장 비참한 순간이네요." 6개월 후에는 이런 말을 덧붙였다. "리우에서 벌어진 일을 정말 매일같이 떠올립니다. 마음 한구석이 너무 아파요.

이 고통은 평생 극복하지 못할 겁니다."[62]

코미디언 제리 사인펠드Jerry Seinfeld는 은메달을 바라보는 사회의 시선을 비꼬며 이렇게 말한다.

> 내가 만약 올림픽 선수라면 은메달을 따느니 차라리 꼴찌를 하겠습니다. 금메달을 따면 당연히 기분 좋고, 동메달을 따면 '그래도 땄네.'라고 생각할 수 있습니다. 그런데 은메달을 따면 이런 말이나 듣겠죠. '축하해. 거의 다 이겼는데. 패배자 중에서는 1등이네. 너는 최고의 패배자야!'[63]

흥미롭게도 동메달리스트는 다른 양상을 보인다. 연구에 따르면 시상대 위에서 동메달리스트는 은메달리스트보다 더 행복한 것으로 나타났다. 승리의 '상대화'와 비교 개념이 동메달리스트에게 도리어 긍정적으로 작용한 것이다. 은메달리스트는 금메달을 따지 못해 슬퍼하는 반면, 동메달리스트는 4등과 자신을 비교하면서 얼마나 운이 좋은지 깨닫고 행복감을 느낀다.[64]

이른바 '은메달 증후군'은 수년간 연구자들이 관심 가진 주제다. 이와 관련된 연구들을 보면 우리가 처음에 어떤 기준으로 성공을 정의하고 목표를 세우는지가 삶에 중요한 영향을 미친다는 걸 다시 한번 확인할 수 있다.[65]

메달을 따지 못하면 겪는 일

시상대 밑에는 실패의 아픔과 자괴감을 겪는 이들이 줄지어 서 있다. 캐나다 조정 선수 제이슨 돌런드Jason Dorland는 서울 올림픽에서 6위에 그친 뒤 느꼈던 절망과 무기력감을 이렇게 표현했다. "올림픽에서 메달을 따지 못하고 돌아온다는 건 실패를 의미했다. 그동안의 훈련이 모두 헛수고가 되었다."[66] 영국 조정 선수 존 콜린스John Collins는 리우 올림픽에 출전한 후 무려 4년 뒤 인터뷰에서 메달 없이 대회를 마치고 돌아온 것이 자신을 예상치 못한 방식으로 괴롭혔다고 고백했다.[67]

올림픽 선수단이 귀국할 때 뉴스에서 어떤 장면이 나오는지 떠올려 보라. 금메달리스트는 일등석을 타고 비행기 앞쪽 계단으로 내려와 대기 중이던 기자들 앞에서 포즈를 취한다. 반면 나머지 선수들은 이코노미석을 타고 뒤쪽으로 내린다. 기자들은 나머지 선수들은 알아보지 못한다. 선수들 역시 당황하거나 부끄러워하면서 최대한 얼굴을 숨긴다. 결과에 상관없이 얼마나 좋은 경기를 펼쳤는지 평가한다면 비행기에 탄 모든 선수가 눈부신 성과를 냈고 감동과 영감을 주었다고 볼 수 있을 것이다. 하지만 순위에 집착하기 때문에 모든 노력이 평가 절하된다. 마이클 허친슨은 승리하지 못한 선수들의 마음을 헤아렸다.

"이들이 무슨 생각을 하는지는 알 수 없다. 아무도 묻지를 않으니까. 최선을 다했고, 좋아하는 일을 해냈다는 만족감일까? 아니면 좌절과 실망감일까? 둘 다일지도 모른다. 사실 이런 질문에 답하기는 두 배로 어렵다. 성공은 쉽게 정의할 수 있지만 실패는 훨씬 모호하기 때문이다."[68]

허친슨이 지적했듯 승자와 패자를 가르는 외부 평가는 선수들의 삶에 큰 영향을 끼친다. 신문이나 인터넷은 선수가 얼마나 최선을 다했는지 떠들지만, 정작 선수가 경기 중에 어떤 생각을 했는지는 전혀 알지 못한다. 소셜 미디어가 등장하면서 이러한 평가 현상은 더욱 극심해졌다. 호주의 올림픽 수영 챔피언 케이트 캠벨Cate Campbell은 리우 올림픽 출전 당시 누구나 인정하는 우승 후보였지만 안타깝게도 결과는 6위였다. 그런데 결승에서 무너진 그녀를 향해 이른바 '키보드 워리어'들이 비난을 쏟아붓기 시작했다. 캠벨은 2년이 넘는 시간 동안 고통 속에 살았다. 그리고 이런 믿기지 않는 경험에 대한 심정을 이렇게 밝혔다. "한 명의 롤 모델로서 올림픽에 출전했다. … 돌아올 때는 전혀 다른 의미의 롤 모델이 되어 있었다. … 실패한 호주 선수의 상징이 된 것이다."[69] 이것만 봐도 선수의 정체성과 승리는 떼려야 뗄 수 없는 관계라는 걸 알 수 있다.

일주일 내내, 그리고 일 년 내내 최고의 기량을 갖추기 위해 훈련에 매진하다 보면 자신의 가치가 승부로 결정되는 것이 어쩌면 당연하다. 하지만 선수의 기량과 자존감 사이에는 반드시 지켜야 할 선이 있다. 최고의 성적을 내기 위해 아무리 극한의 헌신과 노력이 필요하더라도, 선수와 코치는 경기 결과와 선수의 가치를 의식적으로 분리할 줄 알아야 한다. 만약 이 경계가 무너지면 심리적 균형을 잃고 승리의 의미는 왜곡된다. 더 이상 최고의 기술을 익히고 인간의 한계를 뛰어넘는 일이 중요하지 않게 된다. 그러다 보면 승리는 자존감, 자부심, 자기 존재의 의미와 너무나 깊이 얽혀 버리고 만다.

정체성을 만들어 가는 건 스포츠 심리학의 핵심 요소다. 학생 선수에 불과했던 내가 국가대표로 선발됐을 때, 나는 한 단계 도약했다는 생각에 흥분을 감추지 못했다. 그러나 얼마 안 가 너무도 열악한 팀의 환경을 보고 충격을 받았다. 여자 팀은 파트타임 코치와 훈련했고, 훈련장은 바람이 가장 거세고 물결이 험한 시간에만 이용할 수 있었다. 심지어 코치의 모터보트는 자꾸 말썽을 일으켜 훈련에 방해가 되었다. 관리자에게 문제 제기를 했더니 어차피 여자 팀은 우승을 못 하니 우선순위가 아니라며 나를 무시했다. "당신이 무슨 자격으로 이런 의견을 낼 수 있지? 금메달을 딴 적이 있긴 해?"라고 말하면서 말이다. 나를 가장 힘들게 한 건 장비나 지원이 부족한 문제가 아니었다. 내 의견이 묵살되고 조롱당했다는 사실이었다. 우승한 적이 없으면 목소리를 낼 자격조차 없다니. 이 경험으로 나는 크게 상처받았고 오랫동안 괴로웠다.

패자는 가치가 없다는 메시지는 대회가 끝나고 항공권을 받는 순간에도 느낄 수 있었다. 영국 조정 팀은 국제 대회에 참가할 때마다 대규모 인원이 한꺼번에 움직였다. 출국할 때는 모두가 앞으로 펼쳐질 대회를 생각하며 설렘과 긴장을 느낀다. 하지만 경기를 마치고 항공권을 받을 땐 완전히 달라진다. 선수들은 항공권을 들고 서 있는 팀 매니저에게 직접 가서 항공권을 받아야 했다. 항공권을 나눠 주는 순서는 말하지 않아도 명확했다. 우승한 선수들은 가장 먼저 항공권을 받고 승리의 기쁨에 들떠 농담을 주고받았다. 그들의 주머니 속 메달이 짤랑거리는 소리가 들릴 지경이었다. 매니저는 우승자들의 등을 토닥이며 항공권을 건넸다. 반면 좋은 성적을 거두지 못한 선수들은 어색하게 주위를 맴돌며 차례를 기다려야 했다. 경기에서 진 것도 서러운데 또 다른 벌을 받는 기분이었다. 의기소침해지고 스스로에게 화도 났다. 왜 성적이 안 좋았는지 필사적으로 분석하고, 어떻게 해야 이길 수 있을지 고민했다.

이런 순간이 반복될 때마다 단순히 경기에서 패배한 것 이상으로 나라는 사람의 가치가 떨어진 기분을 느꼈다. 지금은 그런 식으로 항공권을 나눠 주지 않지만, 돌이켜 보면 사소한 문화적 관행이 선수에게 얼마나 큰 해악을 끼치는지 알 수 있다.

내게 두 번째 올림픽이었던 2000년 시드니 대회에서 나는 9위를 기록했고, 내 인생은 완전히 끝났다고 생각했다. 응원하러 온 사람들을 볼 면목이 없었다. 내 생애 그때보다 열심히 노를 저은 적이 없을 정도로 최선을 다했음에도 결과가 참담했기에 부끄러울 따름이었다.

결과가 좋지 않은 데에는 여러 이유가 있기 마련이다. 그 이유들은 눈에 보이기도 하고 안 보이기도 한다. 통제할 수 있는 것도 있고 통제할 수 없는 것도 있다. 좋은 결과를 내려면 타이밍, 노력, 팀워크가 모두 맞아떨어져야 한다. 이것이 스포츠의 아름다움이자 공포다. 시드니 올림픽 이후 나는 1년 넘게 깊은 절망에 빠졌다. 이 절망은 단순히 내가 얼마나 훌륭한 조정 선수인가에 대한 의문을 넘어, 내가 과연 가치 있는 사람인가에 대한 근본적인 물음에서 시작되었다.

은퇴 후에도 삶은 계속되어야 한다

운동선수를 오직 성적으로만 평가하면 성적을 내지 못했을 때나 은퇴 후에 새로운 삶을 시작하기가 매우 어렵다. 오래전부터, 그리고 지금까지도 일부 엘리트 스포츠 종목에서는 선수의 은퇴 이후 삶에 책임을 져야 한다는 인식이 전혀 없었다.

2018년 BBC 스포츠 현황 조사에 따르면 "프로 선수의 절반 이상이 은퇴 후 정신 건강이나 정서적 안정 문제를 겪었다."[70] 2019년 언스트앤영Ernst & Young의 조사에 따르면 은퇴 후 5년 안에 40퍼센트가 파산했고 이와 비슷한 수가 이혼했으며 3분의 2는 정신적 어려움을 겪었다.[71]

태니 그레이톰슨Tanni Grey-Thompson은 1년 동안 선수 복지를 연구했고 그 결과를 〈스포츠 분야의 주의 의무Duty of Care in Sport〉라는 보고서로 발표했다. 이 보고서는 선수가 받는 복지와 성과 사이의 균형이 적절한지, 국가가 무엇을 수용할 준비가 되어 있는지에 대해 도전적인 질문을 던진다. "메달을 따는 것도 중요하지만, 선수나 코치 등 시스템과 관련된 사람들에게 주의를 주는 것을 잊어서는 안 된다."[72]

은퇴한 선수들의 인터뷰를 보면 하나같이 스포츠로 가득했던 삶이 끝나자 벼랑 끝에 몰린 기분이었다고 말한다. 스포츠가 곧 자신의 정체성이었고 세상과 소통하는 방법이었기에, 운동을 그만두는 건 자신의 목소리를 잃는 것과도 같았다. 언제부터인지 성공은 매우 편협하게 정의되기 시작했고 그 기준 또한 단기적인 것으로 바뀌었다. 언론은 영웅이 된 스타 선수에게 열광할 뿐 이들이 얼마나 굴곡으로 가득한 길을 걸어왔는지, 얼마나 많은 성장통과 실패를 딛고 일어섰는지에는 관심이 없다. 그해 세계 랭킹이나 지난 시즌의 리그 성적에 따라 스폰서십이 결정되고, 코치들은 선수가 당장 성과를 내지 못하면 자리를 보전하기 어렵기 때문에 선수와 코치는 단기적인 성과에만 집중할 뿐 이외의 것에 눈을 돌릴 수가 없다.

감독과 코치는 선수들이 경기 외에 다른 일을 신경 쓰느라 방해받는 경우가 없도록 보호하려고 한다. 엘리트 스포츠 세계는 '나는 스포츠를 사랑해.', '스포츠는 내 인생의 전부야.', '내 종목에서 성공하는 것보다 중요한 건 없어.'라는 논리를 중심으로 돌아간다.[73] 이런 현실은 선수에게 복잡한 영향을 끼친다. 선수 생활을 하는 동안 기량과 일상을 모두 챙기느라 고군분투하게 되고, 은퇴 후 삶에도 어려움을 겪는 것이다.[74]

키트리나 더글러스Kitrina Douglas는 운동선수들이 이와 같은 치우친 서사에서 벗어나 '다차원적 정체성과 자아감'을 발전시켜야 한다고 말한다.[75] 내가 운동과 대학원 공부를 병행하자 어떤 코치는 이를 못마땅하게 여겼다. 공부가 훈련에 방해가 되고 심지어 위협이 된다고 생각한 것이다. 하지만 내게 공부는 조정이라는 세계를 넘어 바깥세상과 연결되는 생명 줄이었다. 공부는 스포츠 과학자들이 측정할 수 있는 것도, 매일 순위가 매겨지는 것도 아니었다. 온전히 내가 통제할 수 있어 삶에 작은 균형을 가져다줄 유일한 희망이었다. 물론 조정이 항상 우선이었고 공부는 그다음이었다. 그래도 공부를 놓지 않은 덕분에 조정 성적이 좋지 않을 때도 평정심을 유지할 수 있었다. 뿐만 아니라 공부는 은퇴 후 커리어를 이어 가는 데에도 큰 도움이 되었다. 은퇴 후에도 선수들의 삶은 계속되어야 했다.

메달 뒤에 숨은 학대와 희롱

스포츠Sport라는 단어는 여가를 뜻하는 고대 프랑스어 desport에서 유래했다. 1300년경의 가장 오래된 정의에 따르면 재미와 즐거움, 휴식, 오락을 제공하는 활동이라는 뜻이다.[76] 위안, 위로,

편안함의 원천이라는 뜻도 있지만 이는 오늘날의 스포츠와는 관련이 없어 보인다.

시간이 흐르면서 스포츠는 두 가지 영역으로 나뉘었다. 첫 번째는 여가를 위한 레크리에이션 스포츠, 두 번째는 누가 더 뛰어난지를 겨루는 경쟁 스포츠다. 경쟁 스포츠는 전 세계적으로 수십억 달러에 이르는 가치를 창출하며 거대한 비즈니스의 먹잇감이 되고 있다. 기업은 거액의 계약으로 수백만 관중에게 브랜드를 노출하고, 위대한 승리의 업적을 브랜드 이미지에 덧씌운다.

엘리트 스포츠 세계의 팀과 단체 들이 정부 지원금, 스폰서십, 중계권 계약을 따내려면 반드시 좋은 성적을 내야 한다. 마이클 허친슨은 이렇게 말한다. "이게 팀의 본질이다. 팀의 목표는 메달을 따는 것이지, 특정 개인이 최고의 기량을 발휘하도록 돕는 게 아니다. 다원주의적이지 않은가?"[77]

1996년 애틀랜타 올림픽에서 영국은 금메달 한 개, 전체 순위 36위를 기록했다. 올림픽 강국으로서 자존심이 완전히 무너진 순간이었다. 영국은 다시 승리할 방법을 찾아야 했다. 그래서 재정 지원과 투자를 늘리고 선수들에게 새로운 위닝 멘탈리티winning mentality를 심는 데 집중했다. 재정 지원의 기준은 아주 간단했다. 메달을 따면 지원하고 메달을 따지 못하면 지원하지 않는다. 영국 체육회UK Sport는 예선에서 탈락하는 선수나 메달을 따지 못하는 선수에게는 더 이상 자금을 지원하지 않겠다고 공개적으로 선언했다. 당시 이 정책은 '타협 없는 정책'이라고 자랑스럽게 불렸다. '우아한 패배자'에서 '투지 넘치는 승자'로 거듭나겠다는 의지의 표현이었다. 그때부터 모든 게 결과 중심으로 돌아갔다. '어차피 스포츠란 결과가 중요한 것 아닌가?' 모두가 그동안 결과를 중요시하지 않았던 게 문제였다고 생각했다. 영국은 이후 올림픽에서 엄청난 성과를 거둔다. 2012 런던 올림픽에서 금메달을 29개나 따냈고, 2016 리우 올림픽에서는 금메달 27개로 종합 2위에 올랐다(물론 올림픽 헌장에 명시된 '연대' 항목에 따르면, 올림픽은 국가 간 경쟁이 아니라 개인과 팀의 경쟁이다). 금메달 개수나 순위만 보면 영국의 스포츠 시스템이 화려한 성공을 거두며 승리 공식을 찾아낸 것만 같다.

하지만 정작 그 메달을 어떻게 획득했는지에 대해서는 제대로 논의된 적이 없었다. 그리고 얼마 지나지 않아 선수들의 괴롭힘과 심리적 안전감 문제가 거론되기 시작했다. 언론에는 학대, 성희롱, 우울증 같은 심각한 문제들이 보도되었고 여러 종목에서 공포 분위기를 조성하는 문화가 만연하다는 폭로가 이어졌다. 리더십, 문화적 프레임워크, 가치 기반 시스템이 없다는 비판도 나왔다.[78] 이런 상황은 어느 나라를 가도 다르지 않다. 훌륭한 성과 뒤에는 학대, 부정행위, 부패를 일으키는 독소가 숨어 있었다.

폭로가 이어지자 정부 기관과 스포츠 단체는 이제 성공을 이뤄낸 방식이 중요하다는 것을 깨달았다. 그리고 이 문제를 자신들이 책임져야 한다는 인식을 갖게 된다. 실제로 영국, 캐나다, 호주, 미국 등 여러 국가에서 메달 중심의 접근 방식을 벗어나기 위해 다양한 시도를 시작했다.

미국 올림픽 및 패럴림픽 위원회는 2020년 강령을 개정해 '지속적인 경쟁력과 웰빙'을 강조했다. 물론 갈 길이 멀기도 하다. 캐나다 올림픽 팀은 "경기를 준비하는 과정부터 경쟁, 팀워크로 얻는 삶의 기술과 경험은 그 어떤 메달보다 가치 있다."[79]라고 선언했지만 여전히 캐나다 스포츠 세계 전반에는 학대 문화가 만연하다.

2022년, 호주 엘리트 스포츠 시스템Australian High Performance Sport System에서 '잘 이기기win well'라는 전략을 내세웠다. 스포츠의 다양성을 장기적인 목표로 삼고 엘리트 스포츠와 생활 스포츠의 통합을 꾀하려는 시도였다. 영국 체육회 역시 이것에 대해 언급했지만, '잘'의 의미는 명확히 밝히지 않고 여전히 메달을 기준으로 자금 지원을 계속해 나갔다. '메달, 그리고 그 이상medals and more'이라는 슬로건을 내세웠으나 '그 이상'이 무엇인지는 구체적으로 제시하지 않아 스포츠 커뮤니티 전반에 회의적인 분위기만 감돌았다.

이 사례들을 보면 스포츠계 리더들이 수단과 방법을 가리지 않고 승리하려는 기존의 사고방식에서 벗어나 시스템을 개혁하기가 얼마나 어려운지 알 수 있다. 변화에는 시간이 걸린다. 코치와 리더, 선수까지 모두가 꾸준히 노력할 때 변화는 시작된다. 이들이 함께 힘써서 각자 최고의 모습을 선보일 수 있는 스포츠 문화를 만들어 가야 한다.

반칙 금지, 도움도 금지

스포츠에서 승리가 유일한 목표가 되면 선수들이 치러야 할 대가도 커질 수밖에 없다. 승리에 대한 욕망은 때때로 스포츠 정신과 거리가 먼 결과를 낳는다. '어떤 대가를 치르더라도 승리하겠다'는 문화의 숨은 그림자, 바로 편법이다. 승부 조작, 고의적인 반칙, 도핑 등 다양한 부정행위가 있지만 어떤 것은 강한 비난을 받고 어떤 것은 대수롭지 않게 여겨진다.[80] 약물 도핑이 거의 전 세계적으로 비난을 받는 반면, 축구 선수가 심판을 속이기 위해 다이빙을 하는 것 정도는 주말마다 흔히 일어나는 일 보듯 하는 것을 보라.

UEFA 챔피언스리그는 축구에서 가장 많은 수익을 내는 대회다. 당연히 유럽 축구 클럽들은 챔피언스리그에서 우승하기 위해 혈안이 되어 있다. 이들에게는 재정적 페어플레이(구단 수익의 일정 비율을 초과하지 않고 재정을 운영해야 한다는 규칙)가 늘 논란거리가 된다. 잉글랜드의 프리미어리그 축구 팀이나 프리미어십 럭비 팀 모두 우승을 위해서라면 규정을 교묘하게 피하거나 무시한다. 완벽한 재정적 페어플레이 규정을 세우기란 무척 어려운 일인 셈이다.

패럴림픽 선수들의 장애 등급을 어떻게 분류할 것인지를 두고도 갈등이 커지고 있다. 선수들이 경쟁에서 유리한 고지를 점하기 위해 장애를 속이거나 조작한다는 의혹까지 제기되는 상황이다. 당국은 이러한 문제를 해결하는 동시에 더 많은 메달을 획득해야 하는 이중의 과제를 안고 있다.

우승자는 오직 한 명이라는 철칙을 어기려는 자 역시 부정행위자다. 2016년, 영국의 올림픽 철인 삼종 경기 선수인 알리스터 브라운리Alistair Brownlee는 멕시코에서 열린 트라이애슬론 월드 시리즈에서 심각한 탈수 증세를 보이던 동생 조니Jonny Brownlee를 결승선까지 부축해 주었다. 이 사건을 두고 엇갈린 반응이 쏟아졌다. 관중들은 1등 하려는 욕망을 이기고 형제애를 보여 준 두 사람의 모습에 감동했다. 그러나 관계자들은 당혹스러웠다. 승리를 포기할 수 있다는 사실에 놀란 것이다.

이후 국제 트라이애슬론 연맹은 선수들이 경기 중 서로를 돕지 못하도록 규정을 변경했다. 그 이후 2019년 도쿄에서 열린 세계 트라이애슬론 올림픽 예선에서 영국의 제시카 리어몬스Jessica Learmonth와 조지아 테일러 브라운Georgia Taylor-Brown이 손을 잡고 결승선을 통과했지만 실격 처리되었다. 실제로 ITU 경기 규칙은 다음과 같다. "여러 선수가 순위를 가르려는 노력 없이 고의적으로 동시에 결승선을 통과할 경우 모두 실격 처리한다."(2.11.f) 아무리 뛰어난 경기력을 선보여도 선수들이 끈끈한 유대감으로 서로를 돕는 건 명백히 규정 위반이었다.

뒤틀린 욕망과 부정행위 스캔들

부정행위의 대가는 크다. 개인은 물론이고 스포츠 전체의 명성에도 회복하기 어려운 타격을 남긴다. 과거 동독에서 벌어진 끔찍한 도핑 스캔들, 약물의 힘으로 투르 드 프랑스에서 우승한 수많은 선수, 국가가 주도한 러시아 선수들의 조직적 도핑 사건 모두 스포츠의 명성을 크게 훼손하지 않았던가.

수영 선수 출신의 사회 활동가 샤론 데이비스Sharron Davies는 도핑의 장기적인 영향을 세상에 알리고 있다. 나아가 스포츠에 만연한 반여성주의가 전 세계 인구 절반의 스포츠 경험을 저해한다는 사실을 알리는 데에도 힘을 쏟고 있다. 부정행위의 부정적인 파장은 세대를 이어 오래도록 지속된다. 투르 드 프랑스 7연승의 전설 랜스 암스트롱의 도핑 행위는 스포츠 역사를 통틀어 굉장히 충격적인 사건이었다. 도핑이 밝혀진 뒤 그는 이렇게 말했다. "수단과 방법을 가리지 않고 승리하려는 무자비한 욕망은 … 일종의 결함이다. 열망, 태도, 오만함 모두."

육상 선수 벤 존슨Ben Johnson의 사례도 승리를 향한 집착이 얼마나 파괴적일 수 있는지를 극명하게 보여 준다. 한 저널리스트는 이 사건을 다음과 같이 묘사했다.

지구에서 가장 빠른 남자 일곱 명이 함께 달리고 있었다. 그런데 그들조차 느려 보이게 만드는 여덟 번째 사내가 있었다. 경이롭지만 어딘가 섬뜩한 느낌이 들 정도였다. … 벤 존슨은 인간의 한계를 초월한 듯이 달렸다. 마지막 두 걸음을 가볍게 내디디며 하늘을 향해 오른손 검지를 뻗는다. … 고개를 높이 들고 목을 뒤로 젖힌 채 태양을 바라보는 모습은 그야말로 승리의 아이콘이었다. 하지만 그 대가는 너무 컸다.[81]

이 일로 벤 존슨은 55시간 동안 찬란한 영광을 만끽했고 나머지 인생은 부끄러움 속에서 살아가고 있다. 심지어 우울증에까지 시달렸다. 리처드 무어Richard Moore가 2011년 인터뷰에서 묘사한 바에 따르면 "패배의 고통이 변함없이 얼굴에 새겨져 있으며 분노를 숨기지 못했다." 약물의 힘을 빌렸음에도 자신이 그 몇 초 동안 세상에서 가장 빨랐다는 사실에 여전히 집착하고 있던 것이다.[82]

이번엔 올림픽 바깥으로 눈을 돌려 보자. 2018년 호주 크리켓 팀이 남아프리카공화국 원정 경기에서 일으킨 볼 템퍼링(공의 표면 상태를 바꾸어 타자가 치기 어렵게 만드는 행위.—옮긴이 주) 스캔들도 세계를 충격에 빠뜨렸다. 호주 크리켓 협회는 시드니의 윤리센터에 독립적인 조사를 의뢰해 사건의 전말을 파악하고자 했다. 조사 결과, '어떤 대가를 치러서라도' 승리하겠다는 문화가 문제의 원인으로 밝혀졌다. 보고서에서 선수들은 "오로지 승리하기 위해 정밀하게 조율된 기계"의 부속품이 된 것처럼 느꼈다고 말한다. 리더십에 대한 지적도 이어졌다. "호주 크리켓 협회의 리더십 또한 책임을 져야 한다. 의도한 바는 아니었을지 몰라도 승리를 향한 의지만큼 도덕적 용기와 윤리적 절제도 똑같이 장려되어야 한다. 이런 문화를 조성하지 못했으니 실패는 예견된 것이나 다름없었다." 협회 관계자는 이렇게 말했다. "우리는 1등에 집착했지만 빛 좋은 개살구에 불과했다. 크리켓을 모든 호주인이 자랑스러워하는 스포츠로 만들기 위해 노력해야 한다."[83] 보고서는 스포츠와 금융 문화를 비교하면서, 성과를 내는 데만 집중한 나머지 윤리적 자제력을 기르고 유지하는 데에는 소홀했다고 평가했다.

이외에도 이기고 싶은 마음에 부정행위를 저지르는 사례는 수없이 많다. 우리는 부정행위로 얻는 이득은 오래가지 못하지만 그로 인한 피해는 광범위하고 돌이키기도 어렵다는 것을 알아야 한다.

스포츠의 본질은 '즐거움'

지금까지 주로 엘리트 스포츠와 관련된 사례를 살펴보았다. 그 세계야말로 승리와 패배의 양극단이 뚜렷하게 드러나는 곳이기 때문이다. 하지만 일반인들이 흔히 즐기는 생활 체육의 맥락에서도 승리를 중요하게 다룰 필요가 있다.

전 세계 학교, 동아리, 동호회 팀도 점점 엘리트 스포츠의 문화를 답습하고 있다. 학교 선생님이나 코치 중에도 다른 학교를 이길 수만 있다면 어떻게 플레이하든 상관없다고 말하는 사람이 수두룩하다. 그러다 보면 엘리트 스포츠와 마찬가지로 승리에 집착하고 패배자를 깔보며 부정행위를 시도하거나, 균형 잡힌 문화를 폄하하는 문제가 발생한다.

비만과 당뇨, 체력 저하 문제가 심각해지면서 청소년기 아이들에게 스포츠 활동을 장려하는 것이 전 세계적인 과제로 남았다. 이를 해결하지 못하면 의료 시스템이 막대한 부담을 안아야 한다. 특히 여자아이들, 장애가 있는 아이들, 소수 집단에 속하는 아이들은 운동을 중도에 그만두는 경우가 많다.

스포트 잉글랜드Sport England의 연구에 따르면 여성들은 여러 가지 장벽에 막혀 스포츠에 참여하지 않는다. 성공한 엘리트 선수들의 사례가 있긴 했지만 이들의 삶은 일반인의 삶과 너무 동떨어져 있어 롤 모델이 되기 어려웠다. 학교에서의 경험도 상당한 영향을 미쳤다. 여학생 대다수가 학교를 졸업할 때 스포츠에 좋지 않은 감정을 가지고 떠났다. 또한 스포츠는 천부적인 재능이 있어야만 가능하다는 인식을 강하게 품고 있었다.[84]

재능을 발굴하는 데 집착하면 어린 시절의 스포츠 경험을 망칠 뿐만 아니라, 실상 재능을 제대로 알아보지 못할 가능성도 크다. 연구에 따르면 유소년 스포츠에서 두각을 나타내는 아이와 성인 스포츠에서 두각을 나타내는 사람은 대부분 전혀 다른 부류에 속한다. 그러니 미래의 재능을 발굴하겠다고 노력할수록 아이들의 흥미만 떨어질 뿐이다.

스포츠가 재미있어야 아이들이 계속해서 스포츠를 즐긴다는 사실은 이미 여러 연구를 통해 증명되었다. 국제 스포츠 과학 및 코칭 저널IJCS에 소개된 한 연구에서는 스포츠가 재미있는 이유를 조사했는데, 그중 승리는 48위에 불과했으며 가장 많이 언급된 네 가지는 '열심히 노력하는 과정', '긍정적인 팀 분위기', '훌륭한 지도자', '배우고 성장하는 경험'이었다.[85]

《게임을 되찾아라Take Back the Game》는 유소년 스포츠 산업이 자녀의 미래를 걱정하는 부모의 심리를 얼마나 교묘히 파고드는지 밝힌다. 어린 선수일수록 더욱더 치열하게 경쟁해야 한다고 부추기다 보니, 특정 영역에 지나치게 특화된 선수가 양산되고 아이들은 부상의 위험에 쉽게 노출된다. 심지어 코치와 부모에게 가혹한 대우를 받기도 쉬웠다. 게다가 저소득층 가정 아이들은 스포츠를 접하는 것 자체가 어려워진다.

아이들이 스포츠를 즐길 수 있으려면 부모, 교사, 스포츠 코치, 그리고 수많은 자원봉사자의 노력이 필요하다. 스포츠 조직들은 최근 들어서야 각자의 책임에 눈을 뜨고 '보호의 의무duty of care' 문제를 두고 씨름하고 있다. 안전은 기본이고 감정 회복력, 리더십, 웰빙을 향상하는 데에도 전문성이 더 많이 확보되어야 한다. 지금껏 너무나 많은 아이들이 스포츠에 흥미를 잃었다. 어떤 아이는 아예 발을 디디지도 못했을 것이다. 이제는 그 이유를 명확히 파악하고 사회 전체가 협력해 문제를 해결해야 한다.

스포츠의 힘을
올바르게 쓰는 그 날까지

스포츠 세계가 그저 화려하게 빛나는 무대처럼 보여도 실상은 그렇지 않다. 승리의 비결이 가득하고, 영원한 승자가 존재하는 곳이 아니라는 뜻이다. 1등을 하든 그보다 낮은 순위에 그치든, 현실의 승리는 우리가 아는 황금빛 이미지와 거리가 먼 것일지도 모른다. 승자조차 허탈함과 공허함을 느끼고 패자는 스스로를 무가치하다고 느끼는 세계라면, 이곳은 변화해야 마땅하지 않을까? 1등을 한다고 해도 그 순간을 넘어 더 깊고 의미 있는 무언가와 연결되지 않는 이상 만족감은 잠깐일 뿐이다. 성공을 다시 정의하려면 넓고 멀리 바라보는 시야를 가져야 한다.

스포츠는 신체와 정신 건강을 증진하고, 인간의 능력을 탐구하며, 공동체를 하나로 만들 수도 있다. 이런 스포츠의 잠재력은 아직 충분히 발휘되지 않았다. 결승선을 통과한 뒤에도 스포츠의 힘이 충분히 발휘되려면 승리가 무엇인지 다시 정의하는 일부터 시작되어야 한다. 그리고 앞으로 선수들이 성적과 행복을 모두 챙길 수 있도록 해야 한다. 스포츠가 사회에 긍정적인 변화를 일으킬 수 있도록 노력하고 탐구해야 한다.

　기업들은 종종 스포츠에서 성공 모델을 찾아 배우고 모방한다. 다음 장에서는 비즈니스 세계에서 바라보는 승리를 살펴보겠다.

7장

반드시 1등 기업이
되어야 한다

무한 경쟁 비즈니스

"우리를 1등으로 만들어 줄 수 있습니까?"

기업의 자문 요청을 받을 때마다 듣는 질문이다. 나는 이렇게 되묻는다. "정확히 어디서 1등을 하고 싶은가요? 그리고 1등을 해야 하는 이유는 뭡니까?" 그러면 상대는 잠시 멈칫하거나 당황한 기색을 보인다. 그리고 이내 "그냥 1등을 하고 싶으면 안 되나요?"라는 물음이 돌아온다.

어떤 이들은 시장 점유율 1위, 업계 최고, 수상 등 자명해 보이는 목표를 내세운다. 성장률이나 수익률을 제시하기도 하고, '일하기 좋은 기업' 같은 조사에서 1위를 차지하고 싶다고도 말한다. 상대가 내 질문에 노발대발하지 않는 이상 나는 또 질문을 던진다. "당신의 회사가 왜 1등이 되어야 합니까?" "업계 최고가 된다면 사회에 어떤 긍정적인 변화를 가져올지 생각해 봤나요?" 명확하고 의미 있는 답을 들은 적은 거의 없다.

이기는 데 혈안이 된 리더들

나는 기업들의 목표 의식이 얼마나 뚜렷한지를 살펴보곤 한다. 평소의 생각, 행동, 대화의 바탕이 되는 근본적인 목표와 동기가 무엇인지 보는 것이다. 안타깝게도 대부분의 기업이 경쟁과 순위에만 집중한다. 그러다 보니 이기고자 하는 집착에 사로잡혀 눈앞의 보상을 얻기 위해서만 행동한다.

나는 '팀 성장 프로그램'을 진행하면서 이러한 행동을 탐구할 수 있었다. 활동 전, 참가자들은 리더십이나 조직 문화, 성과가 뛰어난 팀에 대한 여러 강연을 이미 들은 상태였다. 그래서인지 훌륭한 리더의 역량과 마음가짐이 무엇인지에 대해서는 의견이 일치했다. 내가 학습 접근 방식learning approach을 받아들이고, 틀에 박힌 가설을 뒤엎어야 하며, 다른 사람의 말에 귀 기울이고, 스스로 반성할 줄 알아야 한다고 말하면 모두가 고개를 끄덕였다. 하지만 잠시 후 본격적인 팀 활동에 들어가면 상황은 완전히 달라진다.

과제를 주는 순간 거의 모든 참가자가 이것을 '경쟁'이자 '승리해야 하는 목표'로 생각한다. 주변 사람들의 의견이나 경험은 고려하지 않는다. 나는 이 과제의 목표가 승리라고 말한 적도 없지만 이들은 어떤 것에서 이겨야 하는지 고민조차 하지 않고 '이겨야 한다'는 결정을 내렸다. 팀을 나누었을 뿐인데 본능적으로 경쟁을 떠올린 것이다. 이 경쟁에는 암묵적인 규칙도 있었다. 다른 팀의 아이디어를 베끼지 않을 것. 각 팀은 자신들의 경험을 바탕으로 최선의 방법을 찾을 수 있다고 믿었다.

협력의 의미를 어떻게 배우게 되는지 다시 생각해 볼 필요가 있다. 2장과 5장에서 확인했듯이, 협력을 긍정적으로 인식할지 부정적으로 인식할지는 나름의 기준에 따라 달라진다. 안타깝게도 학교에서는 협력을 제대로 배울 수 없었다. 때로는 협력을 부정행위로 가르치며 친구들과 정보를 공유하거나 답을 논의하는 행동이 금기시되었다. 의식적으로 노력하지 않는 한 어른이 되어서도 이런 불편감은 계속되었다.

어느 정도 시간이 지나면 하나둘 이 과제의 진짜 목적을 알아차린다. 자신의 고정관념이 얼마나 쓸데없는지를 깨닫는 '아차'의 순간이 찾아오는 것이다. 특히 잠깐 활동을 멈추고 성찰의 시간을 줄 때 이러한 각성이 일어났다. 참가자들은 자신의 무의식적 사고가 협업을 방해하고, 누군가의 아이디어를 무시하는 행동으로 이어질 수 있다는 사실을 알아차렸다. 이런 행동은 생각보다 흔하게 발생한다. 학교에서든 직장에서든 성공하려면 이렇게 행동해야 한다고 배워 왔기 때문이다.

이러한 팀 활동은 우리가 일하는 방식을 돌아보는 좋은 계기가 된다. 사람과 조직 문화에 집중하기보다 업무와 성과에만 목매고 있지 않은지 확인할 수 있기 때문이다. 더 나은 결과를 얻기 위해 새로운 대안을 모색하기보다는 기존의 방식을 더 빠르게 반복할 뿐이라면 이 또한 문제다. 우리는 이길 필요가 없는 순간에도 강박 때문에 혁신의 기회를 놓쳐 버리고 동료들과 경쟁 중이라고 믿는다. 그 바람에 같은 팀인데도 정보를 공유하지 않고 협력하지 않는 일이 발생하고 만다.

팀 성장 프로그램에 참여한 리더들은 활동이 끝난 후에도 '결과'나 '승패'에 대해 떠들었다. 팀이 목표를 달성하지 못했음에도 "솔직히 우리가 이겼어."라고 말하는 사람도 많았다. 중요한 건 결과가 아니라 개선 방법을 찾는 과정이라는 걸 강조했는데도 말이다. 목표를 달성하지 못한 건 그렇다 쳐도, 어떤 사람은 목표에 도달하기 위해 무엇을 했는지조차 제대로 설명하지 못했다. 그런데도 다른 팀을 이겼다며 근거도 없고 의미도 없는 주장을 펼치며 승리의 기준을 제멋대로 만들어 냈다. 다른 팀보다 성과가 좋거나 접근 방식이 조금 다른 팀은 속임수를 썼다는 항의를 받기도 했다. 흥미로운 점은 이렇게 항의하는 사람들은 대개 일찍이 성장 마인드셋(5장에서 다룬 바 있다)을 받아들였다는 것이다. 성장 마인드셋이 조직에 큰 이득을 가져다준다고 생각하는 사람들도 다른 팀이 잘하는 건 인정하지 못했다.

직장 생활을 하는 사람들은 기존과 다른 방식으로 일하거나, 동료들과 협력하는 것을 반기지 않는 것 같다. 대안을 제시하는 목소리는 귀에 잘 들리지 않고 의식적으로 무시하기 일쑤다. 일단 팀이 나누어지면 거의 모두가 경쟁을 떠올리는데, 좋은 아이디어나 전략을 공유해서는 안 되고 심지어 다른 팀의 실패가 우리 팀을 돋보이게 만들 거라고 생각한다. 이런 사고방식이 팽배하면 조직 문화는 결코 건강해질 수 없다. 훌륭한 아이디어에 귀를 막고 다양한 의견을 간과할수록 성과를 높이는 데 필요한 다양성, 혁신, 몰입은 사라진다.

다시 말하지만 앞서 이야기한 팀 성장 프로그램의 목적은 다른 팀을 이기는 데 있지 않았다. 각자 자신을 더 잘 이해하는 것, 본인도 모르는 무의식적인 가정이 어떤 결과를 초래하는지 알아보고 생각과 행동을 점검하는 것이 진짜 목적이다. 고정관념을 깨는 데 상당한 시간이 필요하지만 사람들은 새로운 지식을 빠르게 배우고 싶어 한다. 그러니 시간을 충분히 들여서 자신을 돌아보고 변화하기란 쉽지 않다. 실제로 리더십 프로그램을 통해 리더들이 크게 변화하는 일이 드문 것도 그런 이유에서다.

회의실의 단골 단어: '승리'와 '성공'

승리와 연관된 언어는 끈질기게 우리 주변을 맴돈다. 사람들은 권위와 권력을 가진 사람들과 섞이기 위해, 소속감을 느끼고 안

전함을 느끼기 위해 승리의 언어를 사용한다. 하지만 그럴수록 새로운 것을 배우고 사람들과 협력하기는 더 어려워진다. 새로운 아이디어나 대안을 선뜻 내기가 어려워질 테니 말이다. 승리의 언어가 편하고 익숙하겠지만 이를 사용할수록 당신은 무기력해지고 한계에 갇히게 된다는 것을 알아야 한다.

수세기 동안 역사책을 채운 위대한 승자와 전쟁의 언어는 자연스럽게 비즈니스 세계로 옮겨지며 잭 웰치, 리처드 브랜슨, 마윈, 일론 머스크 같은 영웅들을 만들어 냈다. 비즈니스 영웅들의 세계는 초인적인 노력과 힘의 세계이며, '거물', '능력 있는 사람', '중대한 결정을 내릴 배짱이 있는 사람' 같은 남성적 서사가 중심을 이룬다. 리더는 이런 서사를 전파하며 스스로의 자리를 보전한다. 이 서사에 반기를 드는 사람은 '패배자', '무능하고 충성스럽지 못한 자', '최고가 될 수 없는 자'로 취급된다.

승부욕이 강한 조직은 내부 경쟁도 치열하기 마련이다. 성과 평가 강제 배분, 이달의 직원, 승진, 부서별 인센티브 경쟁, 개인 또는 팀의 성과 순위 등 다양한 방식으로 내부 경쟁이 강화된다. 이러한 경쟁 시스템 안에서는 누군가의 성공이 누군가의 손해다. 회사는 이 시스템을 당연하게 받아들이는 사람을 채용하고, 입사 첫날부터 내부 경쟁에서 살아남아야 성공할 수 있다고 주입한다.

하지만 스탠퍼드 경영대학원의 제프리 페퍼와 로버트 서튼의 연구에 따르면, 내부 경쟁은 경쟁에서 패배한 사람뿐만 아니라 조직의 이해관계자 모두에게 심각한 피해를 입힌다.[86] 이들은 구성원 사이에 상호 의존도가 낮고 별다른 학습이나 적응이 필요하지 않은 업무 환경이 아닌 이상, 내부 경쟁을 조장하는 것은 그다지 효과가 없다고 결론 내렸다.[87]

이러한 경쟁 시스템이 과연 비즈니스에 적합한지 근본적인 의문이 제기되고 있다. 2008년 글로벌 금융 위기가 닥치자 금융 기관의 리더들이 어떻게 생각하고 행동하는지가 주목받기 시작했다. 단순히 이윤과 성장이라는 비즈니스 지표로 보면 이들의 의사 결정을 비난할 수는 없을 것이다. 하지만 이런 지표에만 매달린 결과, 억대 연봉을 받는 전문가들조차 비상식적인 결정을 내리고 위험한 행동을 감행했다. 막대한 수익을 내겠다는 열망이 얼마나 큰 손실을 초래했는지 여실히 보여 주는 사례였다. 물론 여기서 손실은 금전적인 손실 그 이상이다.

전략 회의에서 '승리'는 여전히 가장 선호되는 단어다. 한번은 글로벌 전략 컨설팅 회사의 회의에 참여한 적이 있다. 담당 컨설턴트가 그 회사의 전매특허 6단계 전략을 종이 한 장으로 보여 주었다. 혁신적이거나 기발한 건 없었지만 그럴듯한 자료였다. 사람들이 그 종이를 훑어보고 있을 때, 내 시선은 프레젠테이션 속 문구에 꽂혔다. 몇 번이고 다시 봐도 유독 반복되는 단어가 있었다. '승리'나 '이긴다'였다. 나는 발표자에게 '승리'나 '이긴다'는 단어를 일부러 많이 넣은 것인지 물었다. 그러자 그는 나의 질문을 비웃기라도 하듯 이렇게 대답했다.

"비즈니스는 경쟁이니까요. 고객들 역시 치열한 경쟁 속에서 일하고 있으니 결국 승리하는 게 가장 중요합니다. 멋진 전략을 세워도 이길 수 없다면 아무 소용이 없어요. 고객들의 경쟁사도 가만있지 않고 시장 점유율과 수익을 높이려 할 겁니다. 그러니 저희도 이기기 위해 나서야죠."

그는 확신에 찬 어조로 마침표를 찍었다. 물음표는 어디에도 없었다. 그러나 내 머릿속엔 온통 물음표뿐이었다. '어디에서 무엇을 이기겠다는 걸까? 정말 승리만이 중요한 걸까? 굳이 저렇게 여러 번 반복해서 말할 필요가 있나? 승리 말고 전략에 포함시킬 단어는 없는 건가? 다른 구체적인 표현은? 경쟁자를 물리치고 새로운 경쟁자가 등장하면 어떻게 되는 거지? 그런 조직에서 일하는 게 과연 즐겁긴 할까?'

숫자에 목숨 거는 사람들

기업 전략은 분기 실적에 대한 주주 보고 사이클에 맞춰 수립된다. 분기 보고는 기업을 면밀히 감시해 향후 금융 위기를 방지하고자 도입되었다. 의도는 좋았으나 현실은 조금 다르다.

첫째, 대기업 내부에는 보고서를 작성하고 슬라이드를 꾸미며 수치를 업데이트하는 부서가 따로 존재한다. 이들은 한 분기가 끝나기가 무섭게 다음 분기 보고서 준비에 들어간다.

둘째, 단기 지표를 향상시키는 데 기업의 시간과 에너지가 지나치게 소모된다. 장기적인 의사 결정은 쉽게 우선순위에서 밀려 금세 잊히고 만다. 장기적 사고에 대한 수요 자체가 없다 보니 이런 불균형이 해소되기가 어렵다.

셋째, 이런 사이클 때문에 CEO의 재임 기간이 짧아지는 경향이 있다.

넷째, 분기마다 변하지 않으며 측정하기 어려운 영역, 예를 들어 조직 문화는 우선순위에서 밀려난다.

파이낸셜 타임스의 경영 전문가 앤드루 힐Andrew Hill은 비즈니스 세계에 만연한 통념에 대해 이렇게 이야기한다.

> 모든 것을 숫자로 측정할 수 있다고 생각한다. 숫자로 평가할 수 없는 건 관리할 필요도, 통제할 수도 없다고 여기며 말이다. … 사람들은 평가내릴 수 있는 '하드'한 요소에만 관심을 둔다. 정량화하기 어려운 '소프트'한 요소에는 관심이 없다. 이를테면 빅데이터는 하드하고 문화는 소프트하다. 재무 목표는 하드하고 그 외의 목표는 소프트하다. 성별 할당제는 하드하고 포용적인 근무 환경은 소프트하다. 이공계 과목은 하드하고 인문계 과목은 소프트하다. … 기계는 굉장히 하드한 반면 인간은 너무 소프트하다. 두 방식을 균형 있게 적용하는 것이 가장 좋지만, 압박이 가해지는 순간 하드한 해법이 소프트한 해법을 압도한다. 장기적인 지속 가능성과 단기적인 성과 사이의 고전적인 대결만 봐도 이사와 경영진 들은 거의 단기적인 목표를 달성하는

데 손을 들어 준다. 목적보다 이윤이 우선하며, 그러기 위해 협력보다는 경쟁해야 한다는 인식이 훨씬 강하게 자리 잡힌다.[88]

미디어와 시장 전문가들은 주가 등락에 따라 매일 승자와 패자를 가린다. 이들이 외부에서 압력을 넣으니 기업은 생존을 위해 어쩔 수 없이 단기 성과에 집중한다. 이렇게 단기 승패를 따지는 내러티브는 결국 자기 실현적 예언이 되고 만다.

단기 지표는 이와 연관된 목표가 있기 마련이다. 목표는 동기를 부여하고 성과를 높이는 데 도움이 되지만 자칫 중요한 부분을 놓치게 만들 수 있다. 결과 그 자체만을 위하기 때문에 수단과 방법을 가리지 않게 되는 것이다. 예컨대 동료의 요청을 외면하고, 심하면 동료의 업무를 방해하기도 한다. 동료보다 더 나은 성과를 내야 보너스를 받을 수 있기 때문이다. 이러한 내부 균열로 인해 업무 성과는 저하되고 회사는 점점 즐겁지 않은 곳이 된다. 심각해지면 부정행위와 비리가 만연한 곳이 될지도 모른다. 실제로 화이트칼라 범죄자들을 대상으로 한 연구에서 전직 사업가였던 한 수감자는 이렇게 말했다. "옳고 그름의 문제는 뒷전이었습니다. 그저 어떻게 해야 사업 목표를 달성할 수 있는지에 집중했을 뿐입니다. 규정을 잘 지킨다고 보상을 받는 건 아니지만, 목표를 달성하지 못하면 처벌을 받았으니까요."[89]

제리 멀러는 지표 왜곡이 혁신적이고 창의적인 사고에 미치는 영향을 설명한다. "사람들에게 목표 성장률에 맞춰 일하라고 강요하면 혁신성과 창의성이 억눌리기 쉽다. 혁신과 창의성은 매우 중요한 자질인데도 말이다. 게다가 반드시 장기적인 목표보다 단기적인 목표를 중시하게 된다."[90]

목표 지향적인 조직 문화는 특정 성향의 사람들에게만 잘 맞는다. 별다른 제지가 없는 한, 기업과 인사 담당자는 목표 지향적인 규율에 잘 적응할 사람을 채용하기 마련이고, 결국 특정한 사고방식과 행동 양식이 강화된다. 이 과정에서 팀의 다양성은 크게 줄어든다. 팀 다양성이 부족하면 혁신적인 방식으로 성과를 개선하기 힘들다. 결과적으로, 단기 성과에 집착하는 문화가 팀의 다양성을 해친다면 성과가 저해되는 것이다. 이는 목표 지향적인 문화가 성과를 높인다는 주장과 정반대다. 같은 목표를 추구하고 동일한 규칙을 따라야 한다면 직원들은 개성을 잃고 서로 더 비슷해질 것이고, 그저 다른 사람의 기록을 깨기 위해서만 분투할 것이다. 그러나 고유한 특성은 순위를 매기고 측정할 수 있는 것이 아니다. 획일성이 증가하면 다양성은 사라진다.

GDP는 오염을 좋아해

기업의 성과를 평가하는 지표는 대개 성장에 초점을 맞춘다. 많은 사람들이 성장은 좋은 것이고, 성장하면 성공한 것이며, 성장하지 못한 조직은 실패한 조직이라고 믿는다. 하지만 성장이 모든 기업과 공동체와 사회의 장기적 발전을 위한 유일한 해답일까? 기업의 팀과 문화가 '성장'할 수 있도록 컨설팅할 때마다 나는 항상 이렇게 묻는다. "이 회사에 왜 성장이 필요한가요?" 역시나 분위기는 싸해진다. 멍한 표정과 어색한 침묵만 나타날 때도 많다. 간혹 고위 임원들이 서로 눈치를 보며 누가 대답할지 정하는 경우도 있는데, 대다수가 "성장은 좋은 거니까."라는 식으로 답변한다. 마치 아이가 지겹도록 "왜요?"라고 묻는 시기에 부모가 "그냥 그런 거야."라고 얼버무리는 것 같다. 하물며 네 살짜리 아이에게도 좋은 대답이 아닌데 직장을 다니는 성인이 납득할 만한 대답일 리가 없다.

기업이 살아남기 위해서 성장이 불가피하다는 말은 단기적으로, 그리고 국소적으로 보면 타당한 말이다. 하지만 성장에만 집착하기 전에 조직 내 구성원, 사회, 그리고 환경에 미칠 영향을 두루 고민해 볼 필요가 있다.

성장은 더 많은 부와 이윤을 약속한다. 서구 사회의 경제 질서 또한 성장에 집착한다. 국내 총생산을 뜻하는 GDP는 여전히 세계적인 경제 지표다. 대부분의 국가는 GDP를 성장시키면 당면한 문제를 해결할 수 있고 자국의 성공을 증명할 수 있다고 믿는 듯하다. 그러나 GDP는 건강, 행복, 평등 같은 삶의 중요한 요소와 자연에 미치는 영향을 전혀 고려하지 않는다. 데이비드 필링은 《만들어진 성장》에서 GDP가 얼마나 조악한 경제 지표인지 다음과 같이 설명한다.

GDP는 오염을 좋아한다. 오염이 생기면 이를 정화하기 위해 돈을 쓰기 때문이다. 범죄도 좋아한다. 경찰 인력을 늘리고 깨진 창문을 수리하는 데 돈을 쓰기 때문이다. 허리케인 같은 자연재해와 전쟁도 좋아한다. 전쟁은 총, 비행기, 탄두를 만드는 데 돈이 들 뿐만 아니라 전쟁으로 파괴된 도시를 재건하는 데도 돈이 든다. … 돈이 오가지 않는 거래는 GDP 계산에 포함되지 않는다. 이를테면 가사 노동은 중요하지 않고 … 자원봉사 역시 중요하지 않다. … GDP는 슈퍼마켓에서 파는 에비앙 생수는 계산할 수 있지만, 에티오피아 소녀가 수 킬로미터를 걸어가 우물에서 물을 길어 오는 일은 계산하지 않는다.[91]

경제를 측정할 때마다 성장의 '방식'에는 주목한 적이 없다. 불평등 심화, 세계적 불균형, 장기적인 생활 수준, 환경 파괴에도 관심을 두지 않는다. 경제학자 조지프 스티글리츠는 2008년 글로벌 금융 위기를 두고 "흔히 사용되는 지표의 결함을 극명하게 보여주는 사례"라고 평가했다.[92]

경제 성장만 추구하는 건 더 이상 의미가 없다. 경제가 성장하려면 물질적 재화의 생산과 소비 사이클이 무한해야 하지만 이런 건 애초에 가능하지도 않거니와 환경에 엄청난 부담을 준다. 우리는 무엇을 위해 경제 성장을 추구하는가? 성장이 항상 나쁜 건 아니다. 경쟁이 항상 나쁜 게 아닌 것처럼 말이다. 하지만 성장을 유일한 척도로 삼고 이것에만 집착하는 건 성공의 정의가 될 수 없다. 행복, 깨끗한 공기, 건강한 정신을 희생해서 GDP 게임에서 1등을 해 봤자 허무하고 헛될 뿐이다. 그러니 GDP를 높이겠다고 수단과 방법을 가리지 않을 필요는 없다.

교육과 스포츠 세계가 그러하듯 조직 시스템 또한 인센티브, 목표, 편협한 지표를 기반으로 운영된다면 구성원들도 특정한 방식으로만 생각하고 행동하게 된다. 이런 시스템은 대부분 의도한 대로 돌아가지 않는다. 마거릿 헤퍼넌은 이렇게 분석한다. "우리는 경쟁에 열광하며, 경쟁을 통해 최고의 결과를 낼 수 있다고 믿는다. 그러나 이런 믿음으로 만들어진 사회 구조는 번영과는 거리가 멀다. 오히려 정반대로 불안정, 스트레스, 부패를 초래했을 뿐이다."[93]

이 시스템의 승자는 누구인가? 그리고 그 승자들은 무엇을 얻었는가? 무조건 이기고 싶다는 욕망이 기업은 물론 사회 전반에 얼마나 심각한 결과를 가져왔는지 생각해 보자. 그런 다음에야 우리는 새로운 접근법을 찾아낼 수 있을 것이다.

승리 문화가 재앙이 된 기업들

조직 문화란 '조직에서 일을 처리하는 방식'이자 조직에서 진정으로 중시하는 가치를 보여 주는 것이다. 홈페이지에 명시한 슬로건이나 평가 양식에 적힌 행동 강령만으로는 설명할 수 없다. 그보다는 구성원의 경험 깊은 곳에 존재한다. 어떤 조직이든 한 시간만 있어 보면 그곳의 문화를 파악할 수 있다. 예를 들어 회의에서 누가 먼저 발언하는지, 주차 공간은 누구를 위한 것인지, 방문객을 어떤 식으로 맞이하는지, 벽에 걸린 그림의 의미는 무엇인지 등 '문화적 산물'을 보며 이곳에서 일하는 사람들의 경험을 알 수 있는 것이다. 위계질서가 얼마나 심한지, 어떤 구성원이 핵심 인물인지, 행동과 옷차림이 어디까지 용인되는지도 알 수 있다.

1970년대를 대표하는 경영 구루 피터 드러커가 남긴 말 "조직문화는 전략을 아침밥으로 먹는다Culture eats strategy for breakfast."는 현재까지도 유효하게 쓰인다. 이 말은 이사회와 고위 간부들이 계획한 것과 실제 현장에서 벌어지는 일 사이의 괴리를 강조한다. 전략과 목표처럼 측정이 가능한 것에만 몰두하는 조직은 함께 일하는 사람들의 경험을 쉽게 간과하곤 하는데, 어떤 위대한 전략이든 실행에 옮기는 건 바로 '사람들'이다.

무슨 수를 써서라도 목표를 달성해야 한다는 문화가 형성되면 일터는 긴장감으로 가득 차고 구성원들은 편법을 동원하기 시작한다. 그 과정에서 이의를 제기하거나 윤리적인 의문을 표하는 사람은 소외된다. 이런 문화가 단기적으로는 성과를 내는 듯 보여도 장기적으로는 결국 재앙을 초래한다. 때때로 모든 걸 걸고 거대한 승리를 거두고자 하는 절박함이 성공과 거리가 먼 결과를 낳는 법이다. 이런 유독한 문화가 기업을 파멸로 이끈 사건은 많다. 폭스바겐의 배기가스 조작 사건, 2008년 금융 위기를 초래한 은행들의 행태가 모두 여기에 해당한다.

◆ 재앙 신호1. 잘못을 지적하지 못한다

– 폭스바겐 배기가스 조작 사건

폭스바겐은 엔지니어들에게 일정 수준의 성능과 가격을 충족하면서, 질소 산화물은 덜 배출하는 디젤 엔진을 개발하라고 지시했다. 개발에 성공하면 승진과 금전적 보상을 얻을 수 있었다. 물론 이것이 결코 쉬운 일은 아니었다. 엔지니어들은 보상을 얻고자 새로운 엔진이 배기가스 테스트를 통과하는 데 사활을 걸었다. 그리고 결국 통과에 성공한다. 문제는 엔진이 상용화되고 자동차가 실제 도로를 달릴 땐 테스트 결과보다 최대 40배 많은 질소 산화물을 배출했다는 것이다.

폭스바겐의 전 CEO 마르틴 빈터코른Martin Winterkorn은 사기 및 시장 조작 혐의로 미국에서 형사 기소됐다. 관련자들을 비난하는 일은 쉽지만, 그보다는 이처럼 명망 있는 대기업에서 어떻게 그 정도의 부패가 가능했는지 따져 보는 일이 필요하다. 왜 아무도 그 결정을 감독하지 않았을까? 그런 부정행위를 걸러 낼 내부 시스템은 왜 없었을까? 담당자들이 자신이 하고 있는 일에 의문을 갖지 않은 이유는 무엇이었을까? 그들은 어쩌다 어떤 대가를 치르더라도 이 목표를 달성해야 한다고 믿었고, 왜 아무도 단기 목표가 파괴적인 문화를 조장하는지 이해하지 못했을까? 겨우 그런 목표가 폭스바겐의 기나긴 명성을 무너뜨릴 정도로 중요했나?

이와 같은 사례에는 언제나 공통된 문화적 특징이 있다. 바로 문제를 발견해도 목소리를 내지 못한다는 점이다. 이는 아주 단순하면서 치명적이다. 어떤 질문이 허용되고 허용되지 않는지에 따라 조직 문화가 결정된다. 이로 인해 회사가 중요하게 여기는 것, 중요하지 않게 여기는 것, 그리고 지배적으로 사용되는 언어 등이 달라진다.

메건 레이츠Megan Reitz와 존 히긴스John Higgins는《목소리를 내라Speak Up》에서 인터뷰로 150명 넘는 리더의 조직 내 대화 방식을 분석했다. 책임 소재를 어떻게 전달하는지, 의사 결정에 얼마나 마음 편하게 반박하는지, 위험을 얼마나 자유롭게 논의하는지, 단기 성과와 장기 성과를 얼마나 비교하는지 등을 탐구했다.

> 조직에서 구성원들이 자유롭게 의견을 내고 서로 경청하는 것은 매우 중요하다. 이를 게을리하면 신문 1면에 나올 정도로 일이 커진 뒤에야 부정행위나 비리를 알게 될지도 모른다. 이런 문화는 혁신을 위해서도, 그리고 오늘날 격변하는 시대에 적응하기 위해서도 반드시 필요하며 구성원들의 동기 부여와 몰입에도 필수적이다.[94]

2013년 발간된 〈살츠 리뷰〉에 따르면, 금융 위기 직전 바클리스(영국의 메이저 은행)의 대화 방식과 문화는 승리에 대한 뿌리 깊은 집착에 기반하고 있었다.

'승리'를 해석하고 실행하는 일은 단순히 경쟁의 수준을 넘어

섰다. 이들은 종종 '무슨 수를 써서라도' 이기겠다는 태도를 보였는데 … 어떤 대가를 치르더라도 승리하려고 하면 정말로 대가를 치르게 된다. 세상엔 경쟁, 오만, 이기심만 남고 겸손과 관대함은 사라질 것이다.[95]

◆ 재앙 신호2. 과욕이 부른 무모함
─ 스코틀랜드 왕립은행 구제 금융 사건

스코틀랜드 왕립은행의 CEO였던 프레드 굿윈은 경쟁심이 매우 강한 것으로 유명했다. "프레드는 언제나 승리해야만 했다. 그래야만 직성이 풀리는 사람이었다. … 크든 작든 모든 거래에서 이겨야 했고 상대를 압도해야 했다. 스코틀랜드 왕립은행은 괴롭힘 문화가 굉장히 심했다. 은행에서 벌어지는 모든 일이 경쟁이었다."[96]

굿윈은 야심차게 기업 인수에 나섰다. 먼저 스코틀랜드 왕립은행보다 규모가 세 배 큰 내셔널 웨스트민스터 은행을 시작으로, 아일랜드의 모기지 제공 업체, 보험 회사, 자동차 회사, 기차 회사, 세계에서 가장 큰 거래소를 보유한 미국 투자 회사까지 차례로 인수했다. 여기서 만족하지 않고 네덜란드 은행 ABN 암로ABN AMRO의 적대적 인수를 진행하기 위해 컨소시엄을 설립하기도 했다. 이 모든 것은 더 크고, 더 뛰어나고, 더 부유해지기 위한 경쟁에서 비롯되었다. 굿윈의 마초적인 승리 서사에 인수 합병의 타당성을 지적하는 사람은 모두 패배자나 겁쟁이로 치부되었다. 하지만 2008년 2월, 스코틀랜드 왕립은행은 240억 파운드의 손실을 발표한다. 이는 영국 기업 역사상 가장 큰 연간 손실이며, 결국 영국 정부의 구제 금융을 받아야 했다.

이런 사례에서 승리는 잘못된 행동과 부적절한 관행을 가리는 방패가 되어 준다. 현실을 오판하고 자기 기만에 빠진 일부 리더는 수익 목표를 달성하고 주주에게 이익을 안겨 줄 수만 있다면 어떤 행동을 해도 괜찮다고 생각한다. 결과가 수단을 정당화한다고 믿는 것이다. 하지만 스포츠뿐만 아니라 비즈니스 세계에서도 괴롭힘, 협박, 사기, 부패 같은 문제는 늘 존재해 왔다. 그리고 이런 문제는 '성공한 기업'이라 불리던 곳에서 터져 나오고 있다.

소모적인 승리 전략

영국을 대표하는 기업 롤스로이스Rolls-Royce는 굵직한 해외 계약을 따내기 위해 뇌물을 준 혐의가 드러나 6억 7,100만 파운드에 달하는 벌금을 냈다. 대형 유통 업체 테스코Tesco는 경쟁사들과 치열한 경쟁을 벌이던 시기에 수익을 부풀려 보고했다가 영국 중대 비리 수사청UK Serious Fraud Office에 기소되었다. 이들은 모두 단기적인 성과에 집중해 수익을 냈지만 스캔들이 터진 후에는 엄청난 타격을 입고 말았다.

팀이 아닌 개인의 보상에 집중하는 것도 조직 문화를 해친다.

이 전략은 그럴싸해 보이지만 결과적으로는 팀워크가 약해지고 협업 정신 역시 사라질 가능성이 높다. 단기 승리 전략을 따르는 조직에서 구성원들은 어떤 경험을 할까? 거의 모든 선진국에서 직원들의 동기 부여와 생산성 문제로 어려움을 겪는다. 갤럽이 세계 노동자를 대상으로 조사한 결과에 따르면 오직 13퍼센트만 자신의 일에 몰입하고 있다고 답했다. 영국은 8퍼센트에 불과하다.[97] 유수의 기업조차 번아웃 문제로 골머리를 앓는 추세다.

다행히 정신 건강 문제를 쉬쉬하는 분위기가 조금씩 허물어지고 있다. 그럼에도 여전히 기업 문화의 바닥을 보여 주는 심각한 괴롭힘 사례는 끊이지 않는다. 지금도 많은 관리자가 외적 보상을 활용해 직원들의 사기를 북돋울 수 있다고 생각한다. 하지만 수많은 연구로 증명되었듯이 이는 심각한 오류다(이미 교육과 스포츠에서 동기 부여를 다룬 사례와도 일치하는 결과다). 점수를 매겨 직원을 평가하는 방식은 기업의 성과를 높이고 인재를 육성하는 데 전혀 도움이 되지 않는다. 뛰어난 직원은 '핵심 인재'나 '미래 인재'로 분류되곤 하지만 이는 간접적으로 나머지 직원을 '능력이 부족한 자'나 '재능이 없는 자'로 분류하는 것과 다름없다. 이런 자의적인 분류는 편견을 조장한다.

'야심가'나 이른바 '스타 직원'에 대한 잘못된 믿음도 문제가 될 수 있다. 토머스 들롱과 비니타 비자야라가반_{Vineeta Vijayaraghavan}의 연구에 따르면 "평균적인 직원은 스타 직원에 비해 야망이나 성과가 부족하다는 이유로 외면받기 쉽다." 그러나 이런 그릇된 관행이 조직을 망친다. 두 사람은 그 이유를 이렇게 설명했다.

> 20년 동안 기업을 연구하고 가르치는 일을 해 온 결과, 기업의
> 장기적인 성과와 생존은 소위 B 플레이어, 즉 보통의 인재가 얼
> 마나 헌신하고 기여하는지에 달려 있다는 사실을 깨달았다. …
> 그러나 기업은 B 플레이어의 역할이 얼마나 중요한지 알지 못
> 한다. 조직을 살려 내는 건 A 플레이어가 아닌 B 플레이어다.[98]

지금 당장 무의미한 범주, 지표, 요식 행위에서 벗어나는 것이
조직의 미래에 중요한 밑거름이 될 수 있다. 이제는 커리어의 성
공과 성과를 바라보는 시각을 더욱 다원화해야 한다. 그래야만
구성원들에게 새로운 경험을 선사하고, 직급과 직함을 넘어 사람
자체에 집중할 수 있다.

21세기에 맞는
기업 목표를 세울 때

비즈니스 세계에는 아직도 잘못된 고정관념이 깊숙하게 자리 잡혀 있다. 이를테면 승리를 최우선 목표로 삼아야 한다거나, 목표와 성과가 성공의 지름길이라거나, 경쟁적인 환경에서 모두가 최고의 성과를 낼 수 있다고 믿는 것이다. 하지만 이런 믿음을 당연하게 받아들이면 훗날 비즈니스 성과가 악화될 뿐만 아니라 일하는 방식을 개선할 기회마저 놓치고 만다.

물론 쉽게 답을 내릴 수 있는 문제는 없다. 21세기 CEO들은 전임자보다 훨씬 더 복잡한 세상에서 살아가고 있다. 사회적 책임과 주주 수익, 기업의 이익과 직원 복지, 친환경 과제와 지역 사회의 발전 등 서로 상충하는 문제를 균형 있게 해결해야 한다. 글로벌 기업이라면 맞춤화와 대량 생산, 세계화와 현지화 사이에서도 균형을 잡아야 한다.

이처럼 복잡한 세상이기 때문에 그저 '1등을 하기 위한' 경쟁과 지표는 더 이상 유효하지 않다. 이제는 편협한 사고방식에서 벗어나 장기적으로 더 의미 있는 목표를 세우고, 다양성과 협력의 문화를 조성하며, 업무나 목표보다 사람을 우선시해야 한다.

우리가 학교, 경기장, 회사에서 목격하는 일들은 국제 정치라는 글로벌 무대에서도 놀라울 만큼 비슷하게 일어난다. 물론 그 결과는 훨씬 더 크고 심각하다. 이제 국제 정치 무대로 시선을 옮겨보자.

8장

전쟁, 선거, 정치에서
승리하는 법

21세기 글로벌 승자의 민낯

2003년 미국이 이라크를 침공한 전날, 조지 W. 부시 대통령은 미국 국민들에게 "우리는 승리 외에 다른 결과는 받아들이지 않을 것"이라고 선언했다. 미국은 정말 승리했을까? 부시 대통령은 그렇게 주장하려 했다. 그는 항공 모함 위에서 "이라크 전투에서 미국과 동맹국이 승리했다."라는 악명 높은 연설을 발표했다. 하지만 이라크 전쟁은 결코 끝난 게 아니었다. 2010년, 버락 오바마 대통령이 마침내 종전을 선언하기까지 7년이라는 시간이 더 걸렸다. 그사이 민간인 15만 명과 군인 5,000명이 목숨을 잃었다. 이라크 전쟁을 돌이켜 보면 잠깐의 승리, 좁은 의미의 승리를 얻기 위해 치른 대가가 너무나도 컸다.

다른 전쟁을 살펴보더라도, 심지어 제1차 세계 대전까지 거슬러 올라가더라도 자세히 들여다볼수록 명확한 승자를 찾기 어렵다. 전쟁 그 자체가 승리와 패배로 정의되는데도 말이다. 누가 냉전에서 승리했는가? 한국 전쟁과 베트남 전쟁에서는 누가 승리했는가? 1990년대 및 21세기 초반의 이라크와 아프가니스탄 침공은 또 어떤가? ISIS와의 전쟁은 어떻게 볼 수 있는가? 어디에도 확실한 승자는 없다. 오히려 의도치 않게 장기적이고 참담한 피해만 남았다.

누가 테러와의 전쟁에서 '승리'할 수 있을까? 정치인들이 즐겨 쓰는 표현이지만 테러는 승패가 갈리는 유한한 전쟁이 아니다. 기후 변화, 사회적 불평등, 치안, 빈곤 또한 마찬가지다. 정치인들이 이 문제들을 해결하겠다고 나섰지만 아직까지 '승리'를 거둔 적은 없다. 2020년 코로나19 팬데믹이 닥쳤을 때도 정치인들은 어김없이 '승리'나 '바이러스 정복' 같은 표현을 사용했다. 승리하겠다는 사고방식이 실제로 문제 해결에 도움이 되었는지는 의문이다. 오히려 국가 간 데이터 경쟁 구도가 만들어지면서 효과적인 공동 대응을 방해했을 가능성이 크다.

국가 정상들은 무역, 난민, 기후 변화, 안보를 주제로 한 정상 회의에 다녀올 때마다 국민에게 더 나은 협상을 이끌어 냈다고 자랑스럽게 발표하곤 한다. 하지만 정상 회의에 참석한 모든 국가의 지도자가 똑같은 메시지를 내놓는다면 이는 어불성설이다. 어떻게 모든 국가가 상대국을 희생시킬 수 있겠는가. 다만 국민들이 국제 뉴스에 관심이 없다는 사실을 교묘하게 이용할 뿐이다. 이웃 나라 정상들이 똑같은 말을 한다는 걸 알아차리는 사람은 거의 없다. 정상 회의에 참석한 뒤 협력과 타협, 다른 나라에 대한 지원을 이야기할 만큼 용감한 지도자는 매우 드물다. 설령 그런 지도자가 있다고 해도 어차피 유권자들이 낡은 사고방식에 익숙해져 있기 때문에 원하는 결과를 거두기는 쉽지 않다.

'권력'에 초점을 맞춘 제로섬 게임의 관점에서 보면, 어떤 정부도 권력을 내려놓고 수백 년 동안 유지해 온 통치 방식을 바꾸고 싶어 하지 않을 것이다. 하지만 지금 우리가 맞닥뜨린 문제는 과거와 다르다. 현재의 통치 방식은 당대의 중대한 글로벌 이슈를 해결하기에 턱없이 부족하다. 8장에서는 승리에만 집착할 때, 가장 중요한 세계적 무대에서 어떻게 길을 잃게 되는지 살펴보겠다.

세계 정치의 사고방식과 언어

선거로 승자를 가리는 방식은 여러 가지다. 예를 들어 영국처럼 다수 대표제를 채택할 수도 있고 유럽 대부분의 국가처럼 비례 대표제를 채택할 수도 있다. 어떤 방식이든 승자와 패자로 나뉜다. 그중 우리가 보는 것, 언론이 보도하는 것은 승자뿐이다. 하지만 승자가 있는 곳에는 대가도 있는 법이다. 그리고 그 대가는 보통 우리가 생각하는 것보다 훨씬 더 크다.

정치인에게 성공이란 무엇일까? 표와 권력을 얻는 것일까, 아니면 더 나은 세상을 만드는 것일까? 후자를 이루기 위해서는 전자가 필요하다. 하지만 다음 선거에서 표를 얻는 것이 목표가 된다면 관심은 단기적인 성과에 쏠릴 수밖에 없다. 정치인들은 주로 단기 임기로 선출되지만 이들이 다뤄야 할 문제는 장기적으로 바라봐야 한다. 이 점에서 갈등이 깊어진다. 정당과 개인 모두 선거에서 승리해야 정치 생명을 이어 갈 수 있기 때문에 장기적인 관점에서 문제를 살피기 어려운 것이다.

더욱이 정당의 정체성은 대개 다른 정당과의 명백한 대립을 통해 형성된다. 정치인들은 타인과 대립해야 정치적으로 생존하고 성공할 수 있다는 사실을 깨닫는다. 상대 정당의 정치인이 어떤 사안에 대해 더 나은 의견을 제시하더라도 이를 지지하기란 거의 불가능하다. 그러나 이런 행위는 상식에 어긋날 뿐만 아니라 공공의 이익에도 아무런 도움이 되지 않는다.

우리는 잘 느끼지 못하지만, 다른 사람과 싸워 이기는 것에만 집중하는 문화에 놓이다 보면 협력이나 협동은 약하고 바람직하지 않은 것으로 여기기 쉽다. 이렇게 되면 전 세계가 함께 풀어야 하는 문제는 해결하기 한층 더 어려워진다. 개인의 경우도 마찬가지다. 정치인은 실수를 저질렀을 때 그 실수를 인정하는 일만큼은 절대 해서는 안 된다. 세상 모든 사람은 실수를 하지만 전통적인 승리의 언어에 따라 정치인들은 옳은 것이 강한 것이고 틀린 것은 약한 것이라는 인식을 꾸준히 발전시켜 왔다.

이런 어리석음은 국가 차원에서는 더욱 커다란 재앙을 낳는다. 합리적인 증거를 모두 무시한 채 계속 밀어붙이는 것이 승리라고 착각하는 경우가 얼마나 많았던가. 특히 정책에 너무 많은 것을 쏟아부은 나머지 실패가 명백한데도 잘못을 인정하지 않는 '매몰 비용' 편향 사례가 많았다. 1980년대 영국의 인두세 정책은 현실적으로 실행하기 어려웠고 대중의 지지도도 현저히 낮았지만 영국 정부는 이를 강행했다. 그 결과 엄청난 비용을 치르며 정책을 철회해야만 했다.

영국의 브렉시트 사례

2016년 브렉시트 국민 투표 이후 몇 년 동안, 영국 정치인들은 브렉시트가 가져올 성과에 대한 기대를 버리지 않고 자신들의 초기 공약을 계속 고수했다. 시간이 흐를수록 약속대로 될 가능성은 점점 줄어 갔는데 말이다. 브렉시트를 반대한 진영 역시 브렉시트가 경제 붕괴를 초래할 것이라는 입장을 고집스레 유지했다. 애초에 그 누구도 브렉시트가 어떤 결과를 가져올지는 알 수 없다. 처음 벌어지는 일이었기에 초기의 몇몇 약속들이 지켜질 수 없는 것은 불가피했다. 하지만 그 당시에도, 지금도 누구 하나 그 사실을 인정하는 사람이 없다. 승패밖에 모르는 정치인들은 국민 투표 이후 변화하는 정세에 맞춰 자신의 의견을 수정할 줄을 몰랐다. 각 진영은 논쟁에서 이기고 상대방을 바보 만드는 데만 골몰할 뿐, 서로를 이해하거나 최선의 해결책을 모색하는 데 관심이 없었다.

이 사례는 윗선에서 경쟁 문화를 조성하면 어떤 결과가 나오는지 극명하게 보여 준다. 장관들은 권력을 차지하기 위해 자리다툼을 벌인다. 그 분위기가 고스란히 전해져 각 부처를 고립시킨다. 비만, 팬데믹, 안보, 이민, 에너지, 환경 보호 등 복잡한 문제를 해결하려면 부처 간의 협력이 필수적인데도 여전히 모든 조직 구조, 인센티브, 책임 범위가 개별 부처에 맞춰 돌아가고 있다. 부처 간 협업이라는 과제는 이런 거대한 흐름을 거스르는 엄청난 노력이 필요한 셈이다.

이라크에서 근무하던 시절, 국방부 소속 동료와 언쟁을 벌인 적이 있다. 서로의 업무에 방해가 되지 않도록 목표를 조율할 필요가 있어서였다. 나는 어쨌든 우리가 영국 정부를 위해 일하는 것 아니냐고 강조했다. 그러자 그는 어이없다는 표정으로 이렇게 말했다. "당신이 착각하고 있는데, 나는 국방부 소속입니다. 내 일의 목표는 국방부가 정하고 나에 대한 평가, 급여, 승진도 전부 국방부 소관입니다. 나는 국방부에 충성하는 사람이에요."

영국 하원 위원회와 몇몇 보고서는 다양한 정책 분야에서 성과가 저조한 이유가 부처 간 협력이 부족하기 때문임을 여러 차례 지적해 왔다. 그럴 때마다 모든 부처를 아우르는 협력 조직이 제시되곤 하지만, 내가 그런 조직의 공동 책임자로 일해 본 경험에 비추어 볼 때 실상은 신기루에 가까웠다. 협력 조직이 만들어져도 결국 각 부처가 갖고 있는 핵심적인 인센티브와 권력 구조는 그대로이기 때문이다. 상황이 어려워지거나 복잡하게 흘러가면 부처들은 제각각으로 행동하며 통제권을 다시 가져가려고 한다.

새 시대에 걸맞은 리더

공감, 파트너십, 협력의 정신을 자신들의 언어, 사고방식, 정치적 가치에 강조한 지도자도 있다. 대표적으로 남아프리카공화국의 넬슨 만델라, 미국의 버락 오바마 대통령, 뉴질랜드의 저신다 아던 총리다.

만델라는 그만의 방식으로 반대 진영의 정치 게임을 무력화했다. 그는 오랜 수감 생활 동안 공감과 겸손을 잃지 않으며 늘 '적'의 생각을 뛰어넘고 감정을 다스렸다. 적을 이기는 최고의 방법이 적을 친구로 만드는 것이라 말했을 때, 그는 이미 권력 게임의 판도를 뒤집어 놓은 셈이다.

오바마와 아던은 국가적 재난이나 테러에 대응할 때 전통적인 영웅의 언어, 즉 적대적인 언어를 사용하지 않았다. 사회의 특정 집단을 비난하기보다는 모든 공동체에 손을 내밀었다. 특히 아던은 포용적인 정치 서사를 만드는 데 가장 앞서 나갔다. 그녀는 공감하는 정치의 힘을 믿었으며, GDP가 아니라 국민의 행복을 국가 발전의 중심 지표로 삼으려 했다. 크라이스트처치에서 테러가 발생하자 복수를 외치는 대신 총기 규제를 강화했고, 피해자를 지원하고 위로하는 데 집중했다. 나아가 무슬림 희생자들을 일러 "형제와 딸, 아버지와 아이들이며 … 모두 뉴질랜드인입니다. 그들은 우리입니다."라고 강조하며 포용의 언어를 잃지 않았다.[99]

아던은 자비가 곧 힘이라는 신념을 여러 차례 밝혀 왔다. 서로를 돌볼 수 있어야 강한 공동체가 되고, 그래야만 더 단단한 사회와 경제를 만들 수 있다는 것이다. 이런 지도자는 여전히 소수고, 전형적인 영웅형 지도자의 눈에는 나약하게 비칠지도 모른다. 하지만 이들이야말로 우리 사회가 나아가야 할 새로운 길을 제시하고 있지 않은가.

전쟁에 진정한 승리자가 있는가

역사책 곳곳에 등장하는 전쟁은 현재 진행형이다. 국가는 더 많은 영토, 권력, 부를 차지하기 위해 다른 국가와 싸운다. 이 원시적인 제로섬 게임을 완전히 끝내기는 어렵다. 국가 간 문제를 국제기구가 해결하는 것 역시 쉽지 않다. 환경 문제든 팬데믹 같은 보건 문제든, 우리 시대의 커다란 글로벌 문제를 해결하기 위해 협력을 이끌어 낼 만한 국제기구는 아직 보이지 않는 듯하다.

외무부에서 외교관으로 일하는 동안 나는 제로섬 사고방식을 원윈 사고방식으로 바꾸기 위해 많은 시간을 할애했다. 제로섬 사고방식은 한쪽이 이익을 얻으면 다른 쪽은 반드시 손해를 본다는 생각이다. 반면 원윈 사고방식은 모두가 조금씩 양보하면 양쪽 다 이익을 얻고 상황을 한 단계 진전시킬 수 있다는 믿음에 기반한다(일본은 더 나아가 '윈윈윈'을 제안하기도 했다).

협상에 나서기 전, 복잡하고 기술적인 사안들을 꼼꼼하게 검토하는 것도 중요하지만, 더 중요한 건 협상 테이블에 앉은 사람들의 마음가짐이다. 보스니아의 여러 민족은 정치적으로 극심하게 대립했다. 그래서 민족 대표들에게 '협력과 개혁의 길'로 나아가자고 설득하는 것만이 전쟁으로 황폐해진 보스니아를 다시 일으키는 길이었다. 스페인과 지브롤터 역시 국경 문제를 해결하려면 서로 협력해야만 했다. 이처럼 정치 무대에서 협상의 관건은 사람들의 마음을 움직이는 데 있다.

정치 문제는 심리학적으로 바라볼 수 있으며, 어찌 보면 반드시 그래야만 한다. 누가 더 좋은 아이디어를 갖고 있는지는 중요하지 않다. 최고의 아이디어는 특정 국가의 전유물이 될 수 없다. 새로운 문제에 창의적이고 혁신적으로 대응하기 위해서는 시스템이 필요하다. 권력을 쥔 것만으로는 이 시대의 복잡한 문제들을 해결할 수 없다는 사실이 점점 분명해지고 있다. 세상이 바뀌었기에 접근 방식도 달라져야 한다. 19세기까지만 해도 '적'은 명확했다. 전쟁에도 분명한 시작과 끝이 있었다. 승전국과 패전국이 확실하게 갈렸다. 전 세계가 지금보다 단순하고 연결되지 않은 상태였기에 승자가 권력과 부를 독차지하는 게 자연스러웠으며 치러야 할 대가도 별로 없었다.

하지만 오늘날은 어떤가. 복잡하고 촘촘하게 연결된 이 시대에서는 승리가 예전만큼 오래가지 않고, 이기더라도 막대한 비용을 치러야 한다. 금전적 손실뿐만 아니라 사회적, 환경적 영향까지 포함해서 말이다. 승패를 명확히 가릴 수 있다 쳐도 그 과정에서 발생하는 고통은 승자와 패자 모두가 감내해야 한다. 지금도 세계 곳곳에서 예측하기 어렵고 종식될 기미도 보이지 않는 분쟁들이 벌어지고 있다. 물리적 충돌이 일어나지 않는 곳도 있고, 대체 누가 적인지 분명하지 않은 경우도 있다.

미국은 이라크와의 전쟁에서 여러 차례 허를 찔렸다. 알카에다의 예측 불가능하고 비정형적인 특성 때문이었다. 느슨한 네트워크로 연결된 알카에다는 실시간으로 조직을 재편하고 전 세계에 흩어져 있는 세력을 금세 통합할 수 있었다. 아프가니스탄 전쟁에서도 미국은 전통적인 방식과 거리가 먼 싸움을 해야 했다. 심지어 21세기 초, 서방을 향해 끊임없이 '지하드'가 선포되면서 예측하기 어려운 위협이 이어졌다. 연합군은 영토를 다시 탈환하기 위해 끝없이 싸웠다. 영토를 탈환해도 금세 다시 빼앗겼다. 승리와 패배가 반복되는 악순환이었다. 처음 목표로 삼았던 단순한 승리는 어디에도 없었다. 승리를 선언해도 얼마 지나지 않아 뒤집혔으니까. 전쟁을 짧고 굵게 끝내고 집으로 돌아가려 했던 서방군은 사기가 꺾일 수밖에 없었다. 적은 결코 패하지 않았고 승패를 표시하는 전선을 지도에 그릴 수도 없었다. 무엇을 성공이라고 정의해야 할지 점점 더 혼란스러워졌다.

서구 정치와 군사 논리를 보면 아직도 '물질주의적인 편향'에서 벗어나지 못하고 있다. 군사 전략가 에드워드 루트왁이 지적하듯, 서구에서는 주로 화력이나 명중률, 동원할 수 있는 항공기 수 등 눈에 보이는 요소로 승패를 예측한다. 반면 전략, 리더십, 사기 등 눈에 보이지 않는 인간적 요소에는 크게 주목하지 않는다. 오히려 승패를 가르는 더 중요한 요소일 수 있음에도 말이다.[100]

영국 육군 장교 앤드루 맥케이Andrew Mackay와 해군 장교 스티브 타담Steve Tatham은 《행동의 충돌Behavioural Conflict》에서 정부 부처와 군대가 사고방식을 대대적으로 바꾸어, 향후 군사 전략을 수립할 때 행위와 동기를 우선적으로 이해해야 한다고 주장한다.[101] 이 주장은 외교 정책과 정부 정책 전반에도 적용할 수 있다.

2008년 내가 바스라의 영국 영사관과 군 사령부에서 외교관으로 일할 당시를 회상하면, 숫자와 지표로 가득한 일일 보고서가 제일 먼저 떠오른다. 군인들은 매일 아침 8시 회의에서 헬리콥터 투입 대수, 일기 예보와 예상 기온, 그날의 작전 목표 등을 보고했다. 이 보고서는 우리 군이 무엇이든 통제할 수 있다고 말하는 듯했다. 수 세기 동안 그래왔듯이 큰 조직을 효과적으로 다루려면 이런 보고서는 필수다. 그러나 상황이 혼란스러울 땐 별로 도움이 되지 않는다. 폭력이 난무하는 거리에서는 누가 적인지 분간할 수조차 없었다. 정치 세력이나 시스템 역시 안정적으로 자리 잡지 못했으며 상황은 계속 불안정하고 복잡해 예측하기 어려웠다. 군의 정밀함과 실제 현실 사이에 괴리가 생기자 긴장감이 커졌다. 나는 매일 상황을 정확히 파악하고자 했지만, 매번 군의 정확한 보고와 대조될 뿐이었다. 정치적 화합이라는 목표가 몹시 막연하게 느껴지는 순간이었다. 누가 어떤 입장을 가지고 있는지, 어떤 지역 정치인이 우리를 지지하는지 확실하게 말할 수가 없었다.

사람들의 입장은 시시각각 바뀌었지만 적대 세력 때문에 현지 정치 지도자들과 자유롭게 소통할 수 없었다. 매일 복잡하고 유동적인 정치 상황을 업데이트할 때마다 군 동료들이 답답해하는 게 보였다. 실제로 장교 한 명이 언제쯤 정치적 화해가 이뤄질지 예측할 수 있겠느냐고 물은 적도 있다. 나는 대답할 엄두조차 나지 않았으며 그들이 그토록 중요하게 여기는 정확한 정보를 제공하지도 못했다. 오히려 지나치게 정확성을 추구하다가 오해를 불러일으킬 수 있었다. 이 세계는 승자와 패자가 명확하게 갈리는 곳이 아니었다. 프로젝트를 대하듯 성공을 말할 수 없는 상황이었고, 어쩌면 평화와 승리를 선언할 날은 영영 오지 않을 수도 있었다.

이라크와 아프가니스탄에서 미군을 지휘했던 스탠리 매크리스털Stanley McChrystal 장군은 군대가 기민하게 움직이려면 심리적으로나 조직적으로나 재편이 필요하다고 주장했다. 오래전부터 군에서는 부대를 다분히 기계적으로 운영해 왔다. 규칙, 구획, 범주, 각종 표준과 교전 수칙 등 모든 것이 애매하지 않고 명확했다. 하지만 그가 보기에는 새로운 사고방식이 필요했다. 다소 혼란스럽더라도 적응력을 키우고 외부의 명령 없이도 질서를 만드는 '자기 조직화'가 가능해야 했다.

> 결국 우리는 모두 믿음을 가지고 도약해야 한다. 소용돌이 속으로 말이다. 우리가 도달할 미래는 어쩌면 익숙하지 않은 모습일 수 있지만, 지난 세기 환원주의가 만들어 낸 직선과 직각만큼이나 아름답고 가능성 있다. 우리의 미래는 고정되지 않고 자연스레 변화하는 '유기적 네트워크', 변화에 대비하는 '탄력적인 엔지니어링', 그리고 완전히 통제하지 않는 대신 유연하게 조절하는 '통제된 범람controlled flooding'의 형태를 띠게 될 것이다. 말하자면 멈춤 표지판이 없는 세상이다.[102]

파괴하고 성장하는 나라들

앞서 살펴봤듯이 경제 성장을 최우선으로 추구하는 것, 다른 나라보다 더 높은 GDP를 기록하는 것은 여전히 정부가 성공을 가늠하는 주요 척도다. 하지만 그래 봤자 보잘것없는 승리일 뿐이다. 이 승리는 최악의 경우 인류의 재앙이 되어 돌아온다. 경제 성장을 추구하는 과정에서 생물 다양성이 감소하고, 지속 불능 수준으로 자원이 소비되며, 이산화탄소가 대량 배출되고 지구는 미래를 위협받을 것이다. 이 밖에도 아직 드러나지 않은 GDP 경쟁의 후유증이 많다.

이런 심각한 결과가 쏟아지고 있음에도 대다수 정부는 같은 길을 고집하고 있다. 자기 복제 시스템에 갇혀 매크리스털 장군의 말처럼 변화하지 못하는 것이다. 이대로라면 가뜩이나 예측하기 어려운 미래의 문제에 더욱 취약해질 수밖에 없다. 코로나19 팬데믹, 그리고 가속화된 지구 온난화가 그 시작을 알린다. 정부는 이런 문제들에 언제나 적극적이라고 주장하지만 전체적인 그림을 보면 그들의 적극성이 먹히는 것 같지는 않다.

스웨덴 환경 운동가 그레타 툰베리는 2019년 16세의 나이로 유럽 주요 국가를 돌며 기후 위기에 진정성 있게 대응할 것을 촉구했다. 영국 의회에서 연설할 당시 그녀는 영국의 '매우 창의적인 탄소 계산법'을 비판했다.

글로벌 탄소 프로젝트Global Carbon Project에 따르면 영국은 1990년부터 자국 내 이산화탄소 배출량을 37퍼센트나 감축했습니다. 정말 대단해 보이죠. 하지만 이 수치에는 항공과 해운, 수출입에 따른 배출량이 포함되어 있지 않습니다. 이것들을 포함하면 1990년부터 지금까지 감축한 양은 10퍼센트 정도에 불과합니다. 연평균 0.4퍼센트씩 감소한 셈이죠. … 기후 위기는 우리가 직면한 가장 쉬운 문제이자 가장 어려운 문제입니다. 가장 쉬운 문제라는 건, 우리가 무엇을 해야 하는지 너무나 명백하다는 뜻입니다. 우리는 온실가스 배출을 멈춰야 합니다. 반면에 어려운 이유는 현 경제 시스템이 여전히 화석 연료를 태우는 데 전적으로 의존하고 있기 때문입니다. 생태계를 파괴해 가면서까지 경제 성장을 영원히 지속하려는 것입니다.[103]

지표를 내세운 싸움은 여전히 활개를 치고 있다. 이 때문에 정작 중요한 현실은 모조리 가려진 채 유권자들마저 현혹된다. 물론 그레타 툰베리의 의견에 동의하지 않는 사람도 많다. 지금도 과학자와 정치인 들은 기후 변화의 증거를 두고 논쟁을 벌인다. 그런데 이 논쟁에서 승리하고 상대방의 주장을 깎아내린들 지구를 지키는 데 아무런 도움이 되지 않는다. 상대방의 통계가 틀렸다는 걸 증명할 수만 있다면 자연환경이 파괴되어도 괜찮은 건가? 애당초 환경 위기에서 누군가 승리를 할 수는 있나? 탄소 배출량을 교묘하게 계산해서 정부가 마치 환경 보호에 적극적으로 나서는 척하는 게 승리인가? 정상 회담에서 몇 주 동안 논의와 협상을 거쳐 다른 나라보다 감축 부담을 줄였다면 승리했다고 볼 수 있는가? 어쩌면 환경 위기를 해결하는 방법은 지금까지와 완전히 달라야 할지도 모른다. 그 첫걸음은 이 싸움의 목표가 '승리'가 아님을 깨닫는 것이다.

더 나은 세상을 요구해야 한다

국제적으로 새로운 사고방식이 절실히 필요한 시점이다. 매크리스털이 말한 것처럼 현실이 복잡하면 해결책도 다양하다는 것을 인정하고, 뭐든 승리와 패배로 정해진다는 사고방식에서 벗어나야 한다. 지금의 정치 시스템은 변화에 적응하지 못한 채 뒤떨어진 과거의 모습을 재현하며 개혁을 가로막고 있다. 우리 시대의 글로벌 이슈를 해결하려면 어떤 시스템을 갖출지, 어떻게 행동하고 생각할지, 서로 어떤 관계를 맺을지 모두 더욱 심도 있게 논의해야 한다. 물론 정답은 없겠지만 적어도 현재 상태가 최선은 아니라고 본다. 정치인들이 외치는 승리가 그 어느 때보다도 허황되고 무의미하게 들린다. 우리는 그들에게 더 나은 세상을 요구해야 한다.

지금까지 살펴본 2부에서는 교육, 스포츠, 비즈니스, 정치 세계 속 지배적인 승리 서사가 어떻게 우리 삶과 사회를 왜곡하는지 알아보았다. 그리고 대안에 대한 단초를 엿보기도 했다.

3부에서는 대안을 더 발전시키는 데 집중하려 한다. 개인과 조직이 성공을 정의하는 방식을 어떻게 바꿀 수 있는지, 그리고 오래 지속되는 승리, '롱 윈'을 실현하려면 어떻게 행동해야 하는지 알아보자.

3부

지속되는 승리는
어떻게 얻는가

"지금의 패자는
홋날 승자가 될지니.
시대가 변하고 있으니."

—밥 딜런,《밥 딜런: 시가 된 노래들 1961−2012》

9장

트로피보다 훨씬
오래 남는 것들

롱 윈 사고법과 3C

이번에는 달라야 했다.

1996년 애틀랜타에서 처음으로 올림픽에 출전하면서 나는 크게 성장했다. 지원만 받으면 성적도 좋아질 거라고 믿었다. 하지만 장비가 좋아지고 전문 코치가 생겨도 감독은 여전히 승자와 패자를 입에 올리며 구시대적으로 사고했다. 그는 선수들을 챔피언으로 길러 낼 수만 있다면 무엇이든 할 사람이었다. 그 밑에서 보낸 4년은 정말로 고통스러웠다.

2000년 시드니 올림픽에 참가했을 때, 분명 체력은 더 좋아졌지만 내 성적은 9위에 그치고 말았다. '열심히 훈련했는데 어떻게 성적이 나빠질 수 있지? 이게 내 실력인가?' 논리적으로 생각하려

했지만 결국 '나는 패배자'라는 결론을 내렸다. 그리고 패배라는 결과를 '나'라는 사람의 가치와 동일시하기 시작했다. 고된 훈련을 4년이나 버텨 놓고 중요한 순간에 처참히 패배하다니! 남들보다 노를 빨리 젓지 못했다는 이유 하나로 내가 사회에 존재할 가치가 없다는 생각까지 들었다. 이듬해 다시 훈련에 돌입했지만 자신감은 바닥이었고 정신은 몹시 불안정했다. 결국 1년 뒤 은퇴를 결심했다.

그즈음 외무부에서 일할 기회가 찾아왔다. 배와 노를 만나기 전부터 품어 온 오랜 꿈이었다. 진로를 바꾸자 머릿속에 신선한 바람이 불어오는 듯했다. 입는 옷, 먹는 음식, 생각하는 방식과 만나는 사람들까지 삶의 많은 부분이 바뀌었다. 나는 새로운 환경에서 빠르게 배워 나가며 공로를 인정받았다. 의욕과 열정이 되살아나는 것을 느꼈다. 정치 현장에서 생사가 걸린 중대한 상황들을 목격하고 나니 승리에 집착했던 마음도 잠잠해졌다. 새 동료들은 나보다 경험이 풍부했는데도 처음부터 내 의견과 주장을 존중해 주었다. 덕분에 주눅 들지 않고 큰 힘을 얻었다.

첫 출근부터 운동을 시작했다. 몇 달이 지나자 퇴근 후 헬스장 가는 시간이 기다려졌다. 강도 높은 운동 루틴을 짰고 러닝 기록은 점점 단축되었다. 비록 은퇴한 올림픽 선수였지만 나는 그 어느 때보다 건강했고 운동에 대한 의지도 강했다.

몇몇 조정 선수와는 계속 연락을 주고받았다. 특히 캐서린 그레인저와는 사이가 돈독했다. 시드니 올림픽이 끝나고 캐서린과 팀이 되어 훈련했을 땐 놀라울 정도로 손발이 척척 맞았다. 둘 다 조정을 사랑했기에, 여자 조정 선수들도 국제 대회에서 꾸준히 최고의 성적을 낼 수 있다는 걸 보여 주고 싶었다. 하지만 우리는 세계 선수권 대회에서 5위에 그쳐 메달을 따지 못했다. 둘 다 휴식기가 너무 길었기 때문에 어쩔 수 없었다. 이후 캐서린은 시드니 올림픽에서 딴 메달을 기념하며 휴식과 여행, 파티를 즐겼다. 반면 나는 시드니 올림픽에서의 끔찍한 결과와 고된 4년을 잊으려했다.

캐서린은 내가 은퇴를 선언했을 때 충격을 받고 무척 속상해했다. 다음 올림픽에 함께 나가기를 굳게 믿고 있었기 때문이다. 그녀는 당시 내가 얼마나 절망적이었는지 모르는 듯했다. 나는 이팀에서 계속 훈련을 받는 한 정신적으로 회복할 수 없다는 뼈아픈사실을 깨달았다. 그래서 팀을 떠났고, 새로운 삶이 시작되었다. 그러다 문득 이런 생각이 꿈틀댔다.

'다시 도전한다면 어떨까?'

나는 아테네 올림픽에서 노를 젓는 상상을 했다. 이런 상상은 내가 조정으로 받은 상처를 극복하는 자연스러운 과정이라고 믿었다. 하지만 몇 달이 지나도 상상은 사그라들지 않았다. 오히려출발선에 서려면 무엇을 준비해야 하는지 점점 더 구체적으로 그려졌다.

수개월 동안 고민을 거듭했다. 만약 돌아간다면 그 이유가 분명해야 했고, 이전과 달라지기 위한 해결책도 필요했다. 똑같은 괴

로움을 반복하고 싶지는 않았다. 나는 내가 대안을 찾을 수 있을
지 궁금해졌다.

올림픽 삼수생이 되다

오로지 메달 때문에 복귀해서는 안 되었다. 물론 메달을 따고
싶은 마음은 컸지만, 겨우 그 이유로 하루 여섯 시간씩 1년 49주
를 훈련할 자신이 없었다. 아무리 확률을 계산해도 지금도 열심
히 훈련 중인 세계 최고의 선수들과 경쟁해 메달을 따는 건 어림
없어 보였다. 내 올림픽 전적은 7위와 9위에 불과했으니까. 더 좋
은 성적을 낸다고 해도(이것마저 쉽지 않다) 언제든 부상과 질병의
위험이 있고, 경기 중 실수할 확률도 있다. 훈련 태도가 좋은 것과
별개로 누구에게나 일어날 수 있는 일이었다. 그리고 다시 한번
생각했다. 성공을 단순히 순위, 메달, 시상대로 정의해서는 안 된
다. 나는 이 문제를 해결하기 전까지 복귀할 수 없었다.

과거에 올림픽을 준비하면서 "너는 아직 부족해."라는 말을 숱
하게 들었다. 매일같이 그런 말을 듣고도 끝까지 남은 사람은 몇
없었다. 나는 누구보다 강인했다. 하지만 그렇다고 해서 메달을
따는 건 아니었으며 더 뛰어난 선수, 더 훌륭한 사람, 더 나은 친
구, 더 믿음직한 팀 동료가 되는 것도 아니었다.

이쯤 되자 나는 상황을 바라보고 반응하는 방식, 머릿속에서 대

화를 나누는 방식을 모두 바꿔야 한다는 걸 깨달았다. 쉬운 일은 아니었지만 경기장 바깥 세상에서의 경험이 큰 도움을 주었다. 그리고 나의 내면을 더 깊이 들여다본 결과, 나는 자존감을 회복해야 했다. 시드니에서 겪은 실패가 선수로서의 나는 물론, 한 인간으로서의 나까지 규정한다는 자기 파괴적인 믿음에서 벗어날 시간이 된 것이다.

세 번째 올림픽을 준비하기 위해 복귀했을 때, 나는 이전과 달라져 있었다. 올림픽을 마치면 다시 외교관으로서 커리어를 이어 갈 수 있다는 믿음이 있었기 때문이다. 나는 이 시절을 즐기기로 했다. 결과에 대한 불안과 초조함에 잡아먹히고 싶지 않았다. 강위에 있으면 날씨가 어떻든 편안함을 느꼈다. 지난 4년 동안은 오로지 결과만 생각하느라 끊임없이 실패하는 기분에 갇혀 이런 기쁨을 완전히 잊고 지냈다. 훈련이 아무리 혹독해도, 내 속도가 느려도, 심지어 지쳐 쓰러질 것 같은 순간에도 나는 배를 타고 나아가는 게 좋았다. 선체 아래로는 물이 흐르는 것이 느껴지고 옆에는 동료들이 있다. 우리를 둘러싼 계절의 변화는 아름다웠다. 이 감각을 깨우는 일이야말로 나에게 무척 중요한 '성공 기준'이었는데, 어째서 그동안 간과해 왔던 걸까?

선수 시절에 '조정 이후의 삶'을 떠올리는 건 금기시된다. 한때는 내가 팀에 헌신하지 않거나 조정에 온전히 집중하지 못했다고 오해했다. 하지만 이제는 내가 최선을 다했다는 사실을 잘 안다. 올림픽 이후 찾아오는 공허함에 좌절하기보다 새로운 꿈을 그리며 흥미로운 미래를 상상했더니 가슴이 뛰었다. 그 덕분에 아테네에서 다시 도전할 수 있는 마지막 기회를 잡았다고 생각한다.

그러다 첫 해외 근무를 발령받았다. 아테네 올림픽이 끝나고 몇 주 뒤인 2004년 10월, 보스니아에서 외교관으로 근무하게 될 터였다. 올림픽에서 어떤 성적을 거둘지와 상관없이 이미 내 앞에는 새로운 길이 기다리고 있었다. 훈련을 하지 않을 때면 첫 근무지인 사라예보로 떠날 준비를 하느라 세르보크로아트어를 공부했다. 사람들 눈에는 미친 짓으로 보였겠지만 나는 즐거웠다. 이런 일상 덕분에 나는 내 정체성을 단순히 운동선수에 가두지 않을 수 있었다. 경기 성적이 기대에 못 미쳐도, 순위에서 밀려난다고 느껴지는 날에도, 나의 정체성을 넓게 바라보면서 내일을 준비할 동력을 얻었다.

내가 복귀를 결심한 건 계산기를 두드려 냉정하게 따져 본 결과가 아니다. 여기에는 자기 탐구와 배움에 대한 열정, 그리고 약간의 모험심이 섞여 있다. 특별히 운동을 좋아한 것도 아니고 두 번의 올림픽에서 7위와 9위를 기록했지만 그럼에도 더 나아질 수 있다고 믿었다. 어떤 결과를 낼지 전혀 알 수 없었고 심지어 완전히 실패할 가능성도 있었다. 그러나 새로운 경험을 해 보고 싶다는 호기심이 더 강했다. 두려움과 망설임이 전부 가시진 않았지만 결국 복귀를 택했다.

나는 겨울 테스트 내내 좋은 성과를 냈다. 이전에 해 보지 못했던 다양한 수행 능력 테스트도 즐겁게 임했다. 올림픽 대표 팀을 선발하는 마지막 테스트에 들어갈 때만 해도 모든 게 순조로웠다. 하지만 가장 약한 종목인 싱글 스컬에서 돌풍을 만났다. 여기에 어깨 통증까지 겹치는 바람에 순위가 밀리고 말았다. 결국 그해 세계 선수권 대회 대표 팀 명단에도 오르지 못했다. 사실상 모든 게 끝난 셈이었다.

정말 괴로웠다. 무엇보다 실력을 제대로 보여 주지 못했다는 점이 뼈아팠다. 좌절과 고통이 컸지만 그래도 시드니 올림픽 이후 느꼈던 감정과는 사뭇 달랐다. 실망스럽고 속상해도 스스로의 가치를 폄하하며 공허 속으로 추락하지 않았다. 내가 할 수 있는 모든 걸 했고, 정신과 육체의 한계를 끌어올렸다. 은퇴 후 복귀하고 다시 도전하는 과정에서 깨달은 것도 아주 많았다. 게다가 며칠 지나면 마음을 추스르고 다시 일어설 수 있다는 믿음이 있었다. 외무부 인사과에 전화해 다시 출근하기로 하면 그만이었다. 그 정도면 그냥 괜찮은 정도가 아니라 아주 반가운 소식일 것이다.

며칠 뒤, 계획을 막 실행에 옮기려던 순간 수석 코치에게 전화가 걸려 왔다. 부상자가 생겨 인원이 모자라니 추가 시트 레이싱에 참가해 달라는 부탁이었다. 갑작스럽게 나는 다시 경쟁에 뛰어들었다. 그리고 어떻게 된 일인지 다시 순위에 들었다. 상위 네명은 쿼드러플 스컬, 그다음 두 명은 더블 스컬, 그리고 일곱 번째와 여덟 번째인 캐서린과 내가 한 조가 되어 페어에 배정되었다.

우승과 깨달음

2001년 세계 선수권 대회에서 메달을 따지 못한 후로, 코치들
은 나와 캐서린을 다시 한 조로 묶고 싶어 하지 않았다. 하지만 우
리는 둘이서 끝까지 함께하고 싶었고 해낼 수 있다고 믿었다. 어
떻게든 두 번째 기회를 거머쥐어야 했다. 우리는 시즌 첫 국제 대
회에 출전해 메달을 따지 못하면 영영 둘의 페어를 해체한다는
딜을 했고, 놀랍게도 은메달을 목에 걸고 돌아왔다. 마지막이 될
수도 있는 상황이었지만 우리는 자유와 스릴을 만끽하며 경기에
임했다. 그리고 다음 국제 대회에서 금메달을, 세 번째 대회에서
동메달을 따냈다. 결국 2003년 8월 밀라노에서 열린 세계 선수권
대회에 출전할 자격을 얻기에 이른다.

우리는 자신감이 넘치는 상태로 밀라노에 도착했다. 그런데 예
기치 못한 사건들이 일어났다. 도착한 지 얼마 지나지 않아 보트
에 문제가 생겼고 날씨도 영 좋지 않았다. 부상 또한 계속 발목을
잡았다. 다행히 준결승에서 다시 페이스를 찾았는데, 캐서린이 허
리를 심하게 다치고 말았다. 경기 후 배에서 내리지 못할 정도였
다. 이틀 뒤 결승전에 출전할 수 있을지조차 불투명했다. 48시간
동안 코치와 의료진은 방법을 찾기 위해 머리를 맞댔다. 캐서린
은 바닥에 누워 얼음찜질을 받으며 스트레칭을 했다. 나는 그녀
의 스트레칭을 도와주거나 책을 읽으며 곁을 지켰다.

결승전 전날 밤, 마침내 의료진이 우리에게 출전 허가를 내렸

다. 기쁨과 안도감이 밀려왔다. 보통 중요한 경기를 앞둔 밤에는 극도로 긴장해 도망치고 싶은 마음이 들기 마련이다. 선수들 사이에서는 '머리에 총구를 겨눈 기분'이라고도 표현한다. 하지만 이번엔 달랐다. 경기에 나설 수 있다는 사실에 감사하고 행복할 뿐이었다. 또한 아무도 메달이나 승리에 대해 이야기하지 않았다. 그저 우리가 사랑하는 일을 할 수 있는 기회가 주어진 것이다. 이틀 동안 바닥에 누워 상상한 대로 최선을 다해 노를 젓고 싶었다.

캐서린과 나는 드디어 결승에 나간다는 사실에 들떴다. 그것도 우리가 염원했던 페어 경기였다. 몸도 잘 풀렸고 보트도 편안했다. 이틀 동안 함께 불안 속에서 스트레칭을 한 모습을 떠올리니, 보트에 앉아 있는 것만으로도 행복했다. 연습 스타트 중 내가 방향을 잘못 잡아 다른 팀과 부딪힐 뻔했을 때도 우리는 웃음을 터뜨렸다. 이윽고 우리는 침착한 마음으로 출발선에 섰다.

경기가 시작되었다. 우리는 내내 중위권이었다. 중간쯤부터 선두와 차이가 조금 벌어졌다. 그래도 우리는 언제든 따라잡을 수 있는 거리를 유지했다. 이 정도로 온전히 몰입한 경기는 처음이었다. 그저 노를 저을 뿐, 결과와 순위는 전혀 생각하지 않았다. 곧 결승선 스퍼트 구간에 들어섰을 때, 몸에는 이미 젖산이 가득했고 폐는 근육에 산소를 공급하느라 헐떡거렸다. 그런데도 보트는 마치 하늘을 나는 것처럼 가볍게 나아갔다.

나는 결승선을 통과하고도 한동안 결과를 알아차리지 못했다. 숨을 고르는 내 옆에서 캐서린이 소리쳤다. 옆에 있는 중계 화면을 보라는 것이었다. 돌아보니 화면 한가운데에 우리가 보였다. 우리가 우승자였다. 전 세계가 지켜보는 그 가장 중요한 순간에 누구보다 빨랐던 것이다. 믿기지 않았다. 최종 선발전에서 탈락했던 내가 4개월 만에 세계 챔피언이 되다니. 더군다나 영국 여자 팀 최초로 무타 페어 종목 세계 챔피언에 오르는 순간이었다.

단상에 올라 국가를 들으며 우승을 만끽하는 순간은 믿을 수 없을 만큼 달콤했다. 사람들은 나를 이전과 다르게 보기 시작했지만, 정작 내가 정말로 좋았던 부분은 따로 있었다. 나는 드디어 성공을 더 잘 정의하는 방법과 성공에 이르는 방법을 깨달은 듯했다. 이때 배운 것들이 '롱 윈' 사고법의 주춧돌이 되었다.

롱 윈 사고 : 명확성, 꾸준한 배움, 연결

롱 윈 사고는 심리학, 철학, 인류학, 조직 심리학 등 여러 분야의 아이디어를 차용한 접근법이다. 올림픽 현장, 국제 외교의 경험, 리더십 팀과 이사회 내부의 경험을 바탕으로 만들어졌다. 여러 일을 경험하면서 나는 최고의 성과를 내는 데 도움이 되는 것, 방해가 되는 것이 무엇인지 알게 되었다. 또 세상에 긍정적인 영향을 미치며 더 만족스럽게 살려면 어떻게 해야 하는지 끊임없이 탐구할 수 있었다. 롱 윈 사고는 우리의 생각, 행동, 관계, 영향력을 더 깊이 이해할 수 있는 방법을 제시한다. 롱 윈 사고를 구성하는 핵심 요소는 세 가지, 이른바 3C다.

◆ 첫 번째, 명확성clarity

우리에게 중요한 것은 무엇인가. 원하는 성공의 모습과 기준을 분명히 세우고 그 과정에서 어떤 경험을 하고 싶은지 정의해 본다. 이때, 쉽게 바뀌는 숫자와 눈앞의 결과로부터 벗어나는 것이 좋다. 우리 삶에 존재하는 '이유'를 폭넓게 이해해야 한다. 즉, 나는 주변 세계에 어떤 영향을 미치고 싶은지 목적의식과 방향성을 설정하는 것이 핵심이다.

◆ 두 번째, 꾸준한 배움constant learning

어떤 일을 하든 배움을 멈춰서는 안 된다. 배움의 자세를 유지하고 당장의 결과가 어떻든 당신의 성장을 성공으로 정의할 때 비로소 최선의 결과를 낼 수 있다. 이렇게 하면 직장이나 가정에서 '무엇'을 하는지는 크게 중요치 않다. '어떻게' 하는지에 집중하며 삶에 균형이 잡힌다. 더 이상 할 일 목록, 마감일, 성과에 휘둘리지 않아도 된다. 실패를 겪어도 배움을 멈추지 않으면 계속 성장하고 발전하는 사람이 된다.

◆ 세 번째, 연결connection

'연결'이란 주변 사람과의 관계를 다른 무엇보다 우선시하며 능동적으로 관계 맺는 것을 뜻한다. 당신의 삶을 '누구와 함께할지'

에 초점을 맞춰야 한다. 알고 지낸 사람뿐 아니라 앞으로 관계 맺을 사람까지 전부 고려한다. 그리고 어떻게 하면 다른 사람과 비교하지 않고 적극적으로 관계를 맺을 수 있을지 답을 찾는다면, 숨 막히는 제로섬 게임 같은 삶에서 벗어날 수 있다.

이 세 가지는 금방 달성하고 해치울 수 있는 목표가 아니다. 세상을 바라보는 방식, 세상 속의 나를 바라보는 방식, 그리고 타인과 연결되는 방식을 바꾸기 위해서는 끊임없이 고민해야 한다. 3C 접근법으로 사고방식이 달라지면 행동이 변하고, 결국 의미 있는 관계들이 쌓여 혼자서는 할 수 없던 일을 다른 사람과 힘을 합쳐 해내는 법을 깨닫게 된다.

데이비드 브룩스가 《소셜 애니멀》에서 설명했듯이 성공은 삶의 표면에서 벌어지는 일과 그리 관련이 없다. 그보다는 '무의식의 영역'에서 벌어지는 일과 더 관련이 깊다. 우리는 감정, 직관, 편견, 갈망, 유전적 성향, 성격, 사회 규범과 같은 무의식적 영역의 요소를 더 발전시킬 수도, 거부할 수도 있다.[104] 롱 윈 사고는 성공을 정의하고 추구하는 데 영향을 미치는 모든 요소에 집중한다. 성공을 잘못 정의하면 개인과 조직의 성과가 떨어지는 것은 물론이고 좋지 않은 경험으로 남게 된다. 일시적인 성과로 성공을 정의하는 모든 것이 그렇다. 상사, 동료, 코치, 부모가 나의 성공을 정의하고 강요할 수는 없다.

시간이 지날수록 우리가 이루고 추구하는 것이 그저 찰나의 순간이나 트로피 같은 것이 아니라는 걸 깨닫게 될 것이다. 진정한 목표는 의미 있는 경험에 있다. 오랫동안 우리 삶에 긍정적으로 자리할, 서로를 연결해 줄 잊지 못할 이야기일 테다. 이것은 트로피보다 훨씬 오랫동안 남는 것들이다.

정의하고, 배우고, 연결하라

지금껏 내가 일했던 모든 조직에서 3C는 하나같이 중요한 역할을 해 왔다. 리더들은 진정으로 무엇을 성취하고 싶어 하는가? 또 어떤 근본적인 문제가 그들을 가로막는가? 이것의 답은 토론과 대화, 회의와 워크숍을 통해 파악할 수 있었다. 이러한 과정은 기존의 방식에 얽매여 지나치게 단기적인 목표에 집착하는 함정에서 벗어나 더 멀리 보는 눈을 키워 주었다. 물론 모든 조직의 환영을 받을 순 없었다. 그렇지만 이 세 가지를 이용해 얼마든지 영향력을 발휘하여 변화하고 훈련하고 성장할 수 있었다.

3C를 활용하려면 적극적으로 결정하고 의식적으로 행동해야 한다. 이유를 찾고 타인과 더 깊이 교류하며 배우려는 자세를 갖추면, 어떤 일이든 즐거워질 뿐 아니라 더 노련해지고 의미도 각별해진다. 세 가지 요소를 함께 활용하면 자기 자신과 주변 사람을 더 잘 연결할 수 있다. 궁극적으로 어떻게 해서든 이기겠다는 비좁은 사고방식에서 벗어나게 될 것이다.

다음 장에서는 명확성, 꾸준한 배움, 연결을 차례대로 살펴볼 것이다. 이로써 1등에 집착하는 마음에서 벗어나 롱 윈 사고를 실천하는 방법을 탐구한다. 이 책이 만병통치약은 아니겠으나, 당신이 자기만의 성공을 재정의할 수 있도록 물꼬를 터 줄 수는 있다. 당신의 잠재력을 탐구하는 데 필요한 질문들을 담았다. 마지막 13장에서 3C를 삶에 적용한 실제 사례들을 소개하겠다.

10장

성공을 다시 정의하라

명확성

성공을 어떻게 정의할 것인가?

친구들은 시드니에서의 끔찍한 경험을 되풀이하지 않기를 바라는 마음으로, 아테네 올림픽에 도전하겠다는 나의 결정을 만류했다. "조정을 다시 하지는 마. 이미 끝났잖아. 새로운 삶을 살아야지." 하지만 나는 한 걸음 더 나아가야 했다. 목표는 당연히 메달이었지만 나는 메달만큼 가치 있는 무언가를 발견하고 싶었다.

당신 인생에서 중요한 것을 찾아가는 여정에는 종착점이 존재하지 않는다. 누군가 시켜서 하는 일도 아니고, 일상과 동떨어진 허무맹랑한 일도 아니다. 나와 내 소중한 사람들에게 무엇이 중요한지 끊임없이 탐구하는 과정은 그 자체로 의미 있다. 여기서 핵심은 '목적'과 '관점'이다. 목적과 관점은 '왜'를 더 깊이 이해할 수 있도록 도와준다. 이 두 가지는 떼려야 뗄 수 없는 관계가 분명하다.

삶을 지탱하는 '목적'의 힘

질문은 사고를 발전시키는 데 큰 도움이 된다. 하루 종일 자율 주행 모드로 일과를 따라가기보다는 질문을 던져서 진정으로 중요한 것이 무엇인지 알아내야 한다. 지금부터는 단순히 '오늘의 할 일 목록'만 해치우지 말고 가족, 팀, 공동체, 사회에 어떤 변화를 일으키고 싶은지 자문해 보자. 나를 움직이는 것, 내가 신경 쓰고 있는 것, 내게 에너지를 주는 것은 무엇인가? 나의 강점은 무엇이고 그걸 어떻게 활용할 수 있을까? 삶의 궁극적인 목표와 내가 궁극적으로 이 세상에 남기고 싶은 것도 생각해 보자. 오늘 무엇을 해야 그 목표에 한 발짝 더 가까워질 수 있을까? 지금의 선택과 행동은 훗날 어떤 의미로 다가올까? 이런 질문이 나와 주변 세계를 더욱 긴밀하게 연결하는 법이다.

'왜'라는 질문은 우리 마음속에서 출발한다. 세상에 어떤 기여를 할 수 있을지 고민하기에 앞서 스스로에 대한 명확한 이해가 있어야 한다. 나를 알기 위한 질문은 단순해 보이나 답을 찾기는 쉽지 않다. 그러니 이런 질문들을 묵혀 두지 말고 당신 가까이에 두고 일상의 일부로 삼아야 한다.

이제 두 가지 질문에 대한 생각을 정리해 보자.

◆ 질문1. 나를 아침에 일어나게 만드는 것은 무엇인가?

커피, 알람, 시끌벅적한 아이들을 말하는 게 아니다. 이 질문의 요지는 아침에 눈을 떴을 때 당신의 기분과, 하루를 시작하기 전 떠오르는 생각을 묻는 것이다. 오늘 하루 동안 무엇을 해내고 싶은가?(물론 생산성에만 집착할 필요는 없다.) 매일 기대되는 일이 있는가? 하루를 의미 있게 만들어 줄 일이 무엇이라고 생각하는가? 이런 간단한 질문들에 답하다 보면 당신에게 중요한 것이 무엇인지 알 수 있고, 마침내 내면에 놀라운 변화가 일어날 것이다.

사람들에게 이런 질문을 얼마나 자주 하는지 물어보면 거의 하지 않는다는 답이 돌아온다. 나는 올림픽 선수 시절에 매일 아침 스스로에게 질문을 던졌다. 알람이 울리면 몸 구석구석에서 뇌에게 '일어나지 마!'라는 메시지를 보낸다. 다리, 허리, 어깨, 엉덩이, 팔까지 온몸이 말썽인 상태에서 이러한 몸의 신호를 무시하고 일어나려면 확실한 동기가 필요했다. 매일 정신과 육체의 한계를 뛰어넘어 성장하기 위해서 최고의 정신 상태를 유지하는 것이다. 이 아침 루틴은 내 삶의 일부가 되었고 은퇴 후에도 계속되었다. 물론 질문에 제대로 답하지 못한 순간도 있었다. 하지만 그럴 때마다 왜 그런지 이해할 수 있었다. 내게 변화가 필요하다는 신호였다.

이처럼 질문은 우리가 누구인지 파고들고 결국 우리가 무엇을 해야 하는지 알려 준다. 단순히 알람 시계, 기차 시간표, 전자 달력, 할 일 목록 같은 것들을 떠올리는 것과는 뇌를 활성화하는 방식이 전혀 다르다. 올림픽 훈련에 임하거나 세계 평화를 이루자고 이런 질문을 던지는 게 아니다. 그저 오늘 하루 동안 내가 원하는 것, 또 세상에 기여하고 싶은 것을 알기 위해서다. 스포츠계의 리더로서 많은 이들에게 영감을 주는 수 캠벨Sue Campbell은 한 리더 모임에서 이렇게 말했다. "누가 성과 지표를 위해 침대에서 일어나겠어요!" 런던 비즈니스 스쿨의 댄 케이블Dan Cable 교수의 연구 결과도 이와 일맥상통한다. "사람들은 성과 지표, 보상, 처벌에 크게 움직이지 않는다. 이런 것들은 작은 변화를 일으킬 뿐이다. 고귀한 목적, 유대감, 새로운 시도, 솔선수범한 리더십만이 사람을 크게 움직인다."[105]

행동 심리학자들은 자신에게 무엇이 중요하고 그것이 어떻게 더 큰 목적과 연결되는지 명확히 아는 것이 중요한 동기 부여 요인이자, 창의성과 회복 탄력성의 원천임을 증명했다. 무엇이 자신에게 활력을 주고 자신을 움직이게 만드는지 이해하지 못한다면, 당신은 그런 삶을 살기 훨씬 어려울 수밖에 없다. 애초에 나 자신도 잘 모르는데 어떻게 팀과 조직에 헌신할 수 있을까.

이 질문에 대한 당신의 답을 찾았다면, 이제 동료, 팀원, 가족은 어떻게 답할지 생각해 보자. 나는 내 동료가 어떤 사람인지 잘 모르는 상태에서 함께 일하고 싶지 않다. 그들의 이력서에 적힌 능력이나 자격은 별로 중요하지 않다. 이력서는 그 사람이 얼마나 질 좋은 교육을 누려 왔는지 보여 줄 뿐이다. 누군가와 팀을 이뤄 긴밀하게 협력해야 한다면, 나는 그 사람이 무엇을 좋아하고 무엇에 진심을 다하는지 알고 싶다. 그래야 효과적으로 협력할 방법을 찾아낼 수 있기 때문이다. 서로의 차이를 이해하고 이를 장점으로 활용할 수 있다면 팀의 강점을 부각할 수 있다. 덧붙여 팀의 에너지와 끈끈한 동료애를 불러일으켜 성과와 몰입도를 높일 수 있다. 이는 단순히 '성장, 효율, 조화'에 초점을 맞추는 데 그치지 않고 팀워크의 개념을 확장할 것이다.[106]

지금까지 '나'라는 사람의 본질을 탐구하는 질문을 던져 보았다. 이제는 나를 둘러싼 환경을 살펴볼 차례다.

◆ 질문2. 어떤 변화를 만들고 싶은가?

이 질문이 나와 주변 세계를 연결해 줄 것이다. 당신은 이 세상에 어떤 영향을 미치고 싶은가? 당신과 함께 일하는 사람이 어떤 경험을 하기를 바라는가? 세상에 어떤 변화가 일어나기를 바라며, 그 변화를 위해 당신은 무엇을 할 수 있는가? 이 영역에서 명확성을 쌓아 가면 단기적인 목표를 넘어 더 깊은 의미를 추구할 수 있게 된다. 그리고 이 깊은 의미가 삶의 궁극적인 동기로 자리매김할 것이다.

어느 직급에서 일하든, 그러니까 최고 경영자든 사무 보조든, 조직에 기여하는 바는 연봉에 비례하지 않는다. 미국의 존 F. 케네디 대통령이 미국 항공 우주국NASA을 방문하여 한 직원에게 어떤 일을 하는지 묻자, 그는 자신 있게 답했다. "인간을 달에 보내는 일을 하고 있습니다." 대통령이 구체적으로 어떤 일을 하느냐고 다시 묻자, 직원은 '청소부'라고 답했다. 그 직원은 우주 왕복선에 이물질이 들어가지 않으려면 바닥을 깨끗하게 유지해야 한다는 사실을 잘 알고 있었다. 작은 모래알 하나만 남아도 대기권을 고속으로 통과할 때 압력을 견디지 못하고 치명적인 결과를 초래할 수 있었다.

많은 사람이 이 일화를 보며 청소부가 자신의 역할이 커다란 임무에 미치는 영향을 정확히 알고 있었다는 사실에 주목한다. 하지만 그것보다 더 대단한 건, 그가 자신의 일이 전체 임무 수행에 중요하고 의미가 있다는 사실을 굳게 믿고 자부심을 가진 점이다. 과연 얼마나 많은 직장인이 이 청소부처럼 답할 수 있을까?

◆ 혁신 기업에는 애정 어린 목적이 있다

개인의 목적을 더 큰 목적과 연결하면 엄청난 힘을 발휘할 수 있다. 알렉스 힐Alex Hill, 리즈 멜론Liz Mellon, 줄스 고다드Jules God-dard는 〈승리하는 조직은 어떻게 100년을 지속하는가How winning organizations last 100 years〉라는 글에서 100년 동안 번성한 조직을 살펴보았다. 이들의 연구에 따르면 "거의 모든 기업이 고객을 응대하고, 자원을 확보하며, 효율적이고 성장하는 기업이 되는 데 집중하지만 100년 기업은 그러지 않았다. 그 대신 사회를 변화시키고, 전문가를 양성하며, 규모를 키우기보다는 더 나은 조직이 되는 것에 집중했다."[107]

기업들의 소유권과 지배 구조를 어떻게 할지도 장기적 목표를 중심에 두는 환경을 조성하는 데 매우 중요하다. 짐 콜린스는 목적을 '추가적인 차원'이라고 표현하면서, 이 차원이 기업을 좋은 기업에서 위대한 기업으로 만들어 준다고 말한다.[108]

애플의 공동 창업자 스티브 잡스 역시 목적의 힘을 굳게 믿었다. 그는 훌륭한 제품을 만들겠다는 목적을 위해 단기적인 압박에도 굴하지 않았다. 그의 목표는 경쟁에서 이기거나 돈을 버는 것이 아니었다. 동료들과 함께 믿을 수 있는 제품을 만들어 고객의 삶을 변화시키는 것이었다. 롱 윈을 추구하는 기업은 비즈니스 업계에서 흔히 쓰지 않는 단어를 사용하기도 한다. 실제로 1977년에 이미 스티브 잡스와 스티브 워즈니악은 "사람들에게 힘을 주는 제품을 만드는 데 헌신한다."라고 공언한 바 있다. 애플은 보도 자료를 마무리하면서도 '더 나은 세상'을 언급한다. "10만 명이 넘는 직원들이 이 세상에서 가장 훌륭한 제품을 만들어 우리가 살고 있는 세상을 더 나은 세상으로 만들기 위해 헌신하고 있다."[109]

유니레버Unilever의 '지속 가능한 삶을 위한 계획(2010~2020, 현재는 지속 가능한 성장을 위한 유니레버 컴퍼스Unilever Compass)'은 기업의 성장이 환경에 미치는 부정적 영향은 줄이고, 유엔의 지속 가능 발전 목표Sustainable Development Goals, SDGs에 맞춰 사회적으로 긍정적인 영향을 늘리는 것을 목표로 한다.

구글은 "전 세계의 정보를 체계화하여 모두가 편리하게 이용할 수 있도록 하는 것"을 사명으로 삼고 있다.[110] 이들의 목표는 단순히 더 커지는 것이 아니라 더 나아지는 것이다. 목표는 야심차지만 책임감 또한 강하며, 명확성, 꾸준한 배움, 연결이라는 3C를 자체적으로 내재화하고 있다.

빅터 프랭클의 고전《죽음의 수용소에서》, 사이먼 시넥의 비즈니스 베스트셀러《나는 왜 이 일을 하는가》, 그리고 목적의 힘을 다룬 수많은 연구까지, 우리가 하는 일의 이유를 알고 삶의 의미를 찾는 것이 중요하다는 주장은 차고 넘친다. 게다가 승리 중심의 편협한 패러다임에서 우리는 전쟁 메타포와 그에 수반되는 통제와 지배욕을 쉽게 찾아볼 수 있는데, 목적은 이런 기존의 패러다임을 대체할 언어를 제공한다.

2016년, 하버드 비즈니스 리뷰는 언스트앤영과 함께 기업의 목적을 주제로 설문을 진행하고 결과를 발표했다. 이 보고서에서 목적의 정의는 "기업과 그 파트너 및 이해관계자에게 영감을 주고 행동을 촉구하는 존재 이유이자, 지역 사회와 글로벌 사회에 이익을 제공하는 것"이다. 보고서는 이런 설명도 더한다.

> 목적 지향적인 기업은 돈을 더 많이 벌고 직원 몰입도와 고객 충성도도 높다. 혁신과 변화에도 더 능하다. 게임을 좋아할수록 게임에서 승리하기 쉬운 것과 마찬가지다.[111]

여기서 주목할 점은 '애정'이 기업의 성공과 연결된다는 것이다. 이는 기업의 성공을 이야기할 때 주로 사용되는 지배, 경쟁, 싸움의 언어와는 거리가 멀다.

◆ **기업의 목적과 사회적 가치**

하버드 교수 리베카 헨더슨은 보고서에서 이렇게 이야기한다.

> 자신보다 더 위대한 무언가의 일부분이 되었다는 감각은 높은 수준의 몰입과 창의성을 불러일으키며, 사내에서 기능 중심 조직이든 제품 중심 조직이든 그 경계를 넘나들며 협력하려는 의지를 갖게 할 수도 있다. 이 감각은 아주 강력한 힘을 가지고 있다. … 일정 수준의 경제적 여유를 갖추게 되면, 많은 사람이 금전적 보상이나 지위 못지않게 내적 의미와 가치 있는 일에 기여하고 있다는 감각에 동기 부여를 받는다.

오랫동안 기업들은 고객의 요구를 충족하기 위해 서비스나 상품을 제공해 왔다. 기업의 시스템, 보상, 목표, 구조 역시 단기적으로 주주와 고객의 요구를 충족하는 데 초점을 맞췄다. 하지만 직원들이 장기적인 목적을 바탕으로 커리어와 일을 선택하면 이러한 시스템은 더 이상 작동하지 않는다.

이와 관련해서 연구는 물론이고 법과 정책도 많아지고 있다. ESG 데이터를 통합하는 기업은 더 나은 투자 결정을 내리고 경쟁사보다 더 좋은 성과를 낸다는 사실이 입증되었다. 2007년 미국에서 시작된 비콥B-Corp 운동은 현재 60개국 이상으로 퍼져 사회적으로나 환경적으로 기여한 정도에 따라 인증을 부여한다. 기업의 목적이 성과를 저해할지도 모른다는 우려와 달리 오히려 주주 가치를 높이는 것으로 드러났다. 이제 기업의 목적이 모두에게 원원이 된 셈이다.[112]

2019년, 아마존Amazon과 JP모건 체이스JPMorgan Chase의 CEO를 비롯한 미국 비즈니스 라운드테이블Business Roundtable의 리더 180여 명은 수십 년간 고수해 온 '주주 우선' 신념을 버렸다. 이들은 기업이 이윤을 추구하는 동시에 환경을 보호하고 노동자의 복지 향상에 힘써야 한다고 주장했다. 이들이 발표한 성명서에는 '장기적인 가치'와 '타인에 대한 봉사'라는 표현이 등장한다. 같은 해 영국 관리자 협회Institute of Directors도 기업이 명확한 목적을 가질 것을 촉구하는 기업 거버넌스 선언문을 발표했다.

2017년에는 영국학사원British Academy에서 〈목적 지향 비즈니스의 원칙Principles for Purposeful Business〉이라는 보고서를 발표했다. 보고서에는 목적이 이윤보다 앞서야 하는 이유를 폭넓게 연구한 결과가 담겨 있다. 영국 정부는 2012년 공공 서비스(사회적 가치)법Public Services (Social Value) Act을 제정해 공공기관이 협력할 기업을 선정할 때 '사회적 가치'를 고려하도록 했다. 비즈니스 세계에서 '성공'이 더는 재무제표에만 달려 있지 않다는 걸 보여 주는 사례였다. 2013년에는 G8이 사회적 임팩트 투자 태스크포스Social Impact Investment Taskforce를 구성한 뒤 더 광범위한 운영 그룹을 만들기도 했다. 이제 '사회적 영향'과 '사회적 영향 투자 수익'이라는 말은 사회 각 분야로 퍼져 나가고 있다(물론 의미보다 지표 만들기에만 지나치게 집중할 때도 있긴 하다).

◆ 큰 그림이 있어야 팀이 단단해진다

목적에 기반한 경영을 해야 하는 이유는 어렵지 않게 찾을 수 있다. 그런데도 왜 사람들의 인식을 바꾸기가 어려운 걸까? 기업은 늘 '아는 것'과 '행동하는 것' 사이의 간극에서 헤매고 있다. 기업의 목적에 대한 논의는 전 세계적으로 빠르게 확산되고 있지만, 정작 이를 실천하기 위한 움직임은 놀라울 정도로 더디다. 미국의 경제학자 밀턴 프리드먼의 '기업의 목적은 돈을 버는 것'이라는 주장은 힘을 잃고 있지만, 그 대안이 무엇인지는 아직 명확하게 합의되지 않았다. 피상적이고 물질적인 목적에서 벗어나 더 깊은 가치를 추구하려면 인식과 행동, 관계 전반을 바꾸는 문화적 전환이 필요하다.

이제는 실제로 다른 방식으로 생각하고, 일하고, 서로 연결하는 데 목적을 활용할 때다. CEO이자 작가인 로버트 필립스Robert Phillips에 따르면 리더들은 목적 지향적인 기업이 사회적으로나 상업적으로 가치가 있음을 인지하고 있다. 하지만 조직의 문화와 운영 여건 때문에 실천으로 이어지기는 어렵다고 한다. 필립스는 목적의식이 있는 기업이야말로 조직의 모든 이해관계자와 지속적인 관계를 구축할 수 있다고 설명한다.[113] 또한 '지표'로 목적을 평가하는 함정에 빠지지 말라고 경고한다. 앞서 언급했듯이 지표는 쉽게 조작하거나 왜곡할 수 있기 때문이다.

나는 기업 컨설턴트로 일하며 1년 혹은 6개월에 한 번씩 연례 콘퍼런스나 전략 워크숍에 참석하곤 한다. 이런 자리에서 기업들이 저마다의 목표나 미션을 논의할 때도 있다. 사람들은 근사한 장소에서 훌륭한 점심을 즐기며 의미 있는 토론을 나눈다는 생각에 대체로 만족감을 느낀다. 하지만 이런 방식으로 기업의 의미와 목적이 정해질 수는 없다. 이런 이벤트는 고작해야 첫 단추를 끼우는 데 그칠 뿐, 이후 아무것도 실천하지 않는다면 모임은 무의미하다. 우리의 일상에 '왜'라는 질문이 늘 함께 있어야만 목적 지향적인 기업에 가까워질 수 있다.

일전에 어떤 팀의 목표와 문화를 바로 세우는 일에 참여한 적이 있다. 나는 가장 먼저 그 팀이 존재하는 이유와 조직 전체의 목표에 어떤 식으로 기여하고 있는지 물었다. 그들은 주요 사업을 담당하는 핵심적인 팀인 만큼 자신들이 어떤 일을 하고 있는지는 잘 알고 있었다. 그러나 그 일을 '왜' 하는지는 설명하지 못했다. 심지어 어떤 식으로 회사의 목표 달성에 기여하고 있는지도 모르는 눈치였다. 인사 담당자는 회사가 아직 명확한 목표를 세우지 못한 상태고, 리더십 교체로 인해 그 작업이 지연되었다고 말했다. 그래서 일단 회사의 목표와 무관하게 일을 진행해야 했다는 것이다. 나는 당혹스러웠다. 어떻게 큰 그림 없이 팀의 문화를 정립할 수 있단 말인가? 이처럼 직원들을 방치하는 건 목표를 대하는 회사의 태도를 간접적으로 드러내는 것이나 다름없다. 구성원들은 회사의 목표를 추측해야 한다. 팀의 목표와 가치가 언제든 무시될 수 있는 상황이었다.

회의에 참석해도 내가 왜 거기 있는지 모르겠다거나, 진행 중인 프로젝트가 대체 회사에서 어떤 역할을 하는 건지 의아한 경우가 종종 있다. 이렇게 방향 없이 움직일 때마다 우리는 스스로를 한계에 가두고 결과를 망쳐 버린다.

◆ 팀 스포츠 세계의 목적들

팀 스포츠 세계를 보면 목적을 혁신적이고 모범적으로 탐구한 사례를 쉽게 찾아볼 수 있다. 세계적인 리그에 속한 팀들은 훈련 강도를 높이거나 훈련 시간을 늘린다고 해서 성적이 향상되지 않는다. 스포츠 팀이라면 구성원 전체를 단순히 모아 놓은 것보다 팀으로서 더 나은 모습을 보이고 싶어 한다. 그래서 스포츠 팀은 목적이 성과에 어떤 영향을 미치는지를 비롯해 모든 가능성을 탐구한다. 몇몇 팀은 다른 팀과 차별화된 멘탈리티와 문화를 구축하고 더 깊은 목적의식을 심기 위해 각고의 노력을 기울였다.

뉴질랜드 럭비 유니언 국가대표 팀인 올 블랙스All Blacks는 팀의 정체성을 국가의 역사, 전통, 문화와 긴밀하게 연결한 덕분에 엄청난 성공을 거둘 수 있었다. "올 블랙스의 경쟁력은 무엇인가?'라는 질문에 이렇게 답할 수 있다. 선수 개인의 의미를 더 숭고한 목적에 연결하여 팀의 문화와 중심 서사를 관리하는 능력이라고."[114] 올 블랙스는 다음 선수를 위해 "유니폼을 더 좋은 곳에 두고 떠나라."라는 슬로건을 가지고 있다. 이는 목적의식과 균형감, 겸손을 가져다주면서 꾸준히 훌륭한 성과를 내는 밑바탕이 되었다. 뿐만 아니라 "더 좋은 사람이 더 좋은 올 블랙스를 만든다."라는 모토를 내세우며 선수들이 경기장 밖에서도 세상에 기여할 수 있도록 성장에 투자를 아끼지 않는다. 올 블랙스는 선수 개인의 성장이 경기력 향상에 도움이 된다는 것을 제대로 이해하고 있었다.

'역사 제조기'라는 별명을 가진 영국 여자 올림픽 하키 팀은 2016 리우 올림픽에서 뚜렷한 목적의식을 보여 주었다. 강력한 우승 후보인 네덜란드와의 승부에서 금메달을 차지한 것이다. 두 팀의 기량 차이는 거의 없었다. 오히려 네덜란드가 조금 우세해 보이기도 했다. 그렇지만 영국 팀은 경기 중 발생하는 변수에 더 유연하게 대처했다. 결국 승부는 슛아웃에서 결정되었다. 영국 팀은 "역사를 만들고 한 세대에 영감을 주겠다."라는 사명 아래 수년 동안 목적 지향적 문화를 발전시켜 왔다. 승리나 메달에 대한 언급은 전혀 없지만 이 원대한 사명이야말로 리우에서 금메달을 딸 기량을 펼치게 해 준 원동력이었다.

2023년 국제 축구 연맹FIFA 여자 월드컵에 출전한 팀들은 영국, 나이지리아, 호주 등 국적을 불문하고 모두 특별한 목적의식을 공유하고 있었다. 바로 점수보다 더 위대한 목표로 나아가자는 것이었다. 치열한 경기를 치른 뒤, 승자와 패자는 서로 위로를 건넸다. 여자 스포츠의 개척자가 될 순간을 함께한다는 사실에 모두가 한마음이었다. 진정한 스포트라이트를 받는 순간이 언제인지 모두가 알고 있었다. 고향에서 경기를 지켜보는 어린 소녀들이 자신의 꿈을 펼치도록 영감을 주는 순간이었다.

라이트 투 드림Right to Dream은 축구 아카데미의 새로운 모델을 개척한 곳이다. 1999년 가나에 첫 아카데미를 세운 뒤 이집트, 샌디에이고, 코펜하겐으로 뻗어 나갔다. 그중 코펜하겐의 아카데미는 FC 노르셸란FC Nordsjælland을 인수하기도 했다. 라이트 투 드림의 교육은 축구뿐만 아니라 인성 교육을 포함한 다양한 프로그램을 바탕으로 많은 청소년을 육성하고 있다.

개인적으로 가장 감동적이었던 스포츠 경기가 있다. 2015년 열린 옥스퍼드와 케임브리지의 여자 조정 경기다. 이 경기는 여자 조정 최초로 남자 조정 경기와 같은 코스로 경기를 진행했다. 옥스퍼드와 케임브리지의 남자 조정 경기는 1829년부터 이어져 온 세계적인 이벤트였다. 1990년대, 내가 학생이었을 땐 여자 경기가 남자 경기와 동등해질 수는 없다는 이야기를 (남자들에게) 듣곤 했다. 하지만 오랜 시간 동안 수많은 이들이 노력한 끝에 변화를 이뤄 냈다. 그 경기는 승패를 넘어 평등, 진보, 기존 질서에 대한 도전이라는 의미를 담고 있었다. 스포츠가 승패 이상의 의미를 가질 때, 우리는 스포츠의 더 큰 힘과 잠재력을 엿볼 수 있다.

많은 자선 단체와 재단이 스포츠를 활용해 지역 사회와 국제 사회의 주요 문제를 해결하고자 한다. 축구 스타가 직접 보스니아 아이들에게 지뢰 인식 교육을 제공하기도 하고, 소외 계층 아이들이 스포츠에 참여할 수 있는 기회를 마련하며 잠재력을 이끌어 내기도 한다. 이처럼 스포츠와 선수들이 더 큰 목적과 맞닿을 때 가장 빛난다는 것을 깨달았다. 몇몇 올림픽 챔피언들도 로레우스 재단Laureus Foundation 같은 단체에서 활동하는 것이 치열한 선수 생활보다 훨씬 더 의미 있다고 말했다.

목적의식과 그에 따른 사회적 책임을 가지려면 더 넓은 관점을 가지고 주변 세상과 연결되는 법을 배워야 한다. 분기별 성과만으로 인생의 목적을 달성할 수 있는 사람은 없다. 다른 사람과 연결되지 않고는 팀의 일원이 된다는 게 무엇인지 이해할 수 없음을 명심해야 한다.

더 나은 미래를 위한 '관점'의 힘

목적에 초점을 맞추면 자연스레 시간에 대한 관점이 확장된다. 메달을 따거나 승진을 하거나 시험에 합격하는 등 꿈을 이루는 '순간'에만 빠져선 안 된다. 이런 성과들이 먼 미래에 어떤 의미를 가질지 고민해야 한다. 당신이 성공했을 때 세상은 어떤 모습일까? 당신이 만들고 싶은 변화가 다른 사람들에게 어떻게 다가갈까? 그런 다음, 다시 현재로 돌아와 보자. 삶의 궁극적인 목적을 이루기 위해 오늘부터 할 수 있는 일은 무엇일까?

관점은 매우 중요하다. 지금까지 살펴본 사례들, 이를테면 올림픽 금메달을 따고도 허무함을 느끼거나 높은 연봉과 보너스를 받아도 만족하지 못하는 사람들을 떠올려 보라. 일시적인 목표나 이정표는 의미 있는 성공이 될 수 없다. 실제로 승패를 가르는 일들은 그 순간을 넘어서는 무언가와 연결되지 않으면 의미나 성취감을 찾기 어려운 듯하다.

롱 윈 사고는 우리의 관점을 두 방향으로 확장한다. 하나는 앞서 이야기했듯 장기적인 목표와 관련된 방향이고, 다른 하나는 매일 어떻게 성과를 낼 것인지에 관한 방향이다. 당장 눈앞의 목표를 달성하는 데만 집중한다면 타인과 좋은 관계를 만들고 소통할 필요가 전혀 없다. 그러나 오늘 하루를 당신의 궁극적인 목표와 연결하고 싶다면, 거기에 필요한 중요한 요소들에 하루를 투자해야 한다. 타인과 협력하는 법을 배우고 새로운 방식으로 시도하는 것, 휴식을 잘 취하는 것, 성찰의 시간을 갖는 것 등이다.

퍼포먼스 마인드셋 기르기

9장에서 살펴봤듯이 스포츠 심리학자들은 '퍼포먼스'와 '결과'를 구분했다. 퍼포먼스는 매일 개선하며 통제할 수 있지만, 결과는 통제할 수 없는 여러 외부 요인에 영향을 받는 미래의 것이다. 그러므로 퍼포먼스에 꾸준히 집중하는 것이 좋은 결과를 얻는 최선의 방법인 셈이다. 물론 운동선수가 결과에 집착하지 않기가 쉽지 않다. 그래도 나는 이러한 관점의 변화 덕분에 세 번째 올림픽에 출전할 수 있었다.

세계 선수권 대회에서 우승했을 때 내 깨달음은 확실해졌다. 우리는 그날 경기를 완벽하게 치르지는 못했지만 어쨌든 결과는 좋았다. 최고의 경기를 펼치고도 결과가 좋지 않은 경우도 많았으니 말이다. 그런데 감독의 표정은 썩 좋아 보이지 않았다. 그가 말했다. "결과는 좋았어! 경기 내용은 어땠지?" 우리는 승리를 축하하고 있었다. 그러나 감독의 한마디로 많은 이들이 축하를 망설이기 시작했다. 억울했다. 경기에서 이겼으니 우리가 할 일은 다 한 것 아닌가? 처음에는 감독에게 어떤 대답을 해야 할지 몰라 우물쭈물했다. 승리의 기쁨을 이야기하며 몇 번이나 돌려 말했다. 감독은 점점 짜증을 내기 시작했다. 그는 참다못해 다시 말했다. "그래, 결과는 좋았어. 근데 너희의 퍼포먼스에 대해 이야기해 보자고. 어떤 것 같아?"

우리는 불현듯 그가 무엇을 의도하는지 깨닫고 하나둘 답변하기 시작했다. 출발 자체는 좋았고, 연습해 온 주요 동작도 잘 구사했지만… 본격적으로 리듬을 타는 구간에서 계획대로 움직이지 못했다. 강한 바람이 밀어 주지 않았다면 이 전략은 재앙이었을 것이다. 초조한 나머지 너무 서두르는 바람에 다른 팀의 움직임에 대응하기 어려웠고, 연습한 대로 노를 길게 저어 견고한 리듬을 만드는 데도 실패했다. 결국 레이스 중반부터는 아무런 변화도 시도하지 못했다. 어떻게든 마지막 스퍼트 구간을 버티며 선두를 유지했지만, 이런 식으로 운에만 기대면 다음에 승리할 가능성은 희박했다.

우리는 퍼포먼스와 결과를 명확히 구분했다. 결과는 더 나아지기 위한 정보를 전혀 알려 주지 않는다. 오히려 배우고 발전하는 과정에 방해가 되기도 한다. 나는 승리의 기준을 다시 정의하고 어떻게 승리할 것인지 이해하기 위해서 '퍼포먼스 마인드셋'이 필요하다는 것을 똑똑히 알게 되었다.

경기에서 최고의 기량을 펼치겠다는 마음으로 출발선에 앉아 있는 것과 꼭 이겨야 한다는 마음으로 앉아 있는 것은 전혀 다르다. 이 두 가지 마음은 하늘과 땅 차이이며, 경기 결과에도 아주 큰 영향을 준다. 2003년 밀라노 세계 선수권 대회에서 정상에 오른 그날, 우리는 승리에 집착하지 않았다. 대신 어떻게 노를 저을지에만 집중했다. 곧 다가올 결과에 부담을 느끼지도 않았다. 언뜻 보기에는 아주 미묘한 차이 같지만, 압박감 속에서도 경기력을 향상시키는 중요한 차이였다.

놀이, 즐거움, 그리고 몰입

지금 이 순간에 몰입하며 자신이 하는 일을 사랑하고 즐기는 것은 결과와 상관없이 행복감을 주고 퍼포먼스에 긍정적인 영향을 미친다. 결과에 집착하고 1등에 목매는 사람들은 이런 쉬운 원원 전략을 간과한다. 어려서부터 우리는 어른들이 놀이를 대수롭지 않게 여기고 오로지 결과만 중시하는 모습을 보고 자란다. 스포츠 선수 중에도 운동의 즐거움을 잃어버린 이들이 많다.

그런 와중에 스포츠를 순수하게 사랑한 한 선수가 떠오른다. 전설적인 육상 선수 데일리 톰프슨Daley Thompson이다. 그는 올림픽 10종 경기에서 두 번이나 금메달을 차지했고, 세계 기록을 네 번이나 경신했으며, 9년 동안 무패를 기록했다. 순수하게 스포츠를 즐긴 그가 역대 최고의 반열에 오른 건 우연이 아닐 것이다. 톰프슨은 육상을 진심으로 즐겼다. 은퇴 후에도 매주 토요일에 옛 동료들과 훈련을 했을 정도다. 심지어 그는 메달을 모두 다른 사람들에게 나눠 줬다. 금속 조각 따위는 그에게 아무런 감흥을 주지 않았다. 은퇴 후에도 여전히 트랙에 나가는 이유를 물으면 그는 항상 이렇게 되물었다. "친구들이랑 재밌게 노는 건데 왜 그만둬야 하죠?" 되돌아보면, 사람들은 그가 지나치게 장난스럽고 스포츠를 진지하게 대하지 않는다며 손가락질해 댔다. 영웅과 어울리지 않는다고 생각한 것이다. 그러나 사람들이 간과한 사실이 있었다. 극한의 압박 속에서도 장난기 가득한 모습을 유지할 수 있는 능력이야말로 톰프슨의 가장 큰 무기였으며, 그 능력이 그를 압도적인 스포츠 천재로 만들었다는 것이다.

나는 시드니 올림픽을 준비하면서 그를 알게 되었다. 혹독한 훈련에 매번 최선을 다하고 있다는 나의 말에 그는 이렇게 대답했다. "너희들 너무 진지한 거 같은데. 좀 더 즐길 필요가 있어!" 당시에는 그 말을 전혀 이해할 수 없었다. 우승을 목표로 하는 선수가 어떻게 진지하지 않을 수 있지? 그러나 시간이 지나고 보니 정말 탁월한 조언이었다. 올림픽 대표 팀에서 나온 1년 동안, 나는 주말마다 친구들을 만나 그저 재미로 운동을 했다. 익숙하지 않은 육상 트레이닝은 새로운 도전을 하는 기분이었다. 친구들은 내가 추천한 로잉 머신에 도전했다. 이 시간은 내게 스포츠의 즐거움을 다시 알려 주었고, 세 번째 올림픽에 출전하는 결정적인 역할을 했다.

발달 심리학자 엘리자베스 보나위츠Elizabeth Bonawitz는 놀이의 중요성을 강조한다. 보나위츠와 동료들은 이기려는 목적 없이 재미로 놀 때 아이들이 더 어려운 설정을 선택한다는 사실을 발견했다. 아이들에게 중요한 건 호기심을 느끼고 창의성을 발휘하며 다른 사람과 유대감을 형성하는 내재적 보상이었다. 심지어 게임에서 이기기 위해 온갖 방법을 동원하려는 아이들조차 재미를 위해 놀고 싶어 했다. 예를 들어, 어떤 아이들은 진지하게 승리를 노려야 하는 상황에서도 엉뚱한 복장을 골랐다. 이런 연구는 교육과 유소년 스포츠에 여러 교훈을 준다. 스포츠가 지나치게 진지해지면 재미와 놀이 요소를 너무 빨리 제거해 버린다.

놀이를 할 때의 마음처럼 우리가 하는 일에 완전히 몰입할 수 있다면 스트레스를 줄이면서 창의적이고 최고의 기량을 발휘하게 된다.[115] 스포츠 심리학자들은 운동선수들이 결과 집착 상태에서 벗어나도록 돕는다.[116] 현재에 더 집중하고, 마음 챙김 수행으로 생각과 감정을 수용하게 만드는 것이다. 현재에 집중하고 몰입할 때 사용되는 뇌의 영역은 싸우거나 도망가야 할 때 사용되는 영역과 다르다. 몰입은 아주 충만한 경험이다. 실패에 대한 두려움이 사라지고 활동 자체에 완전히 빠져들 수 있기 때문이다. 몰입은 시간에 얽매이지 않으며 외부의 기준이나 결과가 아니라 내면의 가치와 관련이 있다(심리학자 에이브러햄 매슬로가 '절정 경험 peak experience'이라 묘사한 무아지경의 몰입 상태와 비슷한데, 이는 긍정 심리학의 일부가 되었다). 흔히 몰입을 승리를 위한 것으로 생각하지만, 온전히 몰입하게 되면 뛰어난 퍼포먼스를 발휘하는 상태가 될 뿐 승부에 집착하지 않게 되고 결과에 대한 두려움과 불안에서 해방된다.[117]

놀이와 몰입은 즉흥 코미디의 핵심이기도 하다. 실제로 기업에서는 직원들의 창의적 사고와 소통 능력을 키우기 위해 즉흥극 전문가를 초빙하는 경우가 있다. 즉흥극을 통해 뇌의 유희적인 영역을 깨워 보자는 것이다. 한 코미디언과 함께했던 프로그램이 기억난다. 관리자 소그룹을 만들어 한 명씩 한 단어를 말하며 이야기를 지어냈던 활동이었다. 이야기가 어디로 튈지 몰라 지켜보는 재미가 있었다. 이 게임은 전적으로 동료의 대답에 의지해 그때그때 상황에 맞는 이야기를 만들어야 한다. 이야기가 어느 정도 진행된 그룹은 게임에 푹 빠져 서로의 이야기에 귀를 기울였다. 반면 누군가가 이야기의 흐름을 통제하려 하거나, 특정 방향으로 이야기를 이끌려고 하면 모든 사람이 곤란한 듯 반응했다. 기발한 전략이 떠올랐다는 사람도 있었지만 대개 이야기를 더 엉망으로 만들었다. 초빙된 코미디언은 즉흥 코미디의 기본 원칙을 공유하며 수업을 마무리했다. "그냥 즐기면 됩니다. 이기려 들면 안 돼요."

◆ 동상이몽 스포츠 인터뷰

미디어는 예나 지금이나 결과에 집착한다. 엘리트 선수를 바라보는 시각이 변하면서 훈련 방식이 바뀌고 있는데도 우리가 보고 듣는 뉴스는 과거와 크게 다르지 않다. 스포츠 인터뷰를 잘 살펴보면 기자와 선수가 서로 다른 관점을 가지고 있다는 걸 확인할 수 있다. 스포츠 기자들은 경기를 마친 선수에게 대회 결과를 어떻게 생각하는지 묻는다. 1위라면 1위를 한 기분, 2위라면 2위를 한 기분을 묻는다(5위 밖으로 밀리면 인터뷰할 기회조차 얻기 힘들다). 선수들은 최종 성적보다는 과정이나 경기력에 초점을 맞춘 대답을 한다. 앞서 살펴본 퍼포먼스 마인드셋과 일맥상통하는 셈이다. 선수들은 순위와 상관없이 개인의 기록을 뛰어넘었는지에 집중한다. 자신의 기량을 분석하고 평가하는 데 익숙하기 때문이다. 선수들은 더 발전하고 배워서 다음 경기로 나아가고 싶어 한다. 그래서 이번 경기에서 배울 점은 없었는지를 찾는다. 스포츠 선수에게 실전 경험은 앞으로 더 발전할 수 있는 기회가 된다.

애덤 피티는 2018년 커먼웰스 게임Commonwealth Games 수영 경기에서 1위로 들어온 뒤, 자신의 퍼포먼스에 만족하지 못했으며 어딘가 잘못된 것 같다는 소감을 남겼다. 아나운서는 당황스러워했다. 어떻게 1등을 하고도 잘못됐다고 말할 수 있을까? 피티 역시 아나운서가 자신의 말을 이해하지 못해 당황한 듯 보였다. 피티는 경기력에 중점을 두고 무엇이 제대로 돌아가고 있는지, 무엇이 개선되어야 하는지 파악했다. 피티에게 탁월함과 승리는 본질적으로 다른 개념이었다. 그는 자신의 퍼포먼스가 부족하다고 느꼈지만 정확히 설명할 수는 없었다. 그리고 며칠 뒤 열린 또 다른 경기에서 2위를 하며 4년간 이어진 무패 행진이 깨지고 말았다. 아나운서는 그가 연승이 깨져 낙심했으리라 생각했다. 하지만 피티는 오히려 밝은 표정으로 인터뷰에 응했다. 무엇이 문제였는지 정확히 파악했기 때문이었다. 피티는 지난 경기에서 우승했을 때보다 문제를 잘 이해하고 있는 지금이야말로 코치와 함께 문제를 해결할 수 있다고 자신했다. 아나운서와 애덤 피티의 관점은 또 한 번 어긋났다. 이는 퍼포먼스에 집중하는 방식이 엘리트 선수들의 사고방식에 얼마나 깊숙이 자리 잡고 있는지, 그리고 외부에서 볼 때 이 방식이 얼마나 이해하기 어려운지를 보여 주는 사례였다.

축구 경기 후 감독 인터뷰에서는 주로 승부와 관련된 질문이 나온다. "경기에서 패한 소감이 어떻습니까?" 혹은 "오늘 3점을 챙긴(또는 잃은) 것에 대해 어떻게 생각하십니까?"와 같은 질문 말이다. 예전에는 감독들도 인터뷰에서 리그 순위나 승점에 대해 이야기했다. 이긴 날엔 기분이 좋아 보였고 패배한 날엔 어두운 표정을 지었다. 하지만 이제 대부분의 감독들은 승점 대신 경기력에 초점을 맞춘 답을 내놓는다. 이를테면 "수비는 좋았지만 공격 찬스를 많이 만들지 못했습니다.", "미드필더들은 잘했지만 수비 쪽은 보완할 필요가 있습니다."와 같은 대답이다. 이처럼 퍼포먼스에 초점을 맞추면 경기 결과와 상관없이 잘한 부분과 개선해야 할 부분을 파악할 수 있다.

◆ **영웅의 서사는 더 다양해져야 한다**

올림픽 조정 금메달리스트 벤 헌트 데이비스Ben Hunt-Davis는 《어떻게 해야 보트가 더 빨라질까?Will It Make the Boat Go Faster?》에서 팀의 퍼포먼스와 결과를 분리하는 것이 얼마나 중요한지 설명한다. 그의 팀은 10년 가까이 세계 선수권 대회와 올림픽에서 6위와 9위 사이를 맴돌았다. 그러던 중 퍼포먼스와 결과를 분리하고 새로운 훈련 방식을 도입하자 마침내 2000년 시드니 올림픽에서 금메달을 따는 쾌거를 이루었다. 무려 1912년 이후 첫 금메달이었다.[118]

올림픽 메달을 싫어하는 사람은 없다. 희소성과 뛰어난 성취, 그리고 그에 얽힌 서사가 어우러진 마법과도 같기 때문이다. 올림픽 챔피언들은 각종 행사에 초청 연사로 나서기도 한다. 이들이 들려주는 이야기는 대개 비슷하다. 수많은 도전 끝에 영광스러운 승리를 거머쥐었다는 내용이다. 하지만 이런 무대는 중요한

점을 놓치고 있다고 생각한다. 잠깐의 흥분과 동기 부여 말고 청중에게 무엇이 남는가. 이는 과학적으로 증명된 학습법과도 다르다. '영웅의 여정'이라는 정형화된 이야기 말고, 우리에게는 퍼포먼스와 관련한 더 다양한 이야기가 필요하다. 그래야 각자의 상황에 맞는 이야기를 대입하며 유용한 교훈을 얻을 수 있다.

아이러니하게도 결과가 아닌 퍼포먼스에 집중하는 접근법은 결과만 중요하게 생각하는 사람들에게 많은 것을 안겨 줄 수 있다. 단, 그들이 잠시라도 결과에 집착하는 일을 멈추고 깨달음의 시간을 갖는다면 말이다. 뿐만 아니라 이것은 환경의 가치관을 바꾸고, 그곳에 속한 모든 사람의 경험까지 바꿔 놓을 수 있다. '어떻게' 승리하는지가 중요해지면 부정부패, 도핑, 괴롭힘으로 일군 성공은 설 자리를 잃을 것이다. 더 나아가 당장의 결과보다 퍼포먼스가 우선시되는 문화가 정착된다면 시간을 바라보는 우리의 관점은 완전히 달라질 것이다.

《강인함의 힘》의 저자 스티브 매그니스는 비즈니스와 스포츠 분야의 여러 연구를 종합해 '내적 동기가 외적 동기보다 중요하다'는 사실을 입증했다. 외적 동기에 비해 내적 동기가 회복 탄력성, 만족감, 몰입, 적응력, 더 많은 성과를 내고자 하는 열망에 큰 영향을 미친다는 것이다.

테레사 아마빌레와 스티븐 크레이머의 연구에 따르면, 관리자가 결과보다 매일의 진척도에 집중할 때 직원들이 일터에서 즐거움을 느끼고 몰입하여 창의성을 발휘할 수 있다. 두 사람은 직장에 무능한 관리자와 의욕 없는 직원이 넘쳐 나는 이유를 밝히기 위해 연구를 시작했다. 그들은 직장인들이 쓴 1만 2,000개의 일기를 분석했다. 하루 동안 겪은 주요 사건이 기록된 일기를 통해 직장인에게 무엇이 중요한지를 파악할 수 있었는데, 가장 긍정적인 영향을 미친 사건은 '의미 있는 일에서 진전을 이뤄 내는 것'이었다. 여기서 '의미 있는 일'이란 사람들이 관심을 두는 일이며, '진전을 이뤄 내는 것'이란 사람들에게 성과를 인정받았다는 뜻이다. 관계를 돈독히 하는 것 역시 중요했다. 반면 목표 달성이나 연간 실적, 보너스는 중요하지 않았다. "직원들이 변화할 수 있도록 도와야 한다. 그러면 그들은 충만해진 마음으로 일에 임하며 성과는 향상될 것이다."[119]

장기적인 성과에 주목하는 세계적인 흐름

단기적인 성과로 가치를 평가하지 않게 된다면 우리는 보다 장기적인 관점을 가질 수 있다. 대중 철학자 로먼 크르즈나릭도 우리가 계발할 수 있는 뇌의 여러 영역 중 장기적 사고와 계획을 담당하는 전두엽에 주목했다.[120] 기후 위기, 합성 생물학, 세계적 팬데믹, 인공지능 등과 관련된 문제를 해결하려면 수십 년 뒤를 내다봐야 한다. 앞서 살펴봤듯이 시간은 성공을 바라보는 관점과 그에 따른 행동에 지대한 영향을 미친다. 예를 들어, 정부가 집권

하는 기간이 4년이라면 당연히 4년 안에 성과를 내야 한다는 압박을 느낄 수밖에 없다. 문제는 글로벌한 난제들을 4년 안에 해결할 수 없다는 것이다.

비즈니스 세계도 마찬가지다. 주식 시장은 단기 성과에 민감하고 기업도 분기별, 연간 실적을 중요하게 여긴다. 이런 단기적인 흐름이 반복되다 보니 장기적인 비전을 세우고 그에 따라 성과를 내기가 쉽지 않다. 하지만 장기적인 관점이 결국 더 나은 수익과 가치를 창출한다는 사실은 이미 여러 증거로 입증된 바 있다.

서구 사회에 만연한 단기 주의를 바꾸기 위해 점점 더 많은 단체와 조직이 나서고 있다. 2019년에 에릭 리스는 장기 증권 거래소Long-Term Stock Exchange를 설립해 기업들이 단기 성과가 아닌 장기 성과에 집중하면서 자본을 조달할 방법을 제시하고자 했다. 그는 《린 스타트업》에서 지난 20년 동안 상장 기업의 수가 줄어들었으며, 그나마 상장한 기업들은 단기 투자자들의 압박으로 어려움을 겪고 있다고 지적했다. 그는 유용한 대안을 제시해 기업가들에게 큰 장애물 하나를 없애 주겠다는 의지를 보였다.[121]

기업들은 여전히 1970년대 회계 원칙과 개념에 머무른 내용을 금융 시장에 보고 중이다. 2017년, 포용적 자본주의를 위한 제방 프로젝트Embankment Project for Inclusive Capitalism, EPIC는 30개 이상 글로벌 기업을 모아 기업이 창출한 장기 가치를 측정하고 보고하는 프레임워크를 개발하고 테스트했다. 그 결과 기업 가치의 20퍼센트만이 대차 대조표에 기록된다는 사실을 발견했다. 이는 1975년 당시 83퍼센트였던 것과 비교하면 크게 하락한 수치다. 이 보고서에 따르면 일반 기업의 실제 가치는 혁신, 문화, 신뢰, 지배 구조처럼 측정하기 어려운 무형 자산에 있다고 지적한다.[122]

2019년에 세계 경제 포럼World Economic Forum의 창립자이자 회장인 클라우스 슈밥Klaus Schwab이 더 이상 GDP를 경제 정책의 '핵심 성과 지표'로 사용하지 말자고 주장했다. 대신 파리 기후 변화 협약과 SDGs의 진척도를 독립적인 측정 기준으로 평가하고, 모든 기업이 ESG 성과를 보고해야 한다고 강조했다. 이처럼 분명히 세상은 변화하고 있지만 아직 갈 길이 멀다. 케케묵은 사고방식에서 벗어나 새롭게 틀을 짜야 할 때다.

2018년, 영국의 사회 운동가 엘라 솔트마시Ella Saltmarshe와 비어트리스 펨브로크Beatrice Pembroke는 기후 변화에 관한 정부 간 협의체IPCC의 충격적인 보고서를 계기로 '롱 타임 프로젝트The Long Time Project'를 시작했다. 이들은 미래의 공동선보다 개인의 단기적 이익을 우선시하는 게 얼마나 큰 해악을 끼치는지 지적하며, 인간의 행동 방식을 바꾸기 위해 '우리 존재에 대한 장기적 관점'을 기르는 데 힘을 보태겠다고 선언했다.[123]

전 세계가 불안에 휩싸인 지금, 우리는 모두 고개를 떨군 채 점점 가까운 곳만 바라보고 있다. 당장 눈앞의 이익만 바라보는 터널 비전tunnel vision은 결국 인류의 절멸을 앞당길 것이다.

이들은 장기 주의long-termism와 장기적 책임long-timism의 차이를 강조한다. 장기 주의는 미래를 예측하고 전망하며 계획하는 것이다. 반면 장기적 책임은 이후 세대와 세상까지 아끼는 마음가짐을 기르는 것이다. 일터에서 미래를 예측하는 일은 흔하다. 이제는 예측을 넘어서, 우리가 예측한 미래에 더 많은 관심을 기울여야 한다.

솔트마시와 펨브로크는 장기적인 관점을 정립하는 데 문화가 중요한 역할을 할 수 있다고 강조한다. 예를 들면 딥 타임deep time과 같은 개념이 우리의 단기적인 사고방식을 뒤흔들 수 있는 것이다. 딥 타임은 45억 5,000만 년에 이르는 지구의 나이를 포함한 철학적인 개념의 지질학적 시간을 의미한다.

세대를 뛰어넘는 교감은 시야를 더 넓게 만들기 마련이다. 북아메리카 원주민 이로쿼이Iroquois족을 비롯한 몇몇 원주민 문화는 먼 조상과 감정적으로 연결되어 있음을 중시한다. 이런 연결감은 미래 세대를 보호해야 한다는 책임감을 부른다. 사우스다코타의 오글랄라 라코타Oglala Lakota 부족은 '일곱 세대가 우리와 함께하고 있다'는 믿음 아래 행동하고 의사 결정을 내린다.[124]

캘리포니아대학교 버클리 캠퍼스에서는 '훌륭한 조상처럼 생각하기: 우리가 만드는 기술에서 의미 찾기'라는 이름의 공과 대학 수업을 개설했다. 이 수업은 엔지니어 진로를 더 폭넓게 바라보도록 했다. 케임브리지대학교는 인류의 멸망, 문명의 붕괴를 초래하는 위험을 연구하기 위해 실존적 위험 연구 센터Centre for the

Study of Existential Risk를 설립했고, 지속 가능 리더십 연구소Institute for Sustainability Leadership도 세웠다. 한편 옥스퍼드는 인류의 미래와 전망을 거시적으로 바라보기 위해 수학, 철학, 사회 과학을 아우르는 인류 미래 연구소Future of Humanity Institute를 설립했다.

롱 나우 재단Long Now Foundation은 1966년 미국에서 설립된 비영리 단체다. 이들은 대부분의 문명이 1만 년 동안 지속된다는 가정에 따라 1966년을 01966년으로 표기한다. 이 재단은 오늘날의 빠르고 저렴한 사고방식에 맞서고자, 장기적인 관점을 유지하고 인내심에는 보상하며 경쟁자와 협력하고 누구와도 편을 나누지 않는다. 이 재단의 대표적인 프로젝트가 있다. 바로 1만 년 동안 멈추지 않고 작동하는 '롱 나우 시계 프로젝트'다. 이 프로젝트는 우리가 내리는 결정이 후대에 어떤 영향을 미칠지 생각하게 함으로써 책임감을 떠올리기 위한 취지로 시작되었다. 초기 시험용 시계는 런던 과학 박물관에 전시되어 있고 실제 시계는 텍사스의 산속에서 제작 중이다. 이 시계는 청동기 시대의 기술로도 쉽게 수리할 수 있도록 만들어졌는데, 그 이유는 미래 사회가 지금보다 원시적일 수 있다는 가정을 염두에 둔 것이다.

대성당 사고

우리는 하루하루 해야 할 일을 처리하는 데 급급하다. 이제는 사고방식을 바꿔야 한다. 바로 '대성당 사고cathedral thinking'로 말이다. 중세 시대에는 대성당을 지을 때 건축가, 석공, 장인 들이 계획을 세우고 공사를 하는 모든 과정이 여러 세대에 걸쳐 이어져야 완공될 수 있었다. 그렇게 완성된 대성당은 후대에까지 안전한 피난처이자 예배 장소, 공동체 모임의 장소가 되어 주었다.

이 개념은 우주 탐사, 도시 계획 등 미래 세대를 위해 수십 년 앞을 내다보고 준비해야 하는 장기 프로젝트에 적용되어 왔다. 그레타 툰베리는 기후 위기를 해결하기 위해 대성당 사고가 필요하다고 주장한다. "천장을 어떻게 지어야 할지 모르는 상태일지언정 기초는 쌓아야 한다."[125] 초미래적 사고가 가능한 사상가, 심층 생태학자, 그리고 블랙 스카이 사상가black sky thinkers(인류의 장기적 생존과 미래 문명을 고민하는 사람을 일컫는 말)는 전 세계 곳곳에 존재한다. 이들은 협력, 야망, 신념, 적응을 핵심 가치로 삼아 각자의 방식으로 '대성당 과학'에 매진하고 있다.

마거릿 헤퍼넌은 대성당 프로젝트의 가치에 주목했다. 볼 수도 예측할 수도 없는 미래를 상상하고 적응하는 능력을 극한으로 시험하면서, 불확실하고 복잡한 문제를 창의적으로 해결할 수 있음을 보여 주기 때문이다. 대개 대성당 프로젝트는 경제 성장이나 실용적인 문제를 해결하겠다는 목적으로 시작되지 않는다. 오직 강력한 정신적 동기로 출발했다. 헤퍼넌이 유럽 원자핵 공동 연구소CERN의 리더들을 인터뷰할 당시 그들은 몹시 유연한 사고방식을 갖고 있었는데, 과학적으로 정확해야 한다는 규율을 준수하는 동시에 즉흥적이기도 하고 변화에도 능숙했다. 새로운 것을 잘 받아들였고 필요에 따라 기존의 사고방식을 버릴 줄도 알았다. 이 연구소의 기술 이사는 이렇게 설명한다.

> 이곳에 잘난 척하는 사람은 필요 없습니다. 우리는 팀 플레이어가 필요해요. 무언가를 증명하려고 애쓰는 사람이 아니라 이해하려는 사람, 마음을 열고 공유하며 놀라운 발견을 즐기는 사람, 결과를 지나치게 걱정하지 않는 사람, 자기 자신만 생각하지 않는 사람을 원합니다. 지식을 공유하지 않으면 대성당은 완성될 수 없습니다.

그의 말은 우리가 어떤 관점을 취하느냐에 따라 소통과 관계 방식도 달라진다는 것을 보여 준다.

개인의 성공을 다시 정의하라

사람들이 어떻게 성공에 대한 철학을 세우는지 생각해 보자. 시중에는 '인생에서 승리하는 법'을 적은 자기계발서가 넘쳐 나고 행복에 관한 연구도 쏟아지고 있다. 이처럼 혼란스러운 세상에서 나만의 방향을 찾기란 쉽지 않다.

답을 찾으려고 애쓰기보다는 고정관념을 깨는 게 더 나을지 모른다. 특히 당신의 성공을 정의하는 데 타인과의 비교가 필요한지 진지하게 고민해 보자. 철학자 알랭 드 보통은 평범한 삶을 배척하는 우리 사회를 비판한 바 있다. 실제로 비교는 심각한 정신건강 문제로 이어진다. 에릭 바커는 《세상에서 가장 발칙한 성공법칙》에서 "타인과 비교해 상대적인 성공을 거두려는 시도는 위험하다."라고 말한다. 그리고 행복, 성취, 의미, 영향력 등 다양한 척도로 성공을 판단하라고 권한다. 단순히 성과의 양만 따질 것이 아니라 질도 중요하다는 뜻이다.[126]

물질적인 이익을 어떻게 바라볼지도 다시 생각해야 한다. 많은 사람이 연봉 인상, 승진, 복권 당첨을 행복의 수단으로 여긴다. 하지만 소득이 일정 수준을 넘어가면 아무리 많은 돈을 벌어도 정서적 안정에 별다른 영향을 주지 않는다는 사실이 이미 여러 연구로 밝혀졌다.[127] 2008년 네덜란드의 한 연구에 따르면, 복권에 당첨된 지 6개월이 지나면 행복도가 이전과 크게 달라지지 않았다.[128] 이 연구의 기반이 된 1978년 연구에서는 복권 당첨자 그룹, 일반인 그룹, 사고로 마비된 피해자 그룹을 비교했다. 물질적 결과에 주목하면 복권 당첨자와 사고 피해자가 엄청난 차이를 보일 것이라고 예상할 수 있다. 그러나 복권 당첨자들의 행복도는 당첨 후 1년이 지나도 크게 달라지지 않았고, 사고 피해자들도 크게 절망하거나 불행해하지 않았다. 오히려 관찰자들이 상황을 잘못 해석하여 '복권 당첨자는 몹시 행복하고 풍요로울 것이며 사고 피해자는 비참하게 지낼 것'이라고 편견을 갖는 게 두 집단 구성원들에게 큰 상처를 주었다.[129] 두 그룹은 모두 이러한 편견 때문에 공동체의 구성원이 되거나 사회에서 인정받기가 어려웠다. 결국 소속감과 인정이야말로 행복에 가장 큰 영향을 미치는 요소였던 것이다. 결과에만 집중하는 것은 결코 도움이 되지 않는다. 나아가 '연결감'이야말로 우리 삶의 핵심 요소임을 다시 한번 강조해 준다.

사고 피해자들의 삶을 보면 관점의 중요성을 새삼 깨닫게 된다. 다리를 잃고도 1년 후 더 행복해질 수 있을까? 믿기지 않지만 가능하다. 그들은 살아남은 것만으로도 행복을 느낀다. 삶을 바라보는 관점이 바뀐 것이다. 롱 윈 사고는 우리가 불의의 사고나 위기를 겪기 전, 성공의 의미를 새롭게 바라보라고 일러 준다. 사이먼 시넥의 말처럼 "돈을 아무리 많이 벌어도, 권력을 아무리 많이 쌓아도, 승진을 아무리 많이 해도, 우리 중 누구도 인생의 승자가 될 수는 없다."[130]

변화하고 있는 국가적 성공 기준

몇몇 나라에서는 국가 발전을 평가하는 기준을 새롭게 마련하고 있다. 뉴질랜드는 복지 지표를 정부의 공식적인 주요 과제로 채택한 최초의 국가로, GDP에 교육, 환경, 건강 같은 사회적 요소를 추가했다. 아이슬란드와 스코틀랜드 역시 전통적인 GDP 지표

외에 다양한 사회 지표를 활용하는 복지 정책을 도입했다. 기후 변화에 대한 우려가 커지고 평등과 포용 같은 사회적 문제도 산적한 가운데, 앞으로 세계 각국 정부가 어떤 생각과 행동을 보여줄지 지켜봐야 할 것이다.

2015년 합의된 유엔의 17가지 지속 가능 발전 목표는 전 세계가 마주한 과제의 우선순위를 다른 틀에서 바라보고자 하는 시도였다. 기업, 정부, 자선 단체 할 것 없이 모두 이 목표를 언급하지만, 여전히 GDP 지표보다 우선시되지는 못하고 있다. 유엔의 지속 가능 발전 해법 네트워크Sustainable Development Solutions Network, SDSN는 매년 세계 행복 보고서를 발간한다. 이 보고서는 국가별로 행복도가 높고 낮은 이유를 분석하는데, 가장 중요한 요소는 사회적 지원으로 드러났다. 물론 경제적 번영과 기대 수명 또한 중요하다. 그러나 사회적 지원, 경제 성장, 건강 이 세 가지를 함께 살펴보면 실제 삶과 연결하여 국가의 성공을 훨씬 균형 잡힌 관점으로 바라볼 수 있다.[131]

이 책을 집필하면서 하버드 대학교의 인간 번영 프로그램에 참여하는 학자, 실무자, 리더 들과 교류할 기회가 있었다. 이 프로그램의 목표는 인간의 번영을 이해하고 증진하기 위한 체계적인 접근법을 개발하는 것이다. 사회 과학과 인문학의 전통적 경계를 넘어, 이들은 사회학, 정치학, 경제학, 교육학, 심리학, 의학, 공중보건학, 철학, 신학을 아우르며 통합적인 인사이트를 제시한다. 롱 윈 사고방식은 이들의 연구와 토론, 그리고 새롭게 제안되는 방안의 중심에 자리하고 있다. GDP를 넘어 보다 '의미 있는 지표'를 개발하려는 시도 덕분에 논의의 지평이 넓어지고 있으며 기존의 통념이 흔들리기 시작했다. 여기서 더더욱 현상 유지에서 벗어나기 위해서는 정치와 비즈니스 리더들이 더 위대한 비전을 제시해야 할 것이다.

명확성을 기르는 법

무엇이 중요한지를 명확히 하는 과정에는 끝이 없다. 의미의 층위가 계속 쌓여 가기 때문이다. 여기에 정해진 공식은 없다. 다만 먼 미래를 바라보면서 '왜'라는 질문을 꾸준히 던지고, 성공에 대한 관념을 다시 잡도록 주변 사람들에게 자극을 준다면 성공에 대한 더 의미 있는 대화를 나누게 될 것이다.

우리는 계속해서 질문을 던져야 한다. 그리고 답변에 끊임없이 반론하며 성찰하는 시간을 가져야 한다. 그래야 우리는 성장할 수 있다. 꾸준한 배움, 타인과의 연결과도 이어지는 이야기다. 우리는 결국 타인과의 대화를 통해 생각을 발전시키고 새로운 방식으로 행동할 수 있기 때문이다.

- 기존의 지표 외에 무엇이 중요한지 계속해서 질문을 던진다.
- 다른 사람들에게 어떤 영향을 주고 싶은지 명확하게 정리한다.

- 성공의 기준을 단순히 '무엇'을 하는지보다 '어떻게' 하는지로 정한다.
- 성공을 바라보는 시간 스케일을 크게 잡는다.
- 과거에 무엇이 삶에 의미를 주었는지, 앞으로는 무엇이 삶에 의미를 부여할지 생각해 본다.

11장

어떻게 배울 것인가

꾸준한 배움

결과에 연연하지 않는다면, 나는 무엇을 얻을 수 있을까?

조정에 복귀했을 때, 아무도 내게 메달을 보장할 수 없다는 걸 잘 알고 있었다. 올림픽 대표 팀에 뽑힌다는 보장도 없었다. 하지만 마음가짐만 제대로 한다면 지금껏 배우지 못한 것을 배울 수 있다는 사실을 알았다. 더 유연한 방식으로 나를 확장하고, 기존의 신념과 편견에 도전하며, 주변 사람들과 새롭게 관계를 맺는 방법도 배울 수 있었다. 결과가 어떻든 새로운 방식으로 다시 도전하는 것 자체가 나에게 엄청난 배움이 될 터였다.

2019년 리버풀 FC가 UEFA 챔피언스리그에서 우승하자 언론은 이 우승을 대서특필했고 리버풀의 우승에 의구심을 표하던 이전의 보도들도 재조명됐다. 사실 이 의구심은 주로 리버풀의 감독 위르겐 클롭Jürgen Klopp을 향한 것이었다. 경기가 끝나고 클롭이 BBC와 인터뷰하는 장면을 본 기억이 난다. 모두가 들떠 있던 그 때, 클롭은 우승이 멋진 일이지만 자신이 정말로 관심을 두는 건 선수들의 성장이라고 말했다. 클롭은 선수들이 그저 우승 트로피를 들어 올리는 축구 선수에 그치지 않고 훌륭한 사람으로 성장하길 바랐다. 물론 언론은 그의 말을 무시하고 승리의 의미만 부각했다. 하지만 이제는 클롭 같은 감독들이 등장하고 있다. 그 덕분에 선수들은 오랫동안 최고의 기량을 유지할 수 있게 되었다.

21세기의 문맹은 '배울 줄 모르는 사람'

롱 윈 사고에서 배움은 삶의 방식이자 일하는 방식이며 노는 방식이다. 배움은 어떤 상황과도 잘 어울린다. 어려운 시기에는 긍정적인 추진력과 회복력을 만들어 내고, 빠르게 변화하는 세상에 적응하고 혁신할 수 있게 한다. 배움은 단순히 지식을 습득하는 일뿐 아니라 주변 사람들과 환경에 주의를 기울이고 적응해 가는 과정이기도 하다. 시끄러운 세상에서 마음을 챙기는 법을 배우는 것 역시 점점 더 중요해지고 있다. 마음 챙김은 당신의 성장과 발전에 필요한 것들에 더 집중하게 만든다.

끊임없이 배운다는 것은, 스스로 새로운 정보를 찾아 나서고 피드백에 귀를 기울이며 자신의 편견을 의심하는 과정이다. 단순히 더 나은 학습법을 찾거나 효율성을 추구하기보다는 나, 타인, 내가 처한 환경을 깊이 이해할 수 있어야 한다. 회복 탄력성과 성과 전문가인 스티브 매그니스는 이렇게 강조한다. "자신이 성장하는 모습을 보고 싶은 건 인간의 근본적인 욕구다. 리더는 사람들이 성장과 발전으로 가득한 밝은 미래를 그릴 수 있는 환경을 조성해야 한다."

회복 탄력성, 높은 성과, 리더십에 관한 최신 연구를 보면 공통적으로 한 가지 결론이 나타난다. 바로 배움이 중심이 되어야 변화에 적응하고 압박, 실패, 역경을 극복할 수 있다는 것이다. 세상이 빠르게 변화하고 있는 만큼, 모든 문제에 대한 답을 아는 사람은 없을 것이다. 이런 세상에서 성공하는 사람은 누구보다 빨리 배우고 혁신하는 사람, 서로 다른 세계를 연결하고 성찰하며 변화에 적응할 수 있는 사람이다. 미국의 미래학자 앨빈 토플러는 1990년에 21세기를 이렇게 예언했다.

> 21세기의 문맹자는 읽고 쓸 줄 모르는 사람이 아니다. 배울 줄 모르는 사람, 기존에 배운 것을 의식적으로 잊을 줄 모르는 사람, 잊었던 것을 다시 배울 줄 모르는 사람이다.[132]

그렇다면 꾸준히 배우려는 태도는 어떻게 갖출 수 있을까? 그저 학교에 가고, 강의를 듣고, 회사에 출근한다고 저절로 배움이 일어나진 않는다. 리더 역시 구성원들이 배움에 대한 의욕을 불태울 방법을 고민하고, 그들이 편안한 마음으로 배워 나갈 수 있는 최적의 환경을 조성해야 한다. 질문은 배움의 원천이다. 세 살배기 아이가 된 것처럼 두려워하지 말고 계속 질문을 던져 보자.

- 다양한 의견이 오고 가려면 어떤 환경을 만들어야 할까?
- 심리적으로 안전한 환경을 얼마나 의식적으로 조성하고 있을까?
- 사람들이 목소리를 내고 문제를 제기할 수 있도록 충분히 배려하고 있는가?
- 심리적 안전감을 만들기 위해 얼마나 신경 쓰고 있는가?

이런 질문들은 리더 자신뿐만 아니라 주변 사람들에게도 긍정적인 영향을 준다. 평소에 전혀 관심 없던 주제를 탐구해 본 적이 언제인가? 마지막으로 새로운 시도를 해 본 게 언제인가?

배움의 태도가 곧 경쟁력이다

2014년, 사티아 나델라는 마이크로소프트 CEO로 취임한 후 기업 문화에 커다란 결함이 있음을 깨달았다. 바로 구성원들이 고정 마인드셋에 갇힌 채 개방성, 겸손, 실험 정신을 잃어 가고 있다는 것이었다. 나델라는 그 즉시 '다 알고 있다know it all' 문화를 '다 배우겠다learn it all' 문화로 바꾸기 위해 힘썼다.[133] 물론 많은 조직이 이런 변화 앞에서 갈등한다. 예를 들어 학교 선생님들이 대개 성장 마인드셋을 지지하는 것과 별개로 성적으로 학생을 줄 세우는 시스템에서 벗어나지 못하는 것처럼 말이다. 딜레마에 빠진 교사들은 성장 마인드셋을 가르치고 싶어도 시스템이 요구하는 교육을 선택할 수밖에 없다. 결국 학습과 성장을 향한 개인의 의지나 관심은 사라지고 만다.

기업도 비슷하다. 리더는 직원들이 배우며 성장하기를 바라지 현재에 머무르기를 바라지 않는다. 하지만 그들을 평가할 땐 매출, 이윤, 규정 준수 여부 등을 기준 삼는다. 실패가 주는 값진 교훈은 기록되지도 않고 평가받지도 않는다. 오히려 실패는 부정적인 평가로 이어질 뿐이다. 이러니 학습과 성장은 또다시 위축될 수밖에 없다.

실패에 대한 태도가 중요하다. 손실 회피 심리에 따르면 우리는 본능적으로 실패를 피하려고 한다(2장을 참고하라). 특히 단기 성과에 집착해 실패를 용납하지 않는 문화에서는 장기적 성공에 필요한 배움이 일어날 수 없다. 점점 더 많은 연구가 실패에 초점을 맞추고 있다. 실패를 알아야 성공에 가까워질 수 있기 때문이다. 에이미 에드먼슨의《옳은 실패》는 조직의 맥락에서 실패가 무엇을 의미하는지 탐구한다. 매슈 사이드의《블랙박스 시크릿》은 F1 자동차 경주, 생물의 진화, 비즈니스 등 다양한 분야에서 입증된

사례를 통해 실패를 기꺼이 받아들이는 태도가 삶의 모든 영역의 진보에 얼마나 중요한지 역설한다.[134]

새롭게 태동한 '실패학failure science' 분야의 한 가지 연구 주제는 '의료 연구 지원금 확보하는 법', '스타트업 성공적으로 엑시트하는 법', '테러 조직이 사상자를 최대한 많이 발생시키는 법'이라는 전혀 다른 세 가지 주제를 분석하는 것이었다. 이 연구는 실패에서 중요한 교훈을 얻을 수 있으며, 거의 모든 승자가 처음에는 패자로 시작한다는 사실을 밝혀냈다.[135]

아마존 CEO 제프 베이조스는 주주들에게 자신 있게 말했다. "실패의 규모가 커지지 않는다면 바늘을 움직일 만큼의 혁신도 이룰 수 없을 것입니다."[136] '기업가 정신'이라는 말은 비즈니스 세계에서 흔하게 사용한다. 많은 기업가가 선동적인 교육법과 전혀 다른 방식으로 학습을 경험해 왔다. 위험을 감수하고, 실험을 즐기며, 분야나 기술의 경계를 자유롭게 넘나들며 말이다. 우리는 기업가 정신과 전통적인 교육 사이의 간극을 좁혀야 한다. 어려운 환경을 딛고 엄청난 성공을 거둔 사업가 알리 애쉬Ali Ash는 '무한 학습자infinite learners' 개념을 소개하며 우리가 교육을 바라보는 전통적인 관점에 도전장을 내민다.

많은 사람이 졸업장과 학위를 따면 모든 게 끝이라고 생각한다. 하지만 지금은 평생 학습의 시대다. 끊임없이 배우고 스스로 학습하는 무한 학습자가 되어야 한다. 자기 주도 학습은 성

공을 이어 가고 차별화된 경쟁력을 갖추는 필수 요소다.[137]

무엇을 어떻게 배워야 하는가

여전히 교육의 상당 부분은 정답을 맞히고 지식을 습득하는 방식으로 이루어진다. 우리는 프랑스의 수도가 어디인지는 배우지만 왜 국가가 존재하는지는 고민하지 않는다. 만약 성공이 정답을 맞히는 일이라면 학습은 준비된 답안을 되풀이하고 정보를 그대로 암기하는 방식으로 일어날 것이다. 하지만 성공이 새로운 사고방식을 탐구하는 일이라면 우리는 훌륭한 질문을 만드는 법과 유연한 사고방식을 배우게 될 것이다.

데이비드 엡스타인은 학습할 때 '바람직한 난관'이 있어야 한다고 이야기한다. 바람직한 난관이란 단기적으로는 학습을 더디게 만들지만 장기적으로는 훨씬 효과적인 장애물을 뜻한다. 이와 반대로 지나치게 많은 힌트를 주며 어려움을 줄이면 당장은 성과가 좋아도 장기적으로 성장하기는 어렵다. 엡스타인은 깊이 배우려면 천천히 배워야 한다고 강조한다. 물론 이를 받아들이는 학교나 회사는 많지 않은 것 같지만 말이다.[138]

학습의 또 다른 중요한 측면은 '생성적' 접근법이다. 학생들은 답을 수동적으로 받아들이지 않고 스스로 답을 만들어 내야 한다. 소크라테스가 제자들을 가르칠 때도 이 접근법을 썼다고 알

려져 있다. 자신의 힘으로 답을 도출해 내라고 요구받은 학생은
이후 학습 효과가 좋아지는 것으로 나타났다. 답이 틀린 경우에
도 효과는 있었다. "학습자가 틀린 답에 자신감을 가질수록 이후
올바른 답을 학습할 때 더 잘 기억하게 된다. 큰 실수를 용인할수
록 최고의 학습을 경험할 수 있다."[139] 하지만 이런 힘겨운 방식으
로 교육을 받아 본 사람이 얼마나 있을까. 진정한 배움에는 시간
이 필요한 법이다. 지금 당장 잘하지 못하더라도 나중에 더 나아
질 수 있다는 믿음을 교육 현장에서는 아직도 받아들이지 못하는
듯하다.[140]

2015년 국제 학업 성취도 평가Programme for International Student As-
sessment, PISA 결과에 따르면 "'맞춤형 교육'은 교육 성과에 영향을
미치는 두 번째로 강력한 요인이었다. 심지어 학급의 규율이나
규모보다 더 큰 영향을 미쳤다." 다시 말해 학생들의 필요에 맞춰
수업을 진행하는 것이 모든 학생을 일률적으로 가르치는 것보다
효과가 좋다는 뜻이다. 우수한 교육 시스템으로 유명한 핀란드의
경우, 수업뿐만 아니라 평가에서도 다양성을 놓치지 않는다. 학생
들은 자기만의 구체적인 목표를 세우고 개인의 강점을 중심으로
평가받을 수 있다.

배움의 자세는 꾸준한 배움이 존중받고 장려되는 환경에서만
유지될 수 있다. 그러나 많은 조직에서 '정보가 곧 힘'이라는 믿음
때문에 배움을 방해하는 행동이 나타나기도 한다. 예컨대 구성원
들이 아이디어를 공유하지 않고 협력하지 않을 수 있으며, 사고

방식을 바꾸거나 새로운 실험에 도전하기보다는 그저 정보를 얻는 일에만 집중할 수 있다. '공부하는 조직'을 표방하는 기업은 많다. 하지만 실제로 단기적인 업무 수행보다 꾸준한 배움을 장려하고 지원하는 곳은 드물다. 배움을 성공의 지표로 삼고 보상까지 하는 기업은 더더욱 찾아보기 어렵다. 설령 그런 기업이 있다 해도 '전통적인 자격'을 갖춘 경우만 인정한다. 결국 그런 전통적인 자격을 갖춘 사람이 더 많이 채용되고 승진하고 보상을 받는다. 반면 다양한 방식으로 학습하고 탐구하는 사람은 계속해서 외면당한다.

학교에도 비슷한 모순이 존재한다. 학교는 대개 힘을 합쳐 지식을 탐구하고 발견하는 방법보다는, 개인이 고정된 지식을 습득하는 방식을 가르친다. 예외적으로 변화를 받아들인 학교의 경우, 프로젝트 기반의 수업을 주로 진행하고 있다. 북유럽 국가 학생들은 프로젝트 그룹별로 일과 시간을 보낸다. 이 과정에서 아이들은 협력을 체득한다. 함께 실험하는 법, 서로의 생각을 발전시키고 지지하는 법, 때로는 친구의 의견에 반박하는 법도 배운다. OECD 국가 중 학생들이 그룹 활동을 가장 많이 하는 나라는 덴마크다. 학교 과제도 대부분 그룹 활동이다. 성적도 그룹 활동이 가장 크게 반영되는데, 특히 각 학생이 그룹 내에서 어떻게 소통하고 얼마나 기여했는지를 평가 기준으로 삼는다. 이러한 방식은 대학에서도 이어진다. 대학 과제는 주로 2~3명이 함께 수행한다. 필기시험보다 구술시험이 훨씬 흔한데, 구술시험은 지식뿐만 아니라 아이디어와 경험도 함께 논의하고 탐구할 수 있다. 지식 쌓기에만 초점을 맞추는 전통적인 시험과는 무척 대조적이다.

공동의 목표를 달성하기 위해 함께 노력한다는 협동 학습cooperative learning이 새로운 개념은 아니지만 실상은 제대로 받아들여지지 않고 있다.[141] 예를 들면 교육 과정에서 학생들의 소통 방식에 대해서는 종종 간과된다. 그러나 소통 방식은 학습의 질은 물론 학교생활에 대한 만족도와 친구들과 자기 자신에 대한 평가에도 막대한 영향을 미친다. 알피 콘의 연구도 이러한 접근법을 뒷받침한다. "서로 배타적인 목표를 초월해 함께하는 구체적인 이미지를 하나 꼽자면, 아이들 서너 명이 테이블에 둘러앉아 적극적으로 정보를 주고받고 아이디어를 나누는 모습일 것이다."[142] 실제로 리더십 교육을 하다 보면 기업들이 '팀원과 소통하는 법'이나 '어려운 대화 나누는 법' 같은 주제를 요청하는 경우가 많다. 이런 걸 보면 어릴 때부터 협동하며 배운 것들이 평생 도움이 되는 것 같다.

더 진보한 교육 시스템은 학생들에게 더 큰 영향을 미친다. 네덜란드의 역사 수업에서는 기술의 도움을 받아 학생들이 어떤 시대를 배울지, 또 그 시대의 어떤 부분에 집중할지 선택할 수 있다. 이렇게 자율성과 선택권을 주면 학생들의 학습 의욕이 크게 샘솟는다. 나는 학생들이 모두 똑같은 역사를 배운다는 사실에 항상 의문을 가지고 있었다. 굵직한 사건들은 기억하고 있지만 그 시기를 전후한 사건을 아는 사람은 거의 없다. 역사 속 경제, 사회,

문화에 대해서는 더더욱 모른다. 획일적인 교육 과정 때문에 국민의 역사 지식에 제약이 걸린 셈이다. 국민이 각기 다른 역사를 공부하면 이를 합쳤을 때 국가의 역사를 두루 알게 되고 다양한 관점으로 역사를 바라볼 수도 있다. 그러나 모두가 똑같은 역사를 배운 탓에 지식을 모아 보아도 전부 똑같은 이야기뿐이다. 매슈 사이드는《다이버시티 파워》에서 이런 상황을 두고 "개인적으로는 통찰력이 있으나 집단적으로는 눈이 먼 상태"라고 표현했다.[143]

교육의 현실

여전히 수동적인 학습이 만연해 있다. 사람들은 어떻게 해야 사고방식과 행동을 바꾸는지, 궁극적으로 어떻게 리더십과 성과를 향상시킬 수 있을지 아직도 잘 모르는 것 같다.

답답하게도 수많은 리더십 프로그램이 성찰이나 새로운 실험의 비중은 줄이면서 그저 많은 콘텐츠를 욱여넣는 식으로 만들어진다. 그게 어떤 결과를 초래할지 제대로 고려하지도 않은 채 말이다. 이런 계발 프로그램에서는 단기적인 성과를 내야 한다는 요구 때문에 체크리스트처럼 확인할 수 있는 콘텐츠로 구성되기 마련이다. 하지만 지식 습득은 대체로 시간 낭비다. 프로그램의 목표였던 의미 있는 학습, 개인의 성장, 일터의 변화가 전혀 일어나지 않는다면 말이다. 실제로 이런 리더십 프로그램은 학습한 내용의 10퍼센트만이 행동 변화로 이어진다고 하며,[144] 교육 프로그램에 참여한 사람 중 70퍼센트는 1년이 지나면 이전의 행동을 되풀이한다.[145] 뿐만 아니라 배운 것을 실제로 활용할 수 있도록 후속 조치를 취하거나 지원하는 경우도 드물다. 변화는 하루아침에 일어나지 않으며 습관을 바꾸려면 시간이 필요한 법인데 말이다. 실상 그럴 여유도 없다. 많은 임원이 배움에 따로 시간을 낼 때마다 죄책감을 느낀다고 한다. 이러니 학습을 마치고 본래의 자리로 돌아가 배운 것을 되새기거나 동료와 공유할 시간을 내기란 더더욱 불가능하다. 결국 학습 효과는 희미해지고 예전의 모습으로 돌아갈 수밖에 없다. 게다가 이런 리더십 프로그램은 리더들의 이력과 경험에 상관없이 모두 같은 과정을 거친다. 이러한 현상은 대개 시스템 자체에만 집중하고 그 시스템 안에 있는 사람들에게는 관심이 없을 때 나타난다. 결과적으로 다양성과 창의성보다는 획일성이 강화된다.

영국 학교의 특수 교육을 접하면서 아이러니한 장면을 마주했다. 특수 교육은 표준 교육과 완전히 다른 방식으로 아이들에게 맞춤형 교육을 제공한다. 교과 과정의 틀에 얽매이지 않으며 정해진 지식만 가르치지 않아도 되기 때문에 교사들은 학생의 필요와 적성에 맞춰 자유롭게 교육을 할 수 있다. 성적과 점수에 대한 부담 없이 각 학생에게 맞는 개별 학습 계획을 세우는 것이다. 이는 종종 놀라운 결과를 낳을 뿐 아니라 실제로 아이들의 성장을 극대화한다. 특수 교육이 필요한 아이는 자신의 잠재력을 충분히 펼칠 수 있도록 지원받고 있는데, 특수 교육이 필요하지 않은 아이는 그저 정해진 것만 배워야 한다니 당혹스러울 뿐이다(물론 정규 교과 과정과 시험 제도를 벗어난 아이들이 이후 '인정'받기 위해 필요한 '승리의 티켓'을 얻을 가능성은 없는데, 이들의 능력과 역량은 다소 별나다는 이유로 제대로 평가받지 못하기 때문이다).

학습의 목표는 학습 방식에 큰 영향을 미친다. 관련된 연구에 따르면, 경쟁에서 승리하는 것을 목표로 삼은 사람과 개인의 성장을 목표로 삼은 사람은 학습 경험, 행동, 성과에서 의미 있는 차이가 나타났다. 승리보다 배움을 우선시하는 사람일수록 더 협동적이었다. 이들은 자존감의 변동 폭도 크지 않았으며 다른 사람과의 유대감도 더 크게 느꼈다.[146] 바꿔 말하면, 학습에서도 퍼포먼스를 중시하느냐 결과를 중시하느냐에 따라 이후의 모습이 크게 달라진다.

코칭과 멘토링의 역할

배움에 열린 마음을 갖고 심리적으로 안전한 환경이 조성되었다면 이제 다양한 학습 행동이 자리 잡을 차례다. 대표적으로 코칭과 멘토링, 평가와 성찰이 있다.

코칭 기법의 선구자 존 휘트모어는 코칭을 이렇게 묘사한다.

"코칭은 사람들의 잠재력을 깨워 최고의 성과를 내도록 하는 것이다. 그냥 가르치는 게 아니라 배우도록 돕는 것이다."[147] 코칭에 대한 오해도 있다. 줄리아 밀너Julia Milner와 트렌튼 밀너Trenton Milner가 진행한 연구에 따르면, 많은 관리자가 코칭을 하고 있다고 생각하지만 실제로는 지시하거나 지나치게 간섭하는 경우가 많았다. 이들은 '이렇게 해 보는 게 어때?' 또는 '먼저 이거부터 해 봐.' 같은 표현을 자주 사용했다.[148] 하지만 코칭이란 경청, 질문, 피드백, 공감, 칭찬을 활용하여 상대가 스스로 해결책을 찾도록 돕는 일이다. 이것은 전통적인 지시형 관리자에게 가장 어려운 일이지만 가장 필요한 일이기도 하다.

스포츠 세계의 진보적인 코치들은 선수에게 무엇을 어떻게 해야 하는지 지시하고 설명하기보다는 스스로 깨달을 수 있도록 질문하고 지지하는 모습을 보여 준다. 이 덕분에 선수는 더욱 뛰어난 퍼포먼스를 발휘할 뿐 아니라 압박 속에서도 능력이 향상된다. 두 가지 방식을 모두 경험해 본 바로는, 퍼포먼스에 미치는 영향이 확연히 달랐다. 지시가 연달아 내려지면 내가 지시를 잘 따르고 있는지 판단하기 어려워 결국 꾸중을 듣게 된다. 스스로 고민할 시간이 없다 보니 의욕과 능력 모두 꺾일 수밖에 없다.

하지만 스스로 생각하고 의견을 피력한다면, 자신의 생각에 어떤 빈틈이 있는지 깨닫고 그 빈틈을 직접 메워야 한다면, 여기에 코치의 도움까지 받을 수 있다면 이는 완전히 다른 경험이 된다. 훈련에 잘 적응하는 것은 물론 자신감도 향상된다. 깨달음은 보다 오래 남을 것이다. 가장 좋은 건 스스로 생각하는 훈련으로 판단 능력이 길러진다는 점이다. 이런 능력은 실전에서 빛을 발한다.

코칭과 마찬가지로 멘토링 역시 기존의 고정관념에서 벗어나고 있다. 멘토링은 더 이상 연장자나 경험 많은 사람이 젊은 사람에게 하는 훈계가 아니다. 오늘날 멘토링은 포용적인 환경을 조성하고 자유롭게 배울 수 있는 안전한 공간을 만드는 데 가장 효과적인 도구가 되었다.

피드백의 힘

피드백은 우리에게 익숙한 개념이지만 제대로 작동하지 않는 경우가 많다. 나는 피드백이 조직마다 얼마나 다르게 이루어지는지, 경우에 따라 한없이 해로울 수 있고 한없이 긍정적일 수 있는지를 발견할 때마다 깜짝 놀라곤 한다.

내가 몸담았던 스포츠 세계에서 피드백은 일상이었다. 올림픽 조정 선수가 받는 피드백은 어떻게 보트를 더 빠르게 움직일 수 있는지에 관한 것이었는데, 개인적인 내용은 제외하고 보트의 속도에 관해서만 이야기했다. 피드백은 공동의 목표가 있을 때 주고받기가 훨씬 수월해진다. 공동의 목표와 비전이 없다면 피드백은 개인을 향한 위협이나 공격처럼 느껴질 수 있다. 결국 어떻게 성장할 수 있는지 허심탄회하게 대화를 나누려면 신뢰가 바탕이 되어야 한다.

조정 팀에는 부정적 피드백과 긍정적 피드백의 구분이 없었다. 오로지 보트의 속도를 높이는 데 도움이 되는지 아닌지만 따질 뿐이었다. 피드백의 전달 방식도 중요하지 않았다. 때로는 아주 강하게 전달되더라도, 우리는 그 피드백에서 배울 점에 집중했다. 우리 팀에서 피드백은 누구에게나 열려 있었다. 동료 선수, 코치, 스포츠 심리학자, 영양사, 생리학자, 생체 역학자, 의료진 등 우리를 지원하는 모든 전문가가 피드백을 줬다. 우리 역시 피드백을 받기 위해 적극적으로 나섰다. 은퇴한 선수들에게 조언을 구하기도 했고, 나처럼 비교적 늦은 나이에 스포츠에 입문한 타 종목 선수들을 찾아가 이야기를 듣기도 했다.

반면 공무원 사회에 발을 들였을 때는 피드백을 주고받는 방식이 너무 달라서 충격을 받았다. 우선 피드백 자체가 드물었다. 피드백을 좋아하거나 원하는 사람이 없었기에 피드백을 주는 상황 자체가 어색하기 짝이 없었다. 무엇보다 가장 심각한 문제는 피드백을 개인에 대한 평가로 받아들인다는 점이었다. 실제로 그곳에서 이루어지는 평가 과정은 미래의 가능성보다 과거의 실패에 초점을 맞추고 있었기에 무척 비효율적이고 직원들의 사기만 꺾는 결과를 초래했다. 나는 이 문제를 해결하고 싶었지만 쉽지 않았다. 스포츠 팀과 달리 왜 직장은 건설적인 피드백 문화를 만들기 어려운지 곰곰이 생각했다. 결론적으로 평가가 어설픈 것을 떠나서, 피드백 역시 다른 기술처럼 꾸준히 연습해야 잘할 수 있는 것이었다. 실제로 조정 팀은 노 젓는 방법을 연구하듯이 피드백을 주고받는 방법도 연습하고 평가하며 개선해 나갔다.

피드백은 우리 주변에서 쉽게 찾을 수 있는 훌륭한 학습 자원이다. 조직에는 유용한 정보를 가지고 있거나 경험 있는 사람이 많기 때문이다. 그런데 우리는 얼마나 자주 다른 사람의 의견을 적극적으로 구하고 있을까? 조직 신경 과학자들은 피드백을 받을 때마다 뇌의 '위협' 영역이 자주 활성화되는 것을 확인했다. 위협을 느끼면 피드백을 수용하고 학습하는 능력이 떨어졌다. 하지만 자신에게 무엇이 필요하고 언제 누구에게 피드백을 받을지 스스로 결정하면 뇌는 다른 반응을 보였다. 피드백을 자율적으로 받고자 할 때, 위협을 느끼지 않게 된다. 한 연구에 따르면 '피드백'이라는 단어는 과거의 좋지 않은 경험과 결부되어 부정적인 의미로 인식되기 쉬우므로 '조언'을 구한다고 생각하는 게 낫다고도 한다. 물론 어떻게 부르든 상관은 없다. 우리 주변에 늘 존재하는 이 배움의 원천을 잘 활용할 수만 있다면.

성찰의 시간을 가져야 한다

'성찰'이라는 주제가 점점 더 주목받고 있다. 리더십 프로그램을 진행할 때마다 참가자들에게 이 시간 동안 무엇을 얻고 싶은지 물으면 '성찰의 시간'이라는 답변이 빠지지 않는다. 그만큼 그들이 시끄럽고 바쁜 환경에서 일하고 있다는 뜻이기도 하다. 사람들은 성찰의 중요성을 잘 알고 있고 지금보다 더 많이 성찰해야 한다는 사실도 인지하고 있다. 그러나 실천하기가 쉽지 않다. 우리가 일하는 환경은 성찰할 시간을 만들어 주지 않으니 말이다.

NASA는 임무가 끝날 때마다 2년에 걸쳐 피드백을 주고받고 그 안에서 교훈을 얻는다. 초기 피드백은 물론이고, 시간이 지나면서 쌓이는 경험과 통찰도 꼼꼼하게 살핀다. 우리보다 훨씬 바쁜 빌 게이츠나 버락 오바마 같은 사람들도 사고의 폭을 넓히기 위해 시간을 내어 책을 읽는다. 최고의 스포츠 팀 내에는 성찰과 평가가 DNA처럼 박혀 있었다. 이들은 물 위에서 얼마나 빠르게 움직였는지 말고도 팀원들과 얼마나 잘 소통하고 협력했는지, 마음가짐이 경기에 어떤 영향을 미쳤는지도 평가했다. 심지어 얼마나 잘 평가하고 학습 능력을 극대화했는지까지 평가했다.

우리는 결과와 상관없이 경기를 복기하며 무엇이 잘 이루어졌고 무엇을 개선해야 하는지 살펴보았다. 이 원칙은 일상적인 훈련에도 그대로 적용된다. 성찰은 승패와 상관없이 이루어져야 한다. 만약 실패만을 성찰하려 한다면 그저 책임을 떠넘기고 희생양을 찾는 시간이 되고 만다. 이럴 땐 감정이 격해지기 때문에 무언가를 배우기도 어렵다. 반대로 성공을 되돌아보지 않으면 무엇이 성공의 밑거름이었는지 알 수 없다. 성찰이 일상의 한 부분으로 자리 잡으면 언제까지나 엄청난 추진력을 얻을 수 있으며, 결과에 따라 감정, 경험, 배움에 기복이 생기지 않을 수 있다.

끊임없이 배우겠다는 마음가짐을 가지면 성공을 단순히 결과나 순간으로 바라보지 않게 된다. 결승선을 가장 먼저 통과하느냐 마느냐와 상관없이 지속적인 성장의 세계로 나아가는 것이다. 결승선을 통과하는 순간은 성장의 연장선일 뿐, 갑자기 마주하는 낭떠러지 같은 것이 아니다. 선수라면 중압감이 큰 순간을 즐기면서 최고의 퍼포먼스를 보일 수 있으니 또 하나의 원원인 셈이다. 직장인도 마찬가지다. 가끔씩 짧은 외부 교육 기회에만 의존하고 결과에만 집중하는 식으로 학습한다면 매일매일 성장하고 잠재력을 계발할 수 없다.

꾸준히 배우는 조직을 만드는 또 다른 방법으로 '점진적 성과marginal gains' 접근법이 있다. 이것은 작은 성과가 쌓이면 커다란 성과로 이어진다는 의미로, 구성원들이 크고 중요한 성과뿐만 아니라 사소한 성과도 인지하고 기념하게 한다. 데이브 브레일스포드Dave Brailsford는 영국 사이클 대표 팀 감독으로서 점진적 성과 접근법을 극단적으로 추구한 결과 베이징, 런던, 리우데자네이루 올림픽에서 놀라운 성과를 거두었다. 이 감독의 점진적 성과 접근법은 다음과 같은 방식으로 이루어졌다. 첫 번째로 선수들이 경기장에 자신의 베개를 가져가 잠자리를 편하게 만들었다. 환경의 작은 부분까지 통제하며 선수들의 수면, 회복력, 정신 건강에 신경 쓴 것이다. 두 번째로 감기에 걸리거나 감염될 위험을 줄이기 위해 철저한 위생 습관을 들였다. 마지막으로 F1 풍동 테스트를 활용해 사이클 선수와 봅슬레이 선수의 헬멧을 공기 역학적으로 정교하게 개선했다.

사소한 개선이 큰 성과로 이어진다는 점진적 성과 철학 덕분에 모두가 팀 목표에 기여할 수 있었으며, 이러한 한 명 한 명의 기여가 중요하게 여겨졌다. 선수들은 각자 책임감을 가지고 자신이 배운 것을 다른 사람과 적극적으로 공유했다. 심지어 스포츠 세계 바깥에서 아이디어를 가져오기도 했다. 이렇게 배우려는 분위기가 퍼지자 서로 다른 스포츠 종목들은 이전에 경험하지 못한 방식으로 연결되기 시작했고 영국 스포츠에 긍정적인 흐름을 만들어 냈다. 이 과정은 제2차 세계 대전 이후 일본 기업들이 채택한 카이젠kaizen을 연상케 한다. 카이젠은 개선을 뜻하는 일본어에서 비롯된 말로, 이른바 도요타 웨이Toyota Way의 핵심 요소이기도 하다. 도요타는 기업 전체에 걸쳐 지속적인 개선을 추구한 결과 엄청난 성공을 거두었다. 물론 아이디어 자체는 새롭지 않지만, 우리의 사고방식, 행동, 관계처럼 눈에 잘 보이지 않는 영역에 아이디어를 적용한다면 삶의 전반에서 성과를 끌어올릴 가능성이 커진다.

배움은 우리가 성장하고 발전하는 경험을 즐기는 과정이 되어야지, 자신을 깎아내리는 과정이 되어서는 안 된다. 종종 끊임없이 배운다는 것의 의미를 잘못 이해한 나머지 자신의 능력이 부족하다고 결론짓는 경우를 보았다. 이렇게 해서는 자신을 있는 그대로 받아들일 수 없다. 또한 아무리 노력해도 성과를 내고 있다고 느낄 수 없기 때문에 자존감 역시 떨어진다. 우리는 끝없이 변화하는 세상 속에서 성장하기 위해 배운다. 진정한 배움은 아직 계발되지 않은 잠재력과 가능성을 탐구하는 것이다. 그러니 실패 또한 수용할 수 있다.

배움은 평생의 도전이자 기회다. 우리는 배움을 통해 의미를 찾고 목적을 발견할 수 있다.[149] 배움은 혼자 고립되어서는 일어날 수 없다. 공동체의 일원이 되어 구성원들과 함께 배워 가야 한다. 이는 롱 윈 사고의 세 번째이자 마지막 요소인 '연결'로 이어진다.

꾸준한 배움을 실천하는 법

- 하루 중 언제 자동 조종 모드에 빠지고 언제 고정관념에 사로잡히는지, 또 언제 배움에 마음을 여는지 살펴본다.
- 가까운 주변 사람들도 꾸준히 배울 수 있는 방법을 고민해 본다.
- 코칭, 멘토링, 피드백, 성찰, 평가 등 배움이 일어나는 곳에 투자한다.
- 개인 또는 팀 단위로 (공식적이든 비공식적이든) 학습하고 성장하는 모습을 비전과 성공의 지표로 삼는다.
- 나와 다른 사람들을 이해하기 위해 어떤 질문을 던지면 좋을지 고민해 본다.
- 과거에 배운 것과 앞으로 배워야 할 것, 그리고 지금은 잊어야 할 것과 앞으로 다시 배워야 할 것이 무엇인지 파악한다. 더 나은 사람이 되기 위해 이를 어떻게 활용할지도 고민한다.

12장

사람이 먼저다

연결

고대 그리스 정치인 페리클레스는 이렇게 말했다. "당신이 남기는 것은 비석에 새겨진 글자가 아니라 다른 이의 삶에 엮어 놓은 것들이다."[150] 하버드의 클레이튼 크리스텐슨 교수는 이 말을 빌려 해마다 졸업생들에게 이렇게 조언한다. "얼마나 출세했는지는 중요하지 않습니다. 누군가를 더 나은 사람으로 만들기 위해 얼마나 도왔는지가 중요하죠."[151] 개인으로서도, 한 사회인으로서도 최고의 모습을 보이고 싶다면 관계가 가장 중요하다. 인간은 다른 무엇보다도 깊고 완전한 연결을 추구하기 때문에 관계는 "인간 번영의 본질"일 수밖에 없다.[152]

영국 최고의 하키 선수로 활약하며 메달을 휩쓸었던 알렉스 댄

슨Alex Danson도 18년의 커리어를 마무리하면서 가장 소중한 것이 사람과의 관계라고 말한다. "승리가 중요한 게 아닙니다. 어떻게 승리하는지, 누구와 함께 승리하는지, 누구와 연결되는지가 중요합니다. … 인간관계야말로 성공의 궁극적인 척도라고 생각합니다."[153]

회복 탄력성과 행복을 연구하는 사람들은 언제나 '사회적 자본'의 중요성을 강조한다. 안전하고 포용적인 환경에서 가족, 친구, 동료처럼 당신을 지지해 주는 이들이 필요하다. 회복 탄력성은 힘든 일을 혼자 감당한다고 해서 강해지지 않는다. 오히려 다른 사람에게 도움을 요청하고 배우는 과정에서 생긴다. 그래서 함께 일하는 동료, 함께 사는 가족과 맺는 관계가 우리의 일상과 행복에 큰 영향을 미치는 것이다. 당신은 누군가의 보살핌을 받고 또 스스로를 돌볼 수 있는가? 고립으로 많은 사람들이 고통받았던 코로나19 팬데믹 시기의 연구를 보면 관계가 행복에 얼마나 중요한지 알 수 있다. 회복 탄력성은 일종의 '팀 스포츠'와도 같다.

우리는 인생의 아주 이른 시점부터 연결을 경험한다. 심리학자 테리 올릭Terry Orlick은 아이들에게 있어 협력 경험이 심리적 건강을 발달시키는 데 가장 중요한 요소라는 결론을 내렸다.[154] 이 사실은 우리가 살아가는 내내 유효하다. 그런데 우리는 과연 가족이나 친구, 동료와의 관계를 얼마나 중요시하고 의식적으로 발전시키고 있는가? 오늘 할 일을 체크하는 데 그치지 말고, 주변 사람들과 잘 지내기 위해 무엇을 했는지도 자문해 보자. 함께 살고 함께 일하는 사람들이 어떤 경험을 하기를 바라는가? 마지막으로, 당신은 누구와 연결되어야 삶에 새로운 차원을 더할 수 있는가?

사람을 얻으면 모든 걸 얻는다

연결은 세 가지 C를 서로 이어 주는 접착제와 같다. 팀으로 연결되지 못하면 무엇을 해야 하는지 명확하게 알 수 없고, 친구, 동료, 고객과 연결되지 못하면 새롭게 배울 수 없으니 말이다. 문제를 예측해서 불확실한 미래를 대비할 수도 없고, 무엇보다 함께 성장하고 잘 지낼 수가 없다. 인생 전반에 걸쳐 관계를 제대로 가꾸지 못하면 협력이 필요한 상황을 헤쳐 나갈 가능성도 사라진다.[155] 성공하기 위해서는 많은 것이 필요하다. 누군가의 코칭과 피드백도 필요하고 기존의 틀을 깰 줄도 알아야 한다. 이런 것들이 가능하려면 도움을 주고받는 관계를 만들어야 한다. 나와 다른 관점과 색다른 사고를 경험할 때 비로소 당신의 사고가 확장된다.

이제 관계를 만드는 과정에 어떤 장애물이 있는지 살펴볼 차례다. (적어도 기술적으로는) 전 세계 사람들과 연결되는 일이 그 어느 때보다 쉬워졌음에도 불구하고 우리는 점점 더 고립되고 있다. 공동체 의식과 사교성을 잃었고 쉽게 외로워하며 불안과 적대감은 날로 커졌다.[156] 연결감의 깊이가 기술의 발전을 따라잡지 못한 것이다. 여기에는 사람보다 시스템을 우선시하는 사고방식이 수십 년간 직장, 학교, 사회 전반에 퍼져 나간 탓도 있다.

진정으로 연결되고 싶다면 단순히 거래에 기반한 피상적 관계를 넘어서야 한다. 작가이자 경영학 교수인 브레네 브라운은 연결을 사람들 사이에 존재하는 에너지로 정의하면서, 이 에너지는 "서로를 존중하고 인정하며 가치를 알아줄 때, 상대를 판단하지 않고 무엇이든 주고받을 수 있을 때, 그리고 관계에서 생명력과 힘을 얻을 때 생겨난다."라고 말했다.[157]

외교의 기본은 상대방과 깊은 관계를 맺고 동맹을 구축하는 방법을 찾는 것이다. 상대방과 나 사이를 문화, 언어, 역사, 정치 등 다양한 장벽이 가로막을 수도 있다. 장벽을 허물 수 있는 건 진정성 있는 관계를 맺는 것뿐이다. 나는 협상을 배우기 위해 늘 현장을 주의 깊게 살폈다. 협상을 잘하는 사람들은 어떻게 행동하는지, 지난 협상은 어땠는지를 곱씹어 보며 우리의 강점과 약점을 잘 활용할 수 있는 방법을 고민했다. 협상에 정해진 규칙은 없었기에 연차가 쌓여도 배움은 계속되었다. 이 협상에서 효과를 본 방법이 다른 협상에서도 통할 거라는 보장은 없었다. 우리는 협상하는 태도를 더 유연하게 바꾸었다. 그리고 상황에 온전히 집중하며, 협상 과정에서 기회를 포착하는 법을 익혔다. 협상이 어떻게 흘러갈지 예단하거나 추측하지 않았다. 상대방과 얼마나 잘 교감하고 있는지에 집중할 뿐이었다.

콘돌리자 라이스가 국무 장관으로서 마지막 해외 순방을 돌던 때, 영국 외무부를 방문해 감명 깊은 이야기를 들려주었다. 그녀는 자신이 정부에서 일하면서 겪은 성공과 실패에는 모두 '관계'가 결정적이었다고 말한다. 문제가 얼마나 어렵고 복잡한지, 팀이 얼마나 유능한지와는 상관없었다. 전 세계 상대국들과 인간적인 관계를 맺지 못하면 성과를 내기 어려웠다고 한다.

외무부에서 사라예보로 첫 부임을 떠나기 전, 발칸반도에서 오랫동안 일한 한 외교관을 만난 적이 있다. 나는 그에게 그 지역에 대해 통찰력 있는 지정학적 견해를 들을 수 있으리라 기대했다. 하지만 그는 역사나 정치 이야기는 거의 하지 않았다. 대신 앞으로 함께 일하게 될 사람들과 진정성 있는 관계를 구축하는 것이 중요하다는 조언을 건넸다. 그래야 책으로는 절대 얻을 수 없는 보스니아에 대한 깊이 있는 관점을 배울 수 있을 거라고 했다. 또 누가 배후에서 영향력을 행사하는지 알 수 없으니 그 누구도 과소평가하거나 속단하지 말라고도 조언했다. 마지막으로 공통점이 전혀 없어 보이는 사람과도 관계를 쌓을 수 있는 세 가지 방법을 알려 주었다.

1. 상대가 누구든 직책을 넘어서 그 사람 자체를 보세요. 그게 대통령이든 대사든 택시 기사든 상관없습니다. 그 사람이 무엇을 위해 아침에 눈을 뜨는지, 마음 깊이 무엇을 아끼고 사랑하는지를 알아야 해요. 몇 시간이고 며칠이고 협상을 이어 가다 지쳤을 때, 이들에게 진정으로 중요한 것이 무엇

인지를 떠올려야 합니다.

2. 적게 말하고 많이 들으세요. 1번을 실천하려면 일단 경청할 줄 알아야 하니까요. 사람들은 언제나 무언가를 털어놓고 싶어 합니다. 문제는 당신이 들을 준비가 되어 있는가죠. 상대가 무슨 말을 하는지, 어떻게 말하는지, 또 어떤 말은 하지 않는지, 그 이면의 의미는 무엇인지 전부 들어야합니다. 많은 사람이 말하기를 중요하게 여기는데, 듣기야말로 설득의 핵심입니다.

3. 공통점을 찾아요. 언어, 역사, 정치, 문화 등 서로 다른 점은 금방 보입니다. 이런 차이는 잠시 잊고 공통점을 찾는 데집중해 보세요. 어떤 사람과도 반드시 공통점은 있기 마련입니다. 공통점을 찾기만 하면 협력은 시작될 겁니다.

그의 조언은 내 마음속에 여전히 울림을 준다. 이는 협상을 할 때뿐 아니라 나의 일상에도 큰 영향을 미쳤다. 인질 협상가 출신 크리스 보스와 비즈니스 심리학자 애덤 그랜트 같은 협상 전문가들 역시 공통 기반을 쌓고 강화하는 것이 중요하다고 강조한 바있다. 사람과 사람이 연결되기 위해서는 눈에 잘 보이지 않거나측정하기 어려운 문화, 경험, 행복을 이해해야 한다. 그리고 그에맞는 마음가짐, 행동, 관계를 발전시켜야 한다.

문화, 경험, 그리고 행복

오래전부터 문화는 아주 중요한 것으로 여겨졌다. 엔론 사태, 체르노빌 참사, 세계 각국의 보건 문제의 중심에는 언제나 문화가 있었다. 문화는 생각과 감정의 더 깊은 층위와 관련이 있다. 조직 문화를 바꾸고 싶다면 직원들이 어떤 감정을 느끼는지, 어떤 신념을 가지고 있는지, 어떤 경험을 하고 있는지를 이해해야 한다. 감정, 신념, 경험이 직원들의 생각과 행동을 이끌고, 그에 따라 결과가 달라지기 때문이다.

리더들은 보통 어떤 주제를 이해하고 싶을 때 그와 관련된 수치를 찾는다. 그러나 '조직 문화 점검'이니 '몰입도 조사'니 하는 것들은 형식적인 답을 줄 뿐이다. 문화를 제대로 이해하려면 비공식적이든 공식적이든 여러 피드백을 바탕으로 한 정보를 정기적으로 수집해야 한다. 직원들에게 단순히 업무나 성과를 묻는 데 그쳐서는 안 된다. 일하면서 무엇이 재밌고 무엇이 어려운지, 무엇 때문에 스트레스를 받고 무엇 때문에 만족하는지 등을 물어야 한다. 조직 문화를 외부 설문 조사에 의존하거나 인사 팀(심지어 마케팅 팀)의 소관이라고 여기는 건 잘못이다. 구성원 모두가 조직 문화를 만들어 가는 주체임을 잊어서는 안 된다.

나는 수석 코치의 요청으로 영국 여자 조정 올림픽 팀의 문화를 연구한 적이 있다. 당시 조직 문화 전문가인 앨리슨 메이트런드 박사와 함께 포커스 그룹 인터뷰를 진행하고 정성 분석을 수행했다. 사실 조직의 불문율을 파악하기란 쉽지 않은 일이다. 우리는 비유를 활용하기로 했다. 선수들에게 자신의 팀에서 지켜야 할 '십계명'이 무엇인지를 묻자, 그들은 본능적으로 자신의 마음속 깊은 이야기를 털어놓기 시작했다. 그 과정에서 팀의 하위문화를 이해할 수 있었다. 하위문화는 선수들이 큰 압박과 스트레스를 받을 때 서로를 돕는 중요한 역할을 했다. 예를 들면 라커 룸은 여성 선수끼리 서로의 약점을 공유하고 필요한 도움을 주고받으며 대화를 나누는 공간이었다. 라커 룸 바깥 체육관의 분위기는 지나치게 남성적이고 경쟁적이었기에 그런 대화를 나누기 쉽지 않았다. 우리는 여성 선수들에게 적대적이거나 불편한 환경을 지적했다. 이를테면 체육관을 사용할 땐 남자 선수들이 우선권을 가지고 있었다. 또한 체육관은 입구부터 남자 선수들의 사진이 가득 걸려 있었다. 다행히 수석 코치가 즉각적으로 바꿀 수 있는 부분이 많았다. 처음에는 논의하기 어려워 보이던 문제도 열린 마음으로 논의하니 미래를 위해 의식적으로 함께 해결해 갈 수 있었다.

6장에서 살펴봤듯이, 여러 스포츠 단체와 각국의 올림픽 위원회는 선수들의 기량과 복지를 동시에 개선하기 위한 문화를 만들기 위해 노력하고 있다. 이제 영국의 모든 올림픽, 패럴림픽 종목은 정기적으로 '문화 건강 검진'을 받는다. 메달을 따는 것만큼이나 문화를 만드는 것 역시 성공의 중요한 지표가 된 것이다. 물론 오랜 세월 뿌리 깊게 자리 잡은 메달 지상주의를 극복하기란 쉽지 않을 것이다.

사람이 떠나지 않는 곳이 좋은 조직이다

스포츠 단체와 관련 기관은 '선수의 경험'에 주목하기 시작했다. 과거에는 재능을 발굴하고 신기술을 도입하는 식으로 성과를 내려 했다면, 이제는 선수들의 이탈을 막는 데 집중하기 시작한 것이다. 선수 생활을 더 오래 할 수 있는데도 올림픽에 한 번 출전하고 은퇴하는 선수들이 너무 많았다. 그리고 엘리트 선수들의 경험을 개선할 수만 있다면, 단순히 선수의 은퇴를 막는 것 이상으로 더 큰 성과를 낼 수 있을 것이었다.

가레스 사우스게이트Gareth Southgate는 당장의 성과보다 문화를 우선시하는 좋은 본보기를 보여 주었다. (영국 총리보다 더 어려운 자리라고 평가받는) 잉글랜드 축구 국가대표 팀 감독을 맡게 되었을 때, 그는 끊임없이 배우겠다는 자세로 임했다. 그가 주목한 건 축구가 그동안 무시해 왔던 올림픽 비인기 종목의 감독과 퍼포먼스 담당자였다. 축구 시장은 막대한 부를 축적했고 팬덤과 브랜드 가치를 모두 갖추었다. 그럼에도 사우스게이트는 수많은 혁신이 일어나고 있는 다양한 올림픽 세계를 참고하고자 했다.

가레스 사우스게이트는 새로운 선수들로 구성한 잉글랜드 축구 팀을 이끌고 인터뷰에 나설 때마다 '경험'이라는 단어를 빠뜨리지 않았다. 사우스게이트는 이전 감독들과 확연히 달랐다. 스포츠 기자들이 2018 러시아 월드컵의 목표가 무엇인지 물으면 그는 선수단과 지원 팀이 경험하기를 바라는 것들을 이야기했다. 기자들은 혼란스러운 듯 비슷한 질문을 반복했다. "어느 단계까지 가야 성공일까요? 조별 리그 통과인가요, 8강인가요, 아니면 4강인가요?" 가레스는 다시 한번 목표를 분명히 했다. 선수단과 지원 팀 모두 월드컵에서 최고의 경험을 하는 것이라고 말이다.

그는 이들이 최고의 경험을 하면 최고의 기량을 발휘할 수 있을 것이라 확신했다. 모두가 최고의 기량을 발휘하면 최고의 결과를 낼 가능성도 높아진다. 물론 불확실하고 통제 불가능한 변수들(예를 들어 골대나 심판 판정) 역시 늘 염두에 두어야 했다. 사우스게이트는 선수단과 지원 팀(그는 두 집단을 항상 함께 언급했다)이 긍정적인 경험을 할 수 있도록 환경을 조성하는 것이 자신의 역할이라고 믿었고, 그러면 결과는 저절로 따라온다고 생각했다. 스포츠 기자를 비롯해 구시대적 사고에 익숙한 사람들은 그의 말을 이해할 수 없었다. 하지만 사우스게이트와 잉글랜드 대표 팀은 이후 25년 만에 최고의 성적으로 월드컵을 마무리하고 여러 해 동안 꾸준히 좋은 성과를 내며 이러한 사고방식의 효과를 증명해 보였다.

2018년 월드컵 16강전에서 사우스게이트의 놀라운 리더십이 또 한번 드러났다. 8강 진출이 걸린 콜롬비아와의 경기에서 승부차기로 힘겹게 승리한 후, 사우스게이트 감독은 승부차기를 실축한 콜롬비아 선수에게 다가가 위로를 건넸다. 모두가 승리에 열광하던 순간에 그는 상대 팀 선수의 기분에 공감하고 함께 눈물을 흘린 것이다. 또한 사우스게이트 감독은 대회 기간에 페이비언 델프Fabian Delph가 아이의 출산을 위해 집에 가는 것을 적극적으로 권장했다. 어떤 올림픽 선수는 해외 전지훈련 중 스케줄을 바꿀 수 없다는 이유로 제왕 절개 수술을 하는 아내에게 전화조차 걸 수 없었다고 한다. 이것만 봐도 그의 행보가 스포츠 세계에 대한 많은 편견을 바꿔 놓기 충분했다.

잉글랜드 축구 협회가 네덜란드 출신의 사리나 비흐만Sarina Wiegman을 잉글랜드 여자 축구 대표 팀 감독으로 선임했을 때, 협회가 원하는 감독의 스타일을 명확히 알 수 있었다. 비흐만은 선수들에게 강력한 지지와 애정을 보이면서 최고의 역량을 끌어냈다. 그 결과 2022년 유로 여자 대회에서 우승을, 2023년 여자 월드컵에서 준우승을 차지했다. 월드컵 경기 중 19살의 로런 제임스Lauren James가 퇴장당하는 일이 있었다. 순간적으로 이성을 잃고 태클 후 상대 선수의 등을 밟아 버린 것이다. 과거에 비슷한 일을 저지른 선수들은 감독과 언론으로부터 외면당했다. 하지만 비흐만은 로런이 아직 어린 선수임을 강조하며 그녀가 이번 경험을 통해 배울 수 있도록 자신이 곁에서 돕겠다는 의지를 밝혔다.

경험은 어느 분야에서나 중요하다. 혁신을 위한 인재와 아이디어를 확보하고 기업의 명성을 지키고 싶다면 직원 '유지율'은 더할 나위 없이 중요한 요소다. 이것은 다양한 구성원이 어우러진 포용적 직장을 만드는 데 핵심적인 역할을 한다. 유지율은 교육계에서도 중요하다. 대학들은 학생 유지율을 높이기 위해 대대적으로 운영 방식을 개편해야 했다. 등록금을 내는 학생 세대가 '경험'을 기반으로 대학을 평가하기 때문이다.

타인의 경험에 관심을 가지면 현재 문화 속에서 어떤 일이 벌어지고 있는지 심층적으로 파악할 수 있다. 이러한 통찰이 있어야 문화를 능동적으로 조성해 나갈 수 있다.

타인의 행복에 관심 갖기

그렇다면 직장, 학교, 모임에서 이탈하지 않고 잘 적응하기 위해서는 무엇이 필요할까? 바로 서로의 행복에 진심으로 관심을 가지고 기꺼이 투자하는 문화다.[158] 내가 지금껏 일해 본 팀 중 가장 서로를 아끼고 지지했던 팀은, 이라크 군사 기지에 함께 머물렀던 팀이었다. 한 팀당 4~5명으로 구성되었고 별도의 계급은 존재하지 않았다. 당시 이라크는 전쟁 중이었다. 매일같이 포탄이 날아오는 상황에서 우리는 서로의 안부를 하루에도 몇 번씩 확인했다. 사이렌이 울리면 즉시 바닥에 엎드려 방탄복을 입거나, 재빨리 안전한 곳으로 이동해 방탄복을 입었다. 그리고 무전으로 서로의 상태를 확인했다. 이것이 비상 상황을 대비한 우리만의 간단한 규칙이었다. 적의 공격이 끝난 후에도 다시 한번 무전으로 모두의 안전을 확인한 뒤 업무를 재개했다. 저녁이 되면 다 같이 모여 시간을 보냈다. 우리에게는 의지할 사람이 서로밖에 없었기에 역할이나 위계에 상관없이 서로를 적극적으로 챙겼다. 그런 곳에 있다가 런던으로 복귀해 '평범한' 사무 업무를 맡고 나니, 이라크에서만큼 동료애를 느끼기는 어려웠다. 여기서 알 수 있는 사실은 서로가 얼마나 적극적으로 소통하고 돕는지에 따라 팀워크가 크게 달라진다는 것이다.

어쩌면 코로나19 팬데믹 덕분에 우리는 행복의 중요성을 더 빨리 깨닫게 된 것일지도 모른다. 재택근무와 사회적 거리 두기가 일상이 되자, 회의에 앞서 동료들의 기분을 확인하는 일이 당연시되었다(회의 시작 시 동료의 안부를 묻는 것이 행복을 위한 새로운 접근 방식이라고 묘사하는 기업이 얼마나 많은지 놀랍기 그지없다). 팬데믹 전에는 무엇이 이런 문화를 막고 있었던 걸까? 왜 손에 꼽는 대기업들은 팬데믹을 계기로 온라인 마음 챙김이나 상담을 제공하기 시작했을까? 하지만 팬데믹이 정점에 달한 뒤 얼마 지나지 않아 기업들은 재택근무의 생산성을 우려하기 시작했다. 심지어 일부는 직원들이 사무실로 돌아와야 한다고 주장했다. 다시 행복의 의미를 망각한 채 통제와 불신에 사로잡힌 것이다.

행복의 핵심 요소 중 하나는 자연과의 연결이다. 이는 직업이나 관심사와는 관계없다. 바이오필리아Biophilia 가설에 따르면 인간은 본능적으로 식물이나 동물 같은 자연과 연결되기를 원한다. 최근 주목받기 시작한 생태 심리학은 자연과의 연결이 인간의 번영에 큰 영향을 미친다는 증거를 바탕으로 인간과 자연환경의 관계를 탐구한다.[159] 햇빛이 들지 않고 온갖 기술 장비에 둘러싸여 일하는 사람들에게는 자연과의 연결이 쉽지 않을 수 있다. 하지만 이것은 행복에 매우 중요한 요소다. 자연을 느낄 수 있는 환경에서 일한다면 누가 더 우위에 있는지를 가리는 마초적인 경쟁으로부터 벗어날 수 있다. 번아웃, 우울증, 무기력증을 겪는 직장인들이 늘어나고 있는 현실에서 과연 우리가 어떤 환경에서 일하는 중인지 다시 생각해 볼 필요가 있다.

영국의 비즈니스 포 헬스Business for Health는 기업이 주도하여 결성한 연합으로, ESG에 건강Health을 포함시켜 HESG를 구현하는 것을 목표로 삼는다. 이들은 일 - 건강 지수Work Health Index를 도입하면서 직원의 건강을 위해 적극적으로 나서고 사회의 행복 불평등을 해소하는 일이 어떻게 기업의 이익으로 이어지는지 널리 알리고자 한다.

조직 문화, 업무 경험, 구성원의 행복을 모두 잡으려면 새로운 리더십이 필요하다. 리더는 이 세 가지가 성과를 만드는 핵심 요소임을 이해하고 우선해야 한다. 어떻게 잠재력을 끌어낼 것인가. 배우고 성장하고 발전하려면 어떤 환경을 만들어야 할까. 일터와 조직의 번창을 위해서라도 기계적이고 산업적인 언어 대신 더 유연하고 인간적인 접근을 가져야 한다. 지안피에로 페트리글리에리Gianpiero Petriglieri 교수는 이렇게 말한다. "도구적 성장을 추구하는 만큼 존재론적 성장도 추구하는 경영이 필요하다. 그래야 구성원들이 모순투성이인 인간 본연의 모습 그대로 다양한 조직에서 일할 수 있다."[160]

협력할 줄 모르면 도태된다

협력과 행복이 중요하다는 사실은 누구나 알고 있다. 하지만 이것을 일상에 적용하기란 쉽지 않다. 경영대학원에서는 스파게티면, 마시멜로, 끈을 이용해 탑을 쌓는 활동을 통해 협력이 필요한 상황에서 어떻게 행동하는지 탐구하도록 한다. 이런 활동을 하다 보면 다음과 같은 모습들이 자연스럽게 나타난다.

- 다른 사람의 말을 가로채 자기 말만 하기
- 타인의 아이디어를 무시하기
- 다양한 관점에서 상황을 바라보지 못함
- 자신의 능력이나 올바른 행동 방식을 섣불리 추정하는 모습
- 다른 사람과 자신을 굳이 경쟁적으로 비교하기

활동이 끝나고 자신을 되돌아볼 때가 되어서야 사람들은 자신이 얼마나 협력적이지 않았는지 비로소 깨닫기 시작한다. 이때 협력의 힘을 깨닫는 사람은 기존의 습관을 버리고 협력하는 능력을 주도적으로 발전시킬 수 있다.

협력은 많은 사람에게 낯선 영역이다. 어릴 때부터 학교에서나 직장에서나 제대로 배우지 못했기 때문이다. 능동적으로 협력하려면 경쟁에 반응하고 단기적인 외재적 보상에 자극받는 뇌를 잠재워야 한다. 대신 사회적으로 보람 있는 과정에 참여할 때 활성화되는 뇌를 깨워야 한다. 그래야 보너스나 메달에 연연하지 않고 오래 지속되는 의미 있는 성공을 거둘 수 있다. 문제를 혼자 해결해야 한다거나, 다른 사람의 실패가 곧 나의 성공이라는 식의 고정관념을 깨자. 도움을 받는 것이 반칙이라는 생각도 버리자. 영국의 사업가 폴 스키너Paul Skinner는 이렇게 설명한다.

> 협력 우위collaborative advantage를 만드는 데 실패하는 가장 큰 이유는 문제나 위기에 어떻게 대응할지 서로 머리를 맞대어 탐구하는 과정을 무시한 채 혼자서 문제를 해결하려고 하기 때문이다. … 협력 우위를 통해 가치를 창출할 수 있는데도 그러지 못하는 것이다.[161]

이렇게 잃어버린 가치를 보면 승리에만 집착하는 것이 우리를 얼마나 옥죄는지 알 수 있다. 레스토랑 체인 레온Leon의 공동 창립자이자 CEO인 존 빈센트는《이기는 법, 싸우지 않는 법Winning Not Fighting》에서 이렇게 말한다. "지금껏 내가 일해 온 모든 곳을 돌아봐도 … 협력이 공멸보다 더 뛰어난 결과를 낳았다."[162]

협력은 능동적인 학습 과정이다. 다른 사람에게 나보다 더 나은 점이 있다면 배우고 함께 학습하면서 잠재력을 발휘하는 일이다. 그저 효율만을 추구하며 지식, 자원, 권력으로 우위를 점하던 과거의 경쟁 방식은 쇠퇴하고 있다. 이제는 협력과 혁신, 불확실한 것을 받아들임으로써 창출되는 가치가 그 자리를 대신할 것이다.

세상의 경계는 점점 허물어지고 있다

고도로 연결된 세계는 새로운 기회를 제공한다. 여기에 점점 복잡해지는 사회와 경제 환경, 인간의 의사 결정에 대한 깊은 이해가 더해지면서 이전에 없던 협력 비즈니스 모델이 속속 등장하고 있다. 이른바 '공유 경제'가 대표적이다.

공유 경제는 협력을 기반으로 한다. 디즈니Disney나 워너 브라더스Warner Bros.는 자신들이 소유한 자산으로 성공을 일구었지만, 유튜브YouTube는 사용자들이 만들어 낸 콘텐츠로 가치를 창출했다. 위키피디아Wikipedia와 에어비앤비Airbnb는 브리태니커 백과사전과 대형 호텔 같은 전통 모델에 도전장을 내밀었다. 에어비앤비나 개인 간 차량 렌트 서비스인 이지카easyCar같은 협력 비즈니스 모델은 기본적으로 신뢰와 피드백을 핵심으로 운영된다. 이들이 성공했다는 건 협력이 인간의 본성에 반하지 않음을 보여 주는 또 하나의 증거다.

영국 조정 국가대표로 활동하면서 조정과 관련된 사람들을 많이 알게 되었다. 어느 학교에 조정 팀이 있는지, 속한 선수는 누구인지 줄줄이 읊을 수 있었으나 조정 말고 다른 종목의 선수들은 전혀 몰랐다. 수 캠벨은 영국 체육회를 처음 맡았을 당시, 자신의 인맥을 총동원해 모든 올림픽 종목의 퍼포먼스 담당자를 한자리에 불러 모았다. 종목 간 협력의 새로운 물꼬를 트고 싶었기 때문이었다. 처음에는 의심의 눈초리가 많았다. 어떤 이는 자신에게 도움이 되지 않을 게 뻔하니 시간 낭비라고 생각했다. 이미 성과가 좋은 종목의 담당자는 굳이 배울 게 뭐가 있겠냐며 의문을 제기하기도 했다. 캠벨은 그들에게 각자의 종목에서 무엇이 뛰어난지, 특히 세계적으로 어떤 부분이 앞서 있는지 공유해 달라고 요청했다. 그리고 사이클과 아티스틱 스위밍, 요트와 양궁 등 서로 다른 종목의 담당자들을 짝지어 주었다. 몇 분 지나지 않아 그들은 대화에 푹 빠져 열띤 토론을 벌였다. 심지어 노트를 꺼내 메모를 하며 서로의 비법을 공유하기도 했다.

수 캠벨은 자신이 보물을 발견했다는 걸 깨달았다. 그들은 모두 최고의 환경을 조성해 지금껏 보여 준 적 없는 성과를 내고 싶어 했다. 그리하여 공통의 관심사와 아이디어를 공유하며 각자의 해법을 찾아냈다. 지구력이 중요한 종목의 담당자끼리, 수상 스포츠의 리더끼리 모여 정보와 의견을 주고받으며 말이다.

심리적으로도 큰 효과가 있었다. 모든 종목이 서로 연결되어 하나의 팀, 즉 영국 올림픽 팀Team GB의 일원이라는 생각을 갖게 된 것이다. 그동안 종목별로 고립된 방식으로 일해 왔지만 이제는 그 틀이 깨졌다. 한 종목이 좋은 성과를 내면 다른 종목들은 그 전략을 빠르게 공유받았다. 누군가의 성공을 보며 자신들도 충분히 그렇게 할 수 있다는 자신감에 덩달아 고무되었다. 이렇게 흥미롭고 획기적인 시도에 함께한다는 경험은 지식을 공유하는 것만큼이나 중요하다. 이런 과정을 통해 종목 간의 벽은 점차 허물어진다.

경쟁이 협력보다 더 자연스럽다는 믿음을 버려야 한다. 2장에서 살펴보았듯이 누구나 마음만 먹으면 지금보다 훨씬 더 큰 규모로 협력할 수 있으며 이를 막을 생물학적, 심리학적 이유는 없다. 마거릿 헤퍼넌은 서구 사회가 지난 수십 년 동안 오로지 경쟁에만 집중한 결과 사람들이 더 크고, 더 강하고, 더 냉혹하고, 더 성공적인 경쟁자가 되었다며 열변을 토했다.

> 마치 우리 문화 전체가 테스토스테론으로 가득한 피드백 고리에 갇힌 듯, 우리는 강자가 아니면 약자가 되어야 하고 승자가 아니면 패자가 되어야 한다고 믿는다. 그런데 이런 믿음에 비하면 협력 능력을 키우고자 하는 의지는 미미하기 그지없다. 협력 능력이 우리 안에 잠재되어 있다는 사실은 모두가 알지만, 이를 갈고닦는 데 별다른 노력을 쏟지 않는 것이다.[163]

경쟁자를 이겨야 할 대상이 아니라 함께 배우고 협력할 대상으로 바라본다면 새로운 길이 열린다. 경쟁을 뜻하는 영어 단어

competition의 어원은 competere로, 그 의미는 '함께 노력하다'이다. 이 뜻을 되짚어 보면, 발전하기 위해서는 경쟁자가 반드시 필요하다고 생각할 수 있다. 그렇게 생각하면 스트레스와 두려움도 줄어든다. 스포츠 심리학자와 코치 들은 경쟁에서 '도전'과 '위협'을 구분한다. 만약 미워하거나 두려워하는 상대에게 지고 있다면 위협을 느끼면서 스트레스 호르몬인 코르티솔이 분비된다. 그러면 긴장감이 높아지고 효율적인 사고가 어려워져 결국 퍼포먼스도 떨어진다. 반면 존중하는 상대에게 지고 있다면, 그리고 그런 상대와 최상의 상태로 맞붙고 싶다면 긍정적인 도전 의식을 느껴 명확하게 사고하게 되고 퍼포먼스도 높일 수 있다.

사이먼 시넥은 경쟁의 의미를 재정립하는 방법으로 선의의 라이벌을 제안하면서 자신의 개인적인 경쟁 상대인 비즈니스 석학 애덤 그랜트를 예로 들었다. 그는 그랜트를 이기고 싶었다고 말한다. 하지만 시넥은 이내 깨달았다. 그런 생각 때문에 자신이 성장하는 데 에너지를 쏟기보다는 그를 이기는 데 집중하게 되었고 말이다. "경쟁이란 원래 그런 것 아닌가? 승리를 추구하는 게 경쟁이니 말이다. 문제는 누가 앞서고 뒤처지는지 판단하는 기준이 자의적일 수밖에 없고, 그러다 보면 비교의 잣대를 스스로 정하게 된다는 것이다. 게다가 애당초 결승선도 없었으니 나는 이길 수 없는 경주에 뛰어들었던 셈이다."[164] 이제 그는 그랜트를 경쟁자가 아니라 자신을 더 나은 사람으로 만들어 주는 선의의 라이벌로 인정한다.

스포츠에서도 비슷한 사례를 쉽게 찾아볼 수 있다. 크리스 에버트와 마르티나 나브라틸로바Martina Navratilova는 라이벌 구도를 유지하며 테니스 코트에서 더 높은 경지에 올랐다. 훗날 두 사람은 암 투병이라는 비슷한 경험을 하며 서로를 응원하기도 했다. 로저 페더러Roger Federer와 라파엘 나달Rafael Nadal 역시 수많은 그랜드슬램 결승에서 맞붙으며 서로에게 존경과 우정을 보여 주었다. 이 둘 역시 테니스 역사에 길이 남을 퍼포먼스를 선보였다. 페더러가 은퇴를 선언하고 2022년 9월 나달과 마지막 경기를 치른 후 두 사람은 손을 맞잡고 눈물을 흘렸다.

우리는 더 많이 연결되어야 한다

직장 내 호혜와 베풂에 관한 새로운 연구는 몇 가지 고정관념을 깨뜨린다. 이를테면 베푸는 사람은 이용당할 뿐이라거나, 기꺼이 시간과 에너지를 내어 타인을 돕는 사람은 야망이 없다거나, 착한 사람은 결국 꼴찌가 된다는 믿음이다. 애덤 그랜트는 직장에서 주기, 받기, 주고받기 세 가지 행동을 연구하면서 다음과 같은 사실을 밝혀냈다.

성공한 기버giver는 테이커taker나 매처matcher만큼 야망이 크다. 단지 목표를 추구하는 방식이 다를 뿐이다. … 기버가 성공하면 특별한 일이 벌어진다. 성공이 주변으로 퍼져 나가는 것이다. 반면 테이커가 승리하면 그 이면에 패배자가 있기 마련이다. … 기버의 파급 효과는 주위 사람들도 성공으로 이끌며 그 자신 역시 성공에 이른다.[165]

관계를 맺는 방식을 바꾸면 일터 또한 바뀔 수 있다. 나아가 우리의 가능성을 제한하는 제로섬 게임 문화에서 벗어날 수도 있다. 이때 중요한 것은 대화의 질이다. 외교의 세계에서 대화는 곧 일상이었고, 상황을 뒤집을 수 있는 유일한 열쇠는 관계에 있었다. 그래서 우리는 다른 사람과 어떻게 관계 맺을지 끊임없이 고민했다. 하지만 다른 분야에서도 똑같은 방식이 통한다는 법은 없다. 예를 들어 내가 만난 운동선수들은 대개 감독 한 명이 올림픽 출전권을 결정할 수 있는 환경에 놓여 있었다. 그런 막강한 권력 때문에 선수들은 감독에게 아무런 의견도 제기하지 못했다. 직장에서도 마찬가지로 연례 평가나 성과 평가에 대한 압박이 중요한 대화를 가로막기도 한다.

효과적인 소통, 영향력, 고성과 팀에 관한 연구를 살펴보면 몇 가지 공통된 주제를 발견할 수 있다.[166]

- 개방적이고 빈번한 소통의 필요성(말하기만큼 듣기도 중요하다)
- 누구나 위험을 감수하고 실수를 저지를 수 있으며, 대안을

공유하고 기존 방식에 도전할 수 있는 안전한 환경의 중요성
(심리적 안전감)

- 약점을 드러내고 도움을 요청하는 것에 자신감을 가질 필요성(이 행동을 약점이 아니라 강점으로 볼 수 있어야 한다)
- 주변의 동료, 현재 다루고 있는 문제에 끊임없이 호기심을 가질 필요성

사람들은 대부분 이런 부분을 개선하자는 데 동의한다. 하지만 의식적으로 노력하지는 못한다. 과연 이런 역량을 업무 목표로 설정하는 사람이 있을까? 조직의 성과를 논의하는 자리에서 이런 내용을 우선적으로 다루는 사람은 얼마나 될까? 누가 직원 교육 프로그램에 이런 내용을 포함시킬 수 있을까? 이런 역량을 평가하고 발전시키기 위해 노력하는 사람이 있을까?

협력하려면 서로 신뢰해야 한다. 신뢰는 우리 삶의 일부다. 가족과의 관계, 친구와의 우정을 경험하면서 우리는 신뢰가 무엇인지, 어떻게 쌓이고 또 어떻게 무너지는지 배우게 된다. 결국 신뢰는 평생 우리 삶의 중요한 부분으로 남는다.

신뢰가 직장에 얼마나 큰 이득을 가져다주는지는 많은 연구 결과를 보면 알 수 있다. 비교적 신뢰도가 높은 조직에 속한 사람들은 스트레스를 덜 받고 에너지가 넘치며 생산성이 높다. 병가도 적게 내고 업무에도 더 잘 몰입하며 삶에 더 만족하고 번아웃에 시달리지도 않는다. 스트레스가 줄고 더 잘 몰입하니 어렵고 낮

선 과제를 만나도 열린 자세로 기꺼이 배우려 한다. 결과적으로 개개인이 더욱 성장하고 발전할 수 있으며 조직 입장에서는 직원 유지율을 향상시킬 수 있다.

이런 연구 결과를 보면 기업은 당장이라도 신뢰를 쌓고 강화하는 데 투자할 것만 같다. 하지만 실제로는 신뢰가 쌓이기는커녕 오히려 사라지는 추세다. 한 세대 전에 비하면 사회, 제도, 정치인, 기업 등 다양한 영역에서 신뢰도가 크게 감소했다. 한 연구에 따르면 직원 중 49퍼센트만이 고위 경영진을 신뢰하며 28퍼센트만이 CEO가 이야기하는 정보를 믿을 만하다고 답했다. 그 결과 소통, 상호 작용, 의사 결정 등 모든 면에서 부작용이 발생했다.[167] 신뢰는 진정으로 소속감을 느낄 수 있는 환경에서 싹튼다. 자신의 정체성을 사무실 문 앞에 두고 출근하며, 정해진 업무만 수행하고 다시 정체성을 주워 담아 나가는 곳에서 신뢰가 쌓일 수는 없다. 그동안 '소속감'과 '연결'은 쉽게 무시되곤 했다. 그러나 성과를 개선하고 잠재력을 최대한 발휘하고 싶다면 이것을 더는 간과해서는 안 된다.

21세기 기업의 성패는 얼마나 민첩하게 내부의 아이디어를 활용하고 외부의 다양한 목소리에 귀를 기울이느냐에 달려 있다. 재무 관리, 효율성, 비용 절감보다 창의성, 혁신, 불확실성의 수용이 더 중요해진 셈이다. 또한 서로의 차이에 호기심을 갖고 그 차이가 주는 더 큰 가능성을 활용할 줄도 알아야 한다. 다양한 사람들과 연결될수록 개인적으로든 업무적으로든 강한 공동체 의식을 느낄 수 있다. 앞으로는 더 넓은 세상과 연결되어야 한다. 현재는 물론 미래의 수많은 사람에게 우리의 행동이 어떤 영향을 미칠 수 있는지 똑바로 이해해야만 한다.

이 책의 여러 곳에서 21세기의 전 세계적 문제들을 계속 언급해 왔다. 그 복잡한 문제들을 심층적으로 다룰 수는 없겠지만, 적어도 어떤 식으로 접근하면 좋을지 따져 볼 수는 있을 것이다. 인류가 직면한 거대한 문제들은 모두 협력이 있어야 실마리를 잡을 수 있다. 인류의 미래는 '연결감'에 달려 있다고 해도 과언이 아니다. 모두에게 이미 존재하지만 지금보다 더 의식적으로 이 능력을 키우기 위해 노력해야 한다.

유발 하라리는 이렇게 말한 바 있다. "호모 사피엔스는 다른 종과 달리 대규모 협력을 이끌어 내는 이야기를 창조해 낼 수 있다. 이는 지금껏 호모 사피엔스가 전례 없이 성공적으로 진화할 수 있었던 원동력이었다."[168] 이제 인류의 롱 윈을 위해 이 독보적인 능력을 발휘할 때다.

더 깊이 연결되는 법

- 현재 사람들과 대화가 얼마나 잘 이루어지는지 평가해 본다. 그리고 어떻게 더 투자하고 개선할 수 있을지 고민해 본다.
- '적'이거나 '라이벌'인 사람, 나와 다른 사람, 아직 잘 알지는 못하지만 내 삶을 다채롭게 만들어 줄 수 있는 사람들과 소통하고 깊은 관계를 맺는다.
- 양질의 대화, 경쟁보다는 협력, 신뢰와 포용, 공동의 목표, 공동체 의식 강화 등을 통해 타인과 연결될 기회를 만들고 내가 잘하고 있는지 꾸준히 검토하고 개선한다.
- 나는 사람들을 어떤 기준에 따라 우선순위를 나누고 있는지 돌아본다. 그리고 이를 어떻게 바꾸거나 발전시킬 수 있을지 고민해 본다.

13장

새 시대의 승리를
추구하는 사람들

롱 위너들의 이야기

성공한 사람이 되려고 노력하기보다 가치 있는 사람이 되려고
노력하라.

— 알베르트 아인슈타인

롱 윈 사고가 실제로 구현된 사례를 보는 건 언제나 흥미롭다.
롱 윈은 정해진 공식이 아니라서 사람마다 적용하는 방식이 모두
다르다. 3C 역시 단순한 체크리스트가 아니다. 우리의 사고방식
을 바꿔 새로운 행동, 상호 작용, 결과를 만들어 내는 방법이다.
많은 이들이 어떻게 하면 오래 지속되는 승리를 이룰 수 있는지
그 구체적인 팁과 지침을 계속해서 요구해 왔다. 이에 내가 함께

일했거나 교류했던 롱 위너들의 짧은 이야기를 소개하고자 한다. 이들의 이야기가 당신만의 성공을 구체적으로 정의하는 데 큰 도움이 될 것이다.

지금부터 살펴볼 리더들은 모두 직원들이 지속적으로 성과를 내고 사회에 긍정적인 영향을 미칠 수 있도록 돕는 사람들이다. 이들은 몸담은 업계도, 리더십 스타일도 천차만별이지만 그럼에도 공통점이 있다.

- 현실에 안주하지 않고 기꺼이 변화를 꾀한다.
- 자신보다 더 큰 목표에 헌신한다.
- 겸손하고 열린 마음으로 끊임없이 배우고자 한다.
- 일을 할 땐 동료와의 관계를 중시한다.

이런 사람이 이끄는 조직은 자율적이고 창의적이며 인간적인 환경일 수밖에 없다. 우리는 이들의 삶을 간단히 살펴본 뒤, 이들이 어떻게 성공을 정의하고 롱 윈 사고를 실천했는지 알아볼 것이다. 우리가 교훈을 얻을 수 있는 가장 좋은 방법은 '이야기'를 듣는 것이다. 리더들의 이야기에서 가장 마음에 와닿는 부분을 곱씹어 보고 당신의 삶에 어떻게 적용할지 고민해 보기 바란다.

게리 헨들러 Gary Hendler

에자이Eisai 유럽·중동·아프리카 사업부 사장

제약 회사 에자이의 철학과, 혁신적인 연구를 위해 조직 문화 조성에 힘쓰는 게리의 노력은 롱 윈 사고를 제대로 관통한다. 에자이의 리더들은 다양한 프로세스를 통합하고 관리해야 한다. 게리는 이런 기계적인 프로세스가 사회를 변화시키는 일과도 명확하게 연결되어야 한다고 믿는다. 끈기와 창의성, 혁신이 필요한 일일수록 단순히 목표를 쫓거나 밀려오는 일을 해치우는 데 급급해서는 안 된다.

에자이의 조직 문화는 직원에게 동기 부여가 될 여섯 가지가 중심이 된다. 팀워크, 감성 리더십, 극한의 주인의식, 자발적 노력, 긍정 에너지, 회복 탄력성이다. 이 키워드는 직원들이 인류의 건강을 책임지는 동시에 개인적으로도 성장할 수 있도록 심사숙고한 끝에 도출된 것들이다.

게리는 코로나19 팬데믹 동안 여러 편의 인터뷰를 녹음했다. 롱 윈 메시지를 구성원들에게 직접 전달하고 싶었기 때문이다. 그것이 현재 에자이의 팟캐스트를 만들었다. 게리가 직접 직원들을 인터뷰한 이 팟캐스트는 에자이의 직원들이 재택근무와 출근이 섞인 환경 속에서도 서로 연결감을 느끼게 했다. 구성원 한 명 한 명이 회사 안팎에서 어떤 사람인지, 어떤 하루를 보내는지 진정으로 관심을 기울이면서 말이다.

에자이에는 동료들과 함께하는 요양원 봉사 프로그램이 있다. 주로 에자이에서 연구하는 병과 관련된 환자들이 모인 곳이다. 이 프로그램은 대기자가 끊이지 않을 정도로 인기가 많다. 봉사에 다녀온 직원들은 자신이 돕고자 하는 사람들과 직접 교감하는 일이 얼마나 강렬하고 감동적인 경험인지 이야기했다.

나는 에자이 리더들과 함께 3C를 활용해 회사의 목적을 직원들의 일상적인 목표, 프로젝트, 업무와 연결하는 작업을 했다. 단기적인 마감일을 넘어서 진정으로 중요한 것이 무엇인지 명확하게 파악하고, 배움을 업무 방식의 일부로 받아들이고, 인간적인 연결을 우선순위로 둘 수 있도록 했다. 창의적이고 시각적으로 이해하기 위해 포스터에 그림을 그리기도 했다. 이로써 각자의 업무 영역을 회사의 목표와 더 긴밀하게 연결할 수 있었다.

"선구적인 제약 연구를
사회에 기여하는 일로 연결하다."

명확성과 목적: 게리가 자주 사용하는 단어이자, 환자들을 돕기 위한 에자이의 노력을 뒷받침하는 개념이다. 리더는 한 걸음 더 나아가 회사의 목적을 일상에 의식적으로 녹여 낸다. 이를 통해

구성원들의 성과와 행복은 물론이고 업무 우선순위를 정하고 결정하는 능력, 혁신과 동기 부여도 모두 좋아진다.

꾸준한 배움: 획기적인 신약 개발을 위해 반드시 갖춰야 할 마음가짐이다. 에자이에서 성공의 핵심은 배우고 실패하고 스스로를 단련하는 과정이다.

연결: 내부적으로나 외부적으로나 모두가 각자의 역할을 명확히 이해하기 위해서 반드시 연결감이 필요하다. 새로운 치료제를 개발하는 과정은 수많은 직원이 제 역할을 하지 않으면 앞으로 나아갈 수 없다. 연결되었다는 감각은 동기, 회복 탄력성, 창의성을 향상시켜 더욱 진취적으로 일하게 만든다.

마인드셋: 에자이 직원들은 속도와 압박 속에서 일해야 하지만, 꾸준히 혁신하고 협력하는 마음가짐을 놓쳐서는 성과를 낼 수 없다. 기술에만 집중해서는 안 된다. 사회적인 영향력과 인간적인 측면도 함께 고려해야 한다. 이를 위해서는 사고방식, 행동, 관계 모두 개방적이고 창의적이며 협력적이어야 한다.

제인 데이비슨

영국 서남부에 위치한 웨일스에서 교육부 장관을 역임한 제인 데이비슨은 이후 환경지속가능성주택부 장관으로 자리를 옮겼다. 그녀는 웨일스 정부의 핵심 원칙으로 재생과 지속 가능한 발전을 내세우며 미래 세대 행복법을 제정했다. 이 법은 웨일스 전역에 장기적인 사고를 뿌리내려 정부, 교육, 환경, 교통에 근본적인 변화를 일으켰다. 다른 나라에서는 거의 시도조차 해 보지 못한 일이었다.

이 법은 전례가 없었기에 제인과 동료들은 이론과 실무를 모두 밑바닥부터 만들어 나가야 했다. 처음부터 제인은 세부 정책을 마련하는 것보다 사람들의 인식을 바꾸는 것이 더 중요하다고 생각했다. 장관, 공무원, 지역 공동체, 기업 리더, 웨일스 시민까지 이들에게 강제로 변화하라고 명령할 수는 없는 노릇이었다. 협력적이고 포용적인 접근이 필요했다. 이 법은 웨일스 국민의 목소리를 담고 있다. 법이 제정되기 전부터 제인은 학교, 대학, 청년 포럼, 청년 농부 모임, 웨일스어 모임, 커뮤니티 모임 등 각계각층 국민들과 활발하게 대화하며 웨일스의 미래를 어떻게 만들고 싶은지 의견을 수렴했다.

정부가 하는 모든 일에 미래 세대의 요구와 영향력을 고려해야 한다는 생각은 운영을 장기적으로 바라보는 관점에서 비롯된다. 이런 생각은 결국 새로운 선택과 행동으로 이어져 우리 삶을 송두리째 바꿔 놓을 수 있다. 혁명인 것이다. 실제로 법이 가져온 변화는 경이롭다. 학교 교과 과정이 과목별로 나뉘지 않고 분야 중심으로 재편되었으며, 저학년 학생들의 야외 수업 비중이 높아졌다. 주택과 도로 건설, 지역 사회 개발을 위한 접근 방식도 모두 바뀌었다.

제인 데이비슨과 웨일스 정부는 이 법안이 사람들의 학습을 돕도록 설계했다. 대개 법이라면 잘못한 사람을 처벌하는 데 중점을 두지만, 이 법안은 공직자들이 미래 세대의 행복을 위해 더 나은 방법을 찾을 수 있도록 배우고 적응하는 데 도움을 주고자 한다. 독립 기구인 웨일스 미래 세대 위원회는 웨일스의 행복 목표를 바탕으로 모범 사례를 발굴하며 기관들이 맡은 바 책임을 다하도록 지원했다. 웨일스의 행복 목표는 다음 일곱 가지로 이루어져 있다.

- 번영하는 웨일스
- 회복력이 강한 웨일스
- 건강한 웨일스
- 평등한 웨일스

- 더욱 화합하는 웨일스
- 문화가 약동하고 웨일스어가 널리 사용되는 웨일스
- 세계에 책임을 다하는 웨일스

불평등, 교육 격차, 교통 문제, 주거 문제, 점점 심각해지는 글로벌 환경 위기를 해결하려는 시도는 전 세계적으로 번번이 실패로 돌아갔다. 하지만 웨일스의 이 법이 보여 주듯, 정부가 지속 가능성 원칙을 바탕으로 장기적 가치에 중점을 둔다면 얼마든지 사회를 바꿀 수 있다.

"정부 운영의 중심에
  장기적 사고와 세대 간 책임 의식을 심다."

명확성: 제인은 도전적인 장기 목표를 세우기 위해 비전 수립이 얼마나 중요한지 보여 준다. 가능성의 언어를 사용해 관점을 확장하면 지금까지 고수해 온 방식에서 벗어나 새로 시도할 만한 게 무엇인지 파악할 수 있다. 안타깝게도 대다수 정부 시스템은 사소한 문제를 해결하고 통제하는 데만 집중할 뿐, 문제의 근원을 이해하고 해결해 더 나은 세상을 만들겠다는 비전을 제시하지 못한다.

리더십: 지속 가능성과 목적은 피상적이어서는 안 된다. 우리

삶과 사회의 모든 영역에 실질적으로 통합되어야 한다. 롱 윈 사고를 접한 리더라면 지속 가능성을 따지고 명확한 목적을 세우는 것이 업무의 본질이자 중심이라는 점을 충분히 이해할 것이다. 그 과정에서 리더가 성장하는 방식도 변화할 것이다.

연결: 미래 세대 행복법을 이해하고 지키는 데 중요한 공공 서비스 네트워크는 수평적인 연결망이다. 이 연결망은 힘이나 의무, 물질적 보상, 사회 계약으로 묶인 것이 아니라, 공동의 가치와 협력해야만 목표를 달성할 수 있다는 인식으로 유지된다.

샘 파피트Sam Parfitt

트루 애슬릿 프로젝트The True Athlete Project, TAP 창립자 및 CEO

샘은 스포츠로 더 자애로운 세상을 만들겠다는 포부를 갖고 비영리 단체 트루 애슬릿 프로젝트(이하 TAP)를 설립했다. TAP는 선수, 지도자, 스포츠계 리더 들이 지닌 잠재력을 충분히 발휘할 수 있도록 돕는다. 샘의 야심찬 비전은 인내심을 가지고 현실적으로 접근한 끝에 결실을 보았다.

TAP는 지역 스포츠 센터, 개인 선수, 학교, 엘리트 팀, 국가 관리 기구, 국제 연맹 등 다양한 곳과 협력한다. 예를 들면 학교와 협력할 땐 체육 수업을 기획하더라도 고강도 훈련 프로그램을 짤 때만큼이나 정성을 기울일 것을 권장하는 식이다. 또한 지역 청소년을 돕는 활동가들이 올림픽 영웅들만큼이나 배울 점이 많다는 사실을 강조한다.

TAP의 정신은 겸손, 개방, 포용, 친절로 요약할 수 있다. 이 정신은 실제로 계획을 구체화하여 실행하고 영향력을 미치는 데 필수적이다. 이들이 회의를 이끌고 워크숍을 운영하는 모습을 보면 이 정신을 똑똑히 확인할 수 있다. TAP는 프로그램 참가자에게 매달 열리는 실천 모임에 평생 무료로 참여할 권한을 준다. 또, 참여자들의 가능성을 믿고 장학금을 제공한다. 회의를 시작할 때 샘과 동료들은 다양한 마음 챙김 활동을 활용하기도 한다.

샘은 사회 경제적으로 열악한 지역에 있는 스코틀랜드 체조 클럽에서 13세부터 73세까지 20명의 자원봉사자를 모아 주 1회 저녁 워크숍을 진행했다. 이 프로그램은 자원봉사자들을 '사회에 변화를 일으키는 사람'으로 성장시키기 위해 고안된 것으로, 함께 모여 자유롭게 대화하고 마음 챙김, 공감하는 대화법, 경청하는 법 같은 기술을 알려 준다. 참가자들은 이 기술을 어떻게 활용해야 지역 사회 청소년들을 도울 수 있을지 함께 고민했다.

봉사는 참가자들의 삶에 긍정적 변화를 가져왔다. 이들은 다음과 같은 후기를 남겼다. "잠을 더 잘 자게 되었어요.", "도움이 필요한 사람을 더 잘 알아볼 수 있게 되었어요.", "시험에 대한 불안감이 줄어들었어요.", "부모님의 다툼을 중재할 수 있었어요.", "코칭할 때 더 집중할 수 있게 되었어요.", "어려운 일이 생기면 스스로를 다잡을 수 있게 되었어요.", "질문하는 법을 배운 덕분에 다른 사람을 더 잘 이해하고 그들과 가까워질 수 있었어요."

물론 새로운 시도는 늘 뿌리 깊은 관행과 부딪힌다. 샘은 이렇게 말했다.

"사람들은 흑백 논리를 좋아합니다. X 프로그램을 운영하면 Y만큼의 효과를 낼 수 있고, 5년 뒤 Z명의 고객을 유치할 것이라는 식으로 모든 것을 스프레드시트처럼 관리할 수 있다고 생각하죠. 이 함정에 빠지면 안 됩니다. 특정한 결과를 강요하기보다는 참여자들이 하는 일을 믿고 어떻게 변화하는지 지켜봐 줘야 합니다. 일단 지금까지는 우리의 방식이 잘 통하고 있습니다. 특히 젊은 참여자들이 비인간적인 환경에 익숙해져 있다가 TAP를 접하면서 얼마나 큰 변화를 경험했는지 말해 주곤 합니다."

TAP는 사회에 선한 영향력을 미치고 싶은 영국의 올림픽 및 패럴림픽 선수들을 지원하기 위해 파워드 바이 퍼포즈Powered by Purpose, PbP라는 프로그램을 만들기도 했다. PbP에서 다루는 의제는 스포츠로 환경 지속 가능성을 개선하는 것부터, 스포츠 내외부에서 포용성을 강화하는 것까지 다양하다. 지금까지 스포츠는 선수가 미디어에 얼마나 노출되었는지, 어떻게 해야 선수의 상업적 가치를 높일지에만 집중해 왔다. 그 결과 스포츠 본연의 가치가 퇴색되는 사례들이 늘어 갔다. 반면 PbP는 보다 오래 지속되는 성공을 추구한다. 선수들에게 사회를 변화시킬 강력한 힘이 있다고 믿고, 그들이 좁은 의미의 성공을 넘어 더 큰 목적을 가지게 될 때 퍼포먼스와 행복 두 마리 토끼를 잡을 수 있다고도 믿는다.

올림픽 요트 챔피언 에일리드 맥킨타이어Eilidh McIntyre는 PbP에 참가 후 이렇게 말한다.

"선수로서 승리하기 위해서 목표에만 집중하고 이기적으로 행동해야 한다고 느낄 때가 많습니다. 하지만 스포츠에는 사람들을 단결시키는 힘이 있습니다. 그런데도 그 기회를 놓치고 있다는 사실이 점점 더 명백해지는 것 같습니다. … 내가 단 한 명의 아이에게라도 스포츠의 재미를 일깨우고 바다를 보호해야 한다는 인식을 줄 수 있다면, 혹은 눈물이 가장 강력한 힘이 될 수도 있다는 것을 가르쳐 줄 수 있다면 이 또한 제게는 성공입니다."

"스포츠로 개인과 사회의 발전에 대한
총체적 접근법을 만들다."

연결: TAP의 프로그램은 마음 챙김 훈련, 놀이, 움직임 훈련, 멘토링, 사유의 공간 등 다양한 방식이 골고루 어우러져 있다. 이곳에서는 누구나 자유롭게 자신이 누구이며 또 어떤 사람으로 성장하고 싶은지 탐구할 수 있다. 롱 윈과 마찬가지로 TAP의 활동도 무언가를 당장 강요하기보다는 장기적이고 관계 중심적이다. 구성원 각자가 자신만의 여정을 따라갈 수 있도록 환경을 마련해 줄 뿐이다.

3C: TAP의 핵심 요소는 퍼포먼스, 행복, 사회적 영향이다. 이는 3C와 자연스럽게 연결된다. TAP 프로그램에 참여하면 스포츠에 국한되지 않은 정체성을 찾게 된다. 메달을 넘어서는 궁극적인 목표 또한 명확히 세울 수 있다. 꾸준히 배우고 연습하면서 가치 지향적인 환경을 조성하고 발전시킬 수도 있다. 마지막으로 다양한 사람과 관계를 맺고 사회에 폭넓은 영향을 미침으로써 연결의 중요성을 배울 수 있다.

존 모건 John Morgan

모건 신달 그룹 Morgan Sindall Group 공동 창립자 및 CEO

모건 신달 그룹은 런던에 본사를 둔 선도적인 건설 및 재생 기업이다. 공동 창립자이자 CEO인 존은 설립 초기부터 회사가 추구해야 할 핵심 가치를 끊임없이 다듬어 왔다. 이 가치관은 그룹의 모든 계열사에 중요한 지침으로 자리 잡았다.

- 꾸준한 성과가 미래를 좌우한다.
- 고객이 최우선이다.
- 유능한 인재가 성공의 열쇠다.
- 우리는 현실에 안주하지 않고 도전해야 한다.
- 우리는 분권화된 조직을 지향한다.

마지막 항목은 모건 신달 그룹만의 차별화된 포인트다. 분권화된 조직이란, 현장에 있는 리더들이 중요한 결정을 내릴 수 있도록 더 많은 권한을 부여하는 것을 말한다. 회사의 중요한 역량과 의사소통이 본사에만 집중되는 현상을 막을 수 있기 때문에 모달 신달 그룹 전체에 자연스러운 유대가 형성된다.

존은 리더십 개발을 아주 중요하게 생각해서 본인이 모든 리더십 프로그램에 빠지지 않고 참석한다. 그의 일정이 확정된 후에야 비로소 프로그램이 진행될 정도니, 이렇게 리더십 교육에 진심인 CEO가 또 있을까?

리더십 프로그램에서 그는 리더들이 회사의 가치관을 더 깊이 이해할 수 있도록 주도한다. 회사의 핵심 가치를 몸짓이나 연기로 표현하게 하거나, 가장 중요한 가치와 가장 덜 중요한 가치가 무엇인지 토론을 시킬 때도 있다. 그는 절대 최신 재무 수치나 미래 성장 목표를 논의하지 않는다. 누군가가 이와 관련된 질문을 하면 존은 회사의 목표가 '확장'이 아닌 '발전'임을 강조한다. 놀랍게도 존은 이 방식으로 자신의 회사를 크게 성장시켰다.

이들은 자신이 가장 잘 할 수 있는 프로젝트가 무엇인지 잘 알고 있다. 그래서 주력 분야가 아닌 프로젝트는 과감히 포기한다. 더 나은 회사가 되겠다는 가치에 부합하도록 지역 사회에 기여할 수 있는 프로젝트를 추진하다 보면, 이후 다른 프로젝트를 진행할 때도 쉽게 의사 결정을 내릴 수 있다. 나아가 사회에 계속해서 긍정적이고 훌륭한 영향력을 전할 수 있다. 이 모든 게 모여서 안정감과 지속적인 성과를 낼 수 있게 되는 것이다. 이는 회사에 어려움이 닥쳐도 버틸 수 있는 힘이 된다.

"공동의 목표를 향해 함께 나아가는
가치 지향적 일터를 만들다."

명확성: 존은 리더들에게 어떻게 회사의 가치를 지키는 일이 장기적인 성공이 되는지 알려 주고 싶었다. 리더일수록 회사의 가치를 모범적으로 실천해야 한다. 내부 구성원과 외부 관계자를 연결할 때도 가치를 활용해야 한다. 만약 상대를 조롱하는 농담이 오가는 것을 보고도 방관한다면 회사의 가치가 지켜지지 않은 것이다. 또한 고객 프로젝트와 관련된 결정을 내리는 순간에도 회사의 가치를 지켰는지 무시했는지 고객은 직감적으로 알 수 있다. 가치를 잘 지킨다면 고객과의 연대감은 물론이고 구성원들의 소속감 또한 깊어진다.

장기적 사고: 존은 어떤 어려움이 닥쳐도 멀리 볼 줄 알아야 한다고 말한다. "성공을 눈으로 확인하고 싶어 하는 사람들이 많다. 예를 들면 상을 받는 것처럼 말이다. 나는 그런 것들은 중요하지 않다고 생각한다. 그저 구성원들이 과정을 즐겼으면 한다. 우리가 향하는 곳에 종착지는 없다. 승리가 무엇을 의미하는지도 정해진 바가 없다."

목적: 수익보다 공동체에 집중해야 한다. 그래야만 계속 슬기로운 결정을 내릴 수 있고, 프로젝트의 수준과 품질도 높아진다. 결

국 장기적으로 성공할 확률 역시 높아진다.

꾸준한 배움: 리더십은 '무엇'뿐만 아니라 '어떻게'도 중요하다. 오랫동안 성과를 내기 위해 모범을 보이기 위해서는 끊임없이 배우고 성찰하는 시간이 필요하다. 배움은 타인과 소통하고 협력하면서 이루어질 때 더욱 효과적이다.

전형적 승진 코스를 거부한 커리어 코치들

헬렌 터퍼 Helen Tupper, 사라 엘리스 Sarah Ellis

어메이징 이프 Amazing If 공동 창립자 및 팟캐스트 〈구불구불한 커리어 Squiggly Careers〉 운영자

대학 동기인 헬렌과 사라는 대기업에서 20년 가까이 일했다. 어느 날 둘은 커피를 마시며 그동안의 커리어를 돌아보았다. 그들이 지나온 길은 전형적인 승진 코스와 거리가 멀었다. 여러 가지 가능성을 좇고 뜻밖의 기회도 마다하지 않은 덕분에 둘은 전보다 훨씬 나은 사람이 되어 있었다.

헬렌과 사라는 사람들이 자신만의 커리어를 개발하기를 바라는 마음으로 '어메이징 이프'라는 회사를 차렸다. 커리어는 꼭 선형적이어야 한다는 통념을 깨기 위해 '구불구불한 커리어'라는 개념을 만들고 사람들이 주도적으로 커리어를 관리할 수 있는 방법을 알리기 시작했다. 이는 불과 얼마 전까지만 해도 소수의 사람들만 관심을 가지는 영역이었다. 이들은 커리어 개발에 도움이 되는 다양한 연습 문제와 도구를 책에 담기도 했는데, 실제로 신입 사원과 장기 근속자에게 이 책을 선물해 그들이 자신의 커리어를 개척할 수 있도록 지원하는 조직도 있다.

2022년, 어메이징 이프는 전 세계 16개 기업과 '스퀴글 앤 스테이 squiggle and stay' 프로젝트를 시작했다. 이 프로젝트에서 기업들

334

은 인재를 얻는 새로운 방법을 찾기 위해 다양한 실험을 진행했다. 직무 설명 시 수직적인 표현을 없애기도 했고, 사파리를 탐방하듯 다른 팀에서 시간을 보낼 수 있도록 예산을 지원하기도 했다. 이 프로젝트에 참여한 모든 기업은 그 결과를 공개하기로 약속했다. 폐쇄적인 경쟁에서 벗어나 협업의 정신을 널리 알릴 기회였다. 사라는 이렇게 말한다.

"많은 사람이 자신의 직장 생활을 통제할 수 없다고 믿지만 실제로는 그렇지 않습니다. 당신이 바라는 커리어를 동료들과 자유롭게 이야기해 보세요. 좋은 리더십은 무엇인지, 팀워크를 어떻게 다져야 할지, 이 회사에서 성공하는 법과 이 회사에서 얻을 수 있는 것 등 다양한 주제로 말이죠. 직장 생활에 대한 인식 자체가 달라질 겁니다."

이제 우리는 사회, 기술, 인구 측면에서 매우 중요하고 변화가 큰 시기를 맞이했다. 현대인의 커리어는 더 이상 이전 세대의 커리어와 비슷하다고 보기 어렵다. 그러니 당연히 커리어 개발 역시 변화에 발맞춰 나가야 한다.

"모두에게 더 나은 커리어를
만들어 주겠다는 사명으로."

장기적 사고 확립과 성공 재정의: '구불구불한 커리어' 철학이 자신에게 알맞은 진로를 찾을 수 있도록 돕는다는 점에서 롱 윈 사고와 맞닿는 부분이 많다. 단순히 승진을 위해 나아가기보다는 자신의 직장 생활에 의미를 부여하는 부분을 찾고, 일의 가치와 목적을 고민하도록 돕기 때문이다.

목적의 명확성: 어메이징 이프의 사명은 업무에 일관되게 녹아들어 있다. 사라와 헬렌은 회사가 성장하는 동안 끊임없이 고민했다. 고객들이 자신의 잠재력을 발견하고 커리어를 개발하기 위해서 무엇을 도와야 할까? 어떻게 하면 그들에게 가치 있는 경험을 줄 수 있을까? 둘은 대화를 나눌 때마다 어메이징 이프의 가치에 대해 이야기했다. 중요한 결정을 내리거나 우선순위를 정할 때도 이 가치를 기준으로 삼는다.

- 행동Action: 우리는 실천과 경험을 통해 배우는 것을 중요시한다.
- 에너지Energy: 우리는 커리어를 개발하기 위해 열정과 에너지를 불태운다.
- 실용성Useful: 우리가 만들어 내는 모든 것은 유용하게 활용할 수 있는 것이어야 한다.
- 진보Work in progress: 우리는 항상 배우고 발전한다.

꾸준한 배움: 회사가 빠르게 성장하는 와중에도 두 사람은 시간을 내어 최신 경영 서적을 읽고 핵심 아이디어를 정리해 실용적

인 정보로 만들었다. 이렇게 만든 정보로 고객들은 원하는 성장을 이뤘으며 회사 또한 빠르게 커졌다. 꾸준히 배우는 것, 그리고 누군가가 배울 수 있게 돕는 것은 두 사람의 사명이나 다름없다.

연결: 두 사람 모두 훌륭한 매개자다. 이들은 의식적으로 다양한 인맥을 구축하고 활용한다. 그 덕분에 다른 사람들도 관계를 형성하는 능력, 직장 내 관계를 수월하게 발전시키는 법을 배운다. 커리어를 두고 경쟁하는 일은 흔하지만 사실 가장 해로운 행위다. 장기적으로 보면 성과에 좋은 영향을 주기는커녕 만족도와 성취감만 떨어뜨리기 때문이다. 헬렌과 사라의 협력 방식을 보고 있으면 커리어 개발에 대한 기존의 인식이 송두리째 바뀌는 듯하다.

데비 세이어스 Debbie Sayers

솔즈베리 로버스FC Salisbury Rovers FC 창립자

데비 세이어스는 2016년 솔즈베리에 유소년 축구단을 만들었다. 그 계기는 아들이 축구단에서 경험한 일들이 너무 충격적이었기 때문이다. 그녀는 아이들의 목소리를 우선하고 권리를 존중하고자 "우리 클럽의 핵심은 놀이"라는 모토 아래 솔즈베리 로버스 FC(이하 솔즈베리 로버스)를 설립했다.

데비는 동네 친구들과 마음껏 뛰어놀며 자랐다. 데비에게는 그런 환경이 익숙했다. 또한 평생 축구 팬으로 살아왔다. 이런 경험을 바탕으로 그녀는 지금의 유소년 축구 시스템이 아이들을 전혀 고려하지 못한다고 느꼈다. 국제 인권 변호사였던 데비는 대부분의 유소년 스포츠에서 유엔 아동 권리 협약의 내용을 적용하고 있지 않다는 사실을 깨달았다. 아이들은 누구나 자신의 의견을 표현하고 성장하며 놀 권리가 있다. 그러나 현재 유소년 스포츠는 어른들의 목표에 따라 운영되며, 이것에 이의를 제기하는 사람도 거의 없다. 어른들은 어린 선수의 재능을 점찍고 '엘리트 선수'로 키워 내려 한다. 아이들에게 스포츠의 재미를 느끼게 하자는 시도조차 여전히 어른들의 시선을 벗어나지 못한다. 유소년

축구가 성인 축구의 구조와 리그를 그대로 따라가는 것을 보라. 데비의 표현을 빌리면, 유소년 선수들은 "유니폼을 입고 팀을 이루어 리그에 참가하는 아이들"일 뿐이다.

이와 달리 솔즈베리 로버스는 아이들의 권리와 명확한 교육 원칙Self-Determination Theory을 기반으로 운영된다. 이곳은 아이들과의 대화를 멈추지 않는다. 아이들이 스스로 원하는 것을 끊임없이 표현하고 의사 결정에 참여하도록 장려하기 위해서다. 훈련은 아이들의 의견에 따라 계획되며, 아이들이 다른 의견을 내면 기존의 계획은 언제든지 폐기될 수 있다(실제로 자주 일어나는 일이다). 코치들은 경기 중 플레이를 지시하지 않는다. 대신 질문을 던지고 함께 경기에 몰입하며, 아이들의 말을 경청하면서 의견을 주고받는다.

솔즈베리 로버스는 전통적인 방식의 시합만 치르지 않는다. 이런 시합은 아이들의 성장을 방해할 가능성이 크다. 예를 들면 코치가 소리를 지르며 지시하는 것, 잘하는 아이에게만 출전 기회를 주는 것, 실수를 부정적으로만 보는 것 등의 행위는 아이들에게 배울 기회를 빼앗는다.

솔즈베리 로버스는 경쟁을 부정하는 게 아니다. 새롭게 정의할 뿐이다. 모든 아이들이 경쟁할 기회를 가지되, '더 재능 있는' 아이에게만 출전 기회를 주는 방식은 옳지 않다고 여긴다. 경쟁의 주체는 코치가 아니라 아이들이다. 경쟁을 통해 노력하고, 배우고, 리더십을 발휘하며 즐거움을 느껴야 한다. 그저 상대 팀을 이기는 게 전부가 되어서는 안 된다. 솔즈베리 로버스의 경기는 전통적인 규칙과 방식에 얽매이지 않는다. 그 덕분에 아이들은 축구 실력뿐만 아니라 창의력과 사고력도 기를 수 있다.

데비는 이렇게 설명한다. "아이들은 스스로 문제를 해결할 때 가장 많이 배웁니다. 우리가 옳다고 생각하는 '정답'을 거듭 제시한다고 되는 게 아니죠." 따라서 터치라인에서 소리치며 지시할 일도 없고 점수에 목을 맬 일도 없다. 대신 아이들이 주도적으로 경기에 임하면 그걸로 성공이다. 이 과정에서 아이들은 자신감 넘치고 사려 깊은 시민으로 성장한다.

"아이들의 권리를 위해
유소년 스포츠를 혁신하다."

명확성: 가치에 기반한 문화, 권리에 기반한 규칙, 근거에 기반한 지도법을 갖춘 솔즈베리 로버스의 지향점은 명확하다. 바로 아이들을 중심에 두는 것이다. 그녀는 아이들에게 주도권을 주지 않으면 아이들이 무엇을 할 수 있는지 절대 알 수 없다고 믿었다.

꾸준한 배움: 솔즈베리 로버스식 축구는 아이들이 자유롭게 뛰어노는 데서 출발한다. 그 결과, 아이들은 완전히 다른 방식으로 경기에 뛰어든다. 자율적으로 생각하고 엄청난 유연성을 발휘하며 문제를 해결한다. 전통적인 유소년 스포츠 팀과 달리 아이들

의 학습과 성장을 돕는 혁신적인 환경이라 할 수 있다.

연결과 사회적 영향: 솔즈베리 로버스는 지역 사회 구성원들이 쉽게 참여할 수 있도록 축구의 문턱을 낮추고자 한다. 다양한 대화의 장을 마련해 아이들이 목소리를 내고 더 많은 결정을 내릴 수 있도록 한다. 이를 통해 아이들은 다른 또래와 다른 경험을 하며 성장하게 된다.

장기적 사고: 권리에 기반한다는 건 어린 선수들을 재능을 뽐내는 기계가 아니라 미래의 시민으로 바라본다는 뜻이다. 이런 방식으로 클럽을 운영하면 스포츠와 사회에 무엇이 중요한지를 더 넓은 관점에서 바라볼 수 있게 된다.

크리스 도셋Chris Dossett

전 솔리헐 스쿨Solihull School 스포츠 건강 피트니스 디렉터 및 사립 학교 스포츠 디렉터 협회장

크리스는 학교 경험이 풍부한 리더다. 그는 학교의 스포츠가 대개 특정 기술을 익히고 승리만을 중시하는 등 지나치게 편협한 경험을 제공한다고 생각했다. 더 폭넓고 긍정적인 영향을 줄 수 있는데도 말이다. 크리스는 롱 윈 사고법을 학교 체육 시간에 적용했다. 그의 목표는 학생, 교사, 학부모 등 학교에 있는 모든 구성원에게 변화를 일으키는 것이었다. 크리스와 동료들은 기존의 '체육' 과목을 '스포츠, 건강, 피트니스'로 확장하고 다음과 같은 장기 목표를 세웠다.

"스포츠, 건강, 피트니스가 모든 학생에게 즐겁고 재미있는 활동이 되도록 하자. 학생들이 스포츠, 건강, 피트니스를 평생 사랑하도록 만들어 25세, 45세, 심지어 95세가 되어서도 활발하게 신체 활동을 즐기게 하자!"

크리스의 프로그램은 가치와 학습, 그리고 실패를 받아들이는 법에 초점을 맞춘다. 가치에 기반한 행동에는 보상을 주었다. 전통적인 기술 습득이나 국가 교육 과정의 목표에는 중점을 두지 않았다. 수업은 일방적으로 가르치는 방식이 아니라 코칭 스타일

로 진행되었으며, 이런 방식을 통해 학생들은 코칭 및 피드백 역량까지 기를 수 있었다. 이것은 학생들의 삶에 매우 중요한 무기가 되어 줄 것이었다.

팬데믹으로 학교에서 체육 시간을 갖지 못하게 될 무렵, 크리스는 동료 교사들과 함께 심리 기술 프로그램을 만들었다. 이 프로그램은 스코틀랜드 럭비 팀과 뉴질랜드 여자 하키, 축구 팀 등에서 심리 기술 코치로 활동한 아론 월시Aaron Walsh와 협업한 결과였다. 나도 프로그램 개발에 참여하며 어려운 시기를 즐겁게 보낼 수 있었다. 프로그램은 정체성, 압박감, 과정과 결과, 두려움, 진정성 등을 다루었으며 학생들의 반응도 매우 뜨거웠다. 교사들은 그동안 바쁜 경기 일정에 치여 스포츠의 정신적, 감정적, 영적 측면을 제대로 고려하지 못했다는 사실을 깨달았다. 그리고 앞으로도 심리 기술 프로그램을 학교 스포츠의 핵심으로 삼겠다고 다짐했다.

"롱 윈 사고를 학교에 도입하다."

명확성과 목적: 크리스는 학교 스포츠를 훨씬 더 폭넓게 정의할 필요를 느꼈다. 그래야 학생들에게 장기적인 목표를 세워 주고, 이들이 사회에 나간 뒤에도 도움이 될 수 있었다. 결국 롱 윈 관점을 갖추어야 학교 스포츠의 진정한 비전과 목적에 맞도록 수업을 바꿔 나갈 수 있다.

장기적 사고: 점수에만 집착하는 학교는 주간 경기 결과에만 신경 쓸 뿐, 학생들이 졸업 후 10년, 20년, 30년이 지나도 활발하게 신체 활동을 하는지 살펴볼 생각은 전혀 하지 않는다. 물론 추적하기가 쉽지는 않겠지만, 나와 크리스는 졸업생들이 얼마나 활기차게 살아가는지, 또 학교에서의 경험이 졸업 후 어떤 영향을 미치는지 확인하고 싶었다. 이런 조사가 가능하다면 학교 스포츠에 아주 큰 도움이 될 게 분명했다. 이를테면 학교 스포츠가 학생 개개인의 뛰어난 잠재력을 깨우려면 어떻게 해야 할지, 또 그 결과로 사회에 어떤 긍정적인 변화가 일어날지 탐구할 수 있을 것이다. 이런 탐구는 정부 입장에서 더더욱 중요해진다. 장기적인 관점에서 건강을 고려했을 때, 아이들이 청소년기를 거쳐 성인이 되면 왜 신체 활동을 활발하게 하지 않는지 그 이유를 명확히 파악할 수 있을 것이다.

꾸준한 배움: 단지 가르치고 지시하는 것을 넘어 코칭에 초점을 맞추면 학생들의 학습량과 태도 자체가 달라진다. 그 덕분에 아이들은 스포츠뿐만 아니라 다양한 영역에서 배우고 활용하는 능력을 습득하는 것이다. 이런 코칭 중심의 접근법은 학교 스포츠를 지금보다 훨씬 더 혁신적인 교육이자 학생의 성장을 돕는 경험으로 만들 것이다.

알레한드로 카데나Alejandro Cadena

카라벨라Caravela 공동 창립자 및 CEO

카라벨라의 사명은 커피를 더 좋게 만드는 것. 이는 두 가지 차원에서 접근할 수 있다. 첫 번째는 꾸준히 커피 품질을 높이는 것이고, 두 번째는 커피 업계를 전반적으로 개선하는 목표를 추구하는 것이다. 이 중 두 번째와 관련하여 이들은 공급망 전체에 존재하는 불평등, 특히 전통적으로 커피 농부들이 부당하게 대우받는 현실을 더 많이 알리고 변화를 이끌고자 한다.

내가 알레한드로를 처음 만났을 때 카라벨라는 이미 비콥 인증을 받은 상태였다. 하지만 그는 회사를 한 단계 성장시키기 위해서 기업의 문화와 업무 방식에 변화가 필요하다는 걸 알고 있었다. 알레한드로는 각국의 지사장들이 더 적극적으로 회사의 미래 전략을 이끌기 바랐다. 하지만 마음처럼 되는 일은 아니었다. 리더들이 모였을 때는 에너지가 넘치고 아이디어도 풍부했지만, 각자의 지사로 돌아가면 여전히 단기적인 지표와 매출에만 신경을 썼다. 알레한드로는 원두를 몇 포대나 판매했는지뿐만 아니라, 더 다양한 지표를 만들고 업무 방식과 기업 문화를 재정립해야겠다고 생각했다.

리더들이 매출뿐만 아니라 커피 품질을 개선하고 커피 산업을 강화하는 방법까지 고민하는 건 쉽지 않은 일이다. 기후 변화와 세계 경제가 악화되자 이 문제는 더욱 복잡해졌다. 알레한드로는 과테말라와 엘살바도르의 임시 지사장을 겸직하게 되면서, 새로운 협업 리더십을 실험하기로 했다. 직원들에게 지시하지 않고 코치처럼 행동하며 그들의 자율성을 최대한 존중하는 것이었다.

그는 우선 과테말라와 엘살바도르 팀을 모아 '왜'라는 질문에 명확한 답을 찾고자 했다. 그리고 핵심 비전과 가치, 원칙, 목표 등 회사의 전략 프레임워크도 논의했다. 구성원들이 카라벨라의 비전에 더 잘 동화되어 소속감을 느끼게 하려는 의도였다. 모든 직원이 함께 모여 여러 구체적인 목표를 세웠다. 알레한드로는 이렇게 설명한다.

"단순히 얼마나 많은 커피를 수출할 것인지도 중요했지만, 생산자들과 돈독한 관계를 유지하는 것도 중요합니다. 다시 말해, 목표를 달성하는 것만큼이나 커피를 '어떻게' 조달하는지도 중요하게 바라본 것이죠."

충분한 논의를 거쳐 모든 팀원에게 각자의 책임이 주어졌다. 그리고 그들이 스스로 결정을 내릴 수 있도록 권한과 정보도 제공했다. 알레한드로는 팀원들을 마이크로매니징하지 않으려고 노력했다. 팀원들을 믿고 책임감 있는 어른으로 대우한 것이다.

이 모든 과정은 1년 가까이 걸렸고, 그동안 알레한드로는 점점 일상적인 운영 업무에서 손을 뗐다. 그의 말에 따르면 "팀원들이 공동의 목표를 바라보며 결정을 내릴 수 있도록 권한을 부여했을 때 신뢰가 싹텄다." 결국 알레한드로의 팀은 뛰어난 성과를 냈다. 팀원들은 자신감과 역량이 강화되었을 뿐만 아니라 새로운 방식을 향한 믿음도 더욱 커졌다.

"커피 업계와 조직 문화를 바꾸는
　목적 지향적 커피 기업을 만들다."

목적과 연결: 회사의 핵심 비즈니스(양질의 커피)와 사회적 목적(커피 산업 발전)을 한 문장으로 통합하여, 회사의 비전이 일상 업무에 녹아들도록 했다. 그 덕분에 직원들은 직급에 상관없이 매일 회사의 비전을 떠올릴 수 있었고, 세계 곳곳에 있는 다양한 구성원들 사이에 강한 연결 고리와 소속감이 형성되었다.

롱 윈 문화: 회사의 비전을 단순한 슬로건이 아니라 실제 업무 방식에 반영하려면 조직 전반에 깊이 뿌리내린 문화 자체를 바꿔야 한다. 기존의 업무 방식을 완전히 뒤흔들고 새롭게 정립해야 하는 것이다. 그 과정에서 알레한드로는 프레데릭 라루의《조직의 재창조》에서 이론과 실전 사례를 참고했고, 여러 비즈니스 전문가에게 조언을 구하며 자율 관리가 카라벨라의 업무 방식으로 자리 잡으려면 어떻게 해야 할지 고민했다.

꾸준한 배움: 알레한드로는 상사가 아닌 '코치'가 되어 질 좋은 협업과 자율성을 이끌어 냈다. 대만과 과테말라, 호주와 페루까지 현장마다 운영 방식은 제각각이다. 이처럼 빠르고 역동적으로 돌아가는 조직에서는 당연히 자율성이 보장되어야 한다. 그는 직원들이 과거의 경험에서 적극적으로 배우고, 이를 바탕으로 미래를 설계하도록 했다. 강력한 자유와 주도권은 뚜렷한 목적의식, 자율성, 꾸준한 배움에서 비롯된다. 이것은 기업이 잠재력을 발휘하여 최고의 성과를 내는 데 필수적이다.

존 알렉산더 Jon Alexander

신 시민 프로젝트New Citizen Project, NCP 공동 창립자

존은 이레니 에케시스Irenie Ekkeshis와 함께 신 시민 프로젝트(이하 NCP)를 시작했다. 이들은 사회가 도전과 기회를 대하는 방식을 바꾸고 싶었다. 지난 수십 년 동안 사회 계약은 쇠퇴하였고, 우리는 사회를 함께 만들어 가는 주체이자 구성원이 아니라 정부와 기업이 제공하는 재화와 서비스에 의존하는 '소비자'가 되어 버렸다. NCP는 이러한 상황을 타개하고 구성원들의 협력과 참여를 증진하기 위해 노력하고 있다.

존은 그의 책《시민Citizens》에 전 세계 다양한 리더와 집단이 어떻게 협력하여 문제를 해결했는지 소개했다. 이를테면 시민들의 지혜를 모아 코로나19에 성공적으로 대응한 대만의 사례나, 회원과 방문객을 단순히 소비자로 보지 않고 아름다운 자연환경을 함께 지키는 협력자로 여긴 내셔널 트러스트National Trust의 사례가 있다.

NCP는 아주 근본적인 질문에서 출발한다. 사람을 제품의 소비자가 아니라 집단의 참여자로 대하면 어떻게 될까? 이 접근법은 단순히 기존의 시스템을 개선하는 데 그치지 않고, 집단과 조직

이 새로운 가능성을 상상하도록 유도한다. 이와 더불어, 타인과 협력할 때 얼마나 더 좋은 결과가 나오는지도 탐구할 수 있게 한다. 협력과 협의에 기반하면 권력을 가진 이들만 아니라 모든 시민이 목소리를 낼 수 있다. 지자체나 국가 차원에서 정책을 결정할 때 그동안 배제된 목소리 역시 더욱 크게 들을 수 있다.

NCP는 최근 자연을 위한 시민 계획People's Plan for Nature의 방향을 구상했다. 이 프로젝트는 자연을 보호하고 자연의 가치를 근본적으로 재정립하자는 취지로 진행되었다. 정부 기관, 기업, 자선 단체, 농민, 지역 공동체 등 영국 전역에서 수천 명이 참여했다. 이 프로젝트는 미래에 대한 비전을 제시하고 우리가 해야 할 행동을 명확히 안내한다. 첫 단계는 다양한 계층의 사람과 '전국적 담화'를 나누는 것이었다. 두 번째 단계에서는 시민 의회가 주요 이슈를 논의하고 공통분모를 강화한 '계획'을 마련했다. 세 번째 단계에서는 이렇게 도출한 계획을 바탕으로 기업과 정부에 도전장을 내밀고, 나아가 지역 공동체가 자연 보호를 위해 뜻깊은 행동에 나설 수 있도록 지원을 아끼지 않았다.

목표는 단순히 새로운 계획을 세우는 게 아니라, 창의적이고 협력적인 접근 방식을 찾아내는 것이다. 모두가 국가 차원의 문제에 어떻게 기여할지 새롭게 고민해 보고, 다양한 관점을 가진 사람들과 함께 목소리를 낼 수 있어야 한다. 다시 말해, 이들의 목표는 오늘날 중대한 문제에 실질적으로 롱 윈 사고를 적용하는 것과도 같다.

"소비자를 넘어 시민으로서 행동하며
더 큰 가능성을 발견하도록 돕다."

명확성과 장기적 사고: 환경 문제나 사회 불평등 문제를 해결하기 위해서는 장기적인 관점이 필수다. 급한 불을 끄는 처방이나 중앙에서 일방적으로 지시한 정책은 모두 실패했다. 선거 주기, 연간 지표 등 경직된 틀을 초월하는 새로운 사고방식이 필요하다. 장기적 사고에 방해가 되는 요소를 제거해야 다양한 관점을 하나로 모을 수 있다.

언어: NCP 팀원들은 사고방식을 바꾸는 도구로 언어를 활용한다. 이들은 사회에 만연한 소비 지상주의 언어를 깨부순다. 언어가 바뀌면 새로운 목적을 함께 이룰 수 있다. 그저 단어를 살짝 바꾸는 것만으로 일방적인 의존과 통제의 관계가 아닌 상호 의존 관계를 나타낼 수 있다. 이를테면 '~에게', '~를 위해', '~에 맞서' 대신 '~와 함께'라고 표현하는 것이다. 이러한 방식은 이 책에서 언어에 관해 이야기한 부분과 일맥상통하는데, 책 말미에 대화 방식을 바꾸는 데 도움이 될 팁을 소개해 두었다.

3C와 3P: NCP는 협업을 원활하게 하기 위해 3P 프레임워크를 활용한다. 바로 목적Purpose, 프로토타입Prototype, 플랫폼Platform 이다. 3P 프레임워크는 롱 윈의 3C와 아주 비슷하다. 3P 프레

임워크에서 목적은 3C의 '명확성'과 연결된다. 프로토타입은 새로운 방식으로 일할 때 무엇이 가능한지 '꾸준히 학습'하고 실험하며 개선하는 과정과 일치한다. 마지막으로 플랫폼은 커뮤니티를 구축하여 더 큰 목소리를 내고, 더 많은 의견을 제시하며, 더 적극적으로 참여해 원하는 삶을 살 수 있도록 한다는 점에서 3C의 '연결'과 비슷하다.

가능성: NCP 팀이 출발점으로 삼는 질문은 다음과 같다. "나와 주변 사람을 진심으로 믿는다면 지금 무엇을 하겠는가?" 이 질문은 기회를 탐색하기 위함이지 확률을 따지려는 것이 아니다. 다시 말해, 사고와 행동의 폭을 넓히는 질문이지 제약하는 질문이 아니다. 또한 혼자서 수동적으로 반응하지 말고 다른 사람들과 적극적으로 협력해 긍정적인 행동에 나서자는 것이다. 이 질문은 롱 윈의 핵심과 상통하는 면이 있다. 롱 윈도 모두가 힘을 합쳐 더 나은 가능성을 탐색하도록 새로운 사고방식과 실용적인 도구를 제공하기 때문이다.

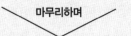
새로운 언어, 질문, 이야기

◆ 언어

우리는 1장에서 '승리'라는 단어의 유래를 살펴본 뒤, 흔히 통용되는 승리의 정의가 어떻게 등장했고 어떻게 변질되어 왔는지 추적해 보았다. 그 과정에서 우리의 사고와 행동, 소통 방식도 점점 편협해졌다는 사실을 알 수 있었다. 롱 윈 사고는 승리의 의미를 다시 정의한다. 당장의 결과보다 삶에 길이길이 남을 배움과 성장에 집중하고, 목표를 달성하는 데 협력과 연결이 얼마나 중요한지를 깨닫는 것이다.

승리를 다시 정의할 때 언어는 몹시 중요하다. 언어는 마음을 들여다보는 창이다. 언어에 따라서 우리의 생각, 행동, 소통 방식이 결정되고, 당신의 생각은 어떤 언어를 사용하느냐에 따라서 다르게 구현된다. 언어는 이 책 전체를 일관되게 관통하는 요소이기도 하다. 그동안 우리가 갖고 있던 승리에 대한 믿음과 편견도 언어를 통해 살펴볼 수 있었으니 말이다.

살다 보면 어떤 의도를 가지고 말을 하지만, 정작 사용하는 언어가 의도를 전혀 뒷받침하지 못하는 상황이 생긴다. 예를 들면 팀장이 팀원들에게 더 적극적으로 의견을 내고 아이디어를 공유해 달라고 말하고 며칠 뒤 회의 시간이 되면 전혀 다른 말과 행동을 보인다. 새로운 아이디어가 나오면 고개를 돌리거나 묵살해 버리고 때로는 조급해하며 팀원의 말을 끊기도 한다. 본인이 이런 행동을 하고 있다는 인지조차 없이 이루어지는 일이다.

이처럼 문화적 개념에 맞서기란 쉽지 않은 일이다. 행동을 바꾸려면 잠재의식 깊은 곳에 어떤 생각이 자리 잡고 있는지 확인해야 한다. 많은 리더가 승리를 원하는 동시에, 팀원들의 가치를 인정하며 포용적으로 소통하고 싶어 한다. 리더의 열정은 선의에서 시작하지만, 막상 자신이 정의한 성공 기준 때문에 구성원들이 지치고 무시당할 수 있다는 사실은 깨닫지 못한다.

지금까지와 다른 방식으로 말을 하려면 언어에 대한 새로운 인식과 감각을 개발해야 한다. 긴장과 두려움이 느껴져도 괜찮다. 이는 자연스러운 과정이다. 언어는 역동적이라 끊임없이 변화하고 성장한다. 따라서 우리가 언어를 사용하는 방식도 그에 맞춰 변화하고 성장해야 한다. 의도뿐만 아니라 실제로 뱉은 말이 어떤 영향을 미치는지도 관심을 기울여야 한다. 여러 사람에게 피드백을 받고, 주변에서 무슨 일이 일어나는지 주의 깊게 살펴보고, 사람들이 어떤 말을 사용하는지 관찰할 때, 우리는 주변의 환경과 연결될 수 있으며 사람들과 함께 바람직한 환경을 만들어 갈 수 있다.

주위에서 사용하는 언어의 의미를 검토하면서 의문을 제기하다 보면 세상을 바라보는 관점, 성공 기준은 물론이고 성공을 표현하는 언어까지 달라질 것이다. 스포츠 및 생태 심리학자인 피파 그레인지 박사는 브레네 브라운과의 대화에서 '얕은'과 '깊은'이라는 단어를 사용해 승리를 구분했다. 얕은 승리는 남과의 비교, 결핍, 자기 회의에서 비롯된 승리다. 깊은 승리는 여정의 풍요로움을 느끼면서 기쁨과 고난, 혼란에 몰입하여 얻는 승리다. 특히 후자는 영혼의 차원에서 이루어지는 것이라고 설명했다.

수식어를 덧붙일 때든, 새로운 질문을 던질 때든, 새로운 그림을 그리고 새로운 이야기를 들려줄 때든, 우리가 선택하는 언어는 롱 윈 사고를 발전시키는 데 굉장히 중요한 역할을 할 것이다.

◆ 질문

기존의 방식을 바꾸고 싶다면 경각심을 가져야 하는데, 이때 '질문'은 훌륭한 안내자가 되어 준다. 그동안 당연하게 여겼던 승리의 언어를 점검하고 새롭게 정의한 승리의 비전을 탐구할 수 있기 때문이다. 누군가 승리가 전부라는 뻔한 말을 한다면 이렇게 되물어 보자. '정말 승리가 전부인가?' '왜 그렇게 생각하는가?' '어디서 승리를 하겠다는 것인가?' '누구를 이기고 싶은가?' '그 외에 중요한 건 없는가?'

시상식 때 누가 상을 받는지 생각해 보자. 과거에는 누가 영웅이었고 앞으로는 어떤 사람들이 인정받을까? 무엇을 기준으로 사람을 평가해야 할까? 단기적인 성과에 보상을 할지, 아니면 더 훌륭한 기여에 보상을 해야 할지도 고민해 봐야 한다.

흔히 리더라면 모든 질문의 해답을 알고 있고, 강직하게 방향성을 제시할 수 있다는 기대를 받는다. 하지만 이 역시 고정관념이다. 그런 기대를 충족하려 하기보다는, 어떻게 해야 동료들과 협력하고 함께 성장하는 것이 당연한 환경을 만들 수 있을지 생각해 보기 바란다. 과거에는 도움이 되었지만 미래에는 별로 쓸모가 없는 것을 떠올려 본다면 유용한 통찰을 얻을 수 있을 것이다.

"고통 없이는 얻는 것도 없다.", "마지막 결과가 곧 당신의 가치다.", "승리해야만 가치를 증명할 수 있다." 같은 허울뿐인 문구는 버릴 때가 되었다. 더 나은 문구를 찾아도 좋고, 질문으로 대체해도 좋다. 왜 과거가 미래를 예측해야 하는가? 미래에 또 어떤 다른 일이 일어날 수 있을까? 최근의 경험에서 무엇을 배웠는가?

누군가를 패배자 취급하거나 능력에 따라 사람을 구분하는 말을 들었다면, 그 자리에 끼어들어 호기심을 발휘해 보라. 왜 그런 생각을 하는 것일까? 차이에 대한 두려움일까, 변화에 대한 두려움일까? 그저 자존심 때문인 걸까? 롱 윈 관점으로 세상을 새롭게 바라보면 무엇을 얻을 수 있을까?

어떤 질문을 던지느냐에 따라 미래의 가능성을 열어 둘 수도, 지나치게 좁은 세계에 갇힐 수도 있다. 매일 어떤 질문이 우리의 생각과 행동을 이끄는지, 일상 속에서 어떤 질문을 던져야 할지 고민해 보기 바란다. 다음의 질문들은 롱 윈 사고를 일상에 적용하는 데 도움이 될 만한 것들이다. 우리를 둘러싼 환경이나 일상에서 벌어지는 일을 전부 통제할 수는 없지만 적어도 이 질문들만큼은 우리가 스스로 선택할 수 있다.

1. 장기적으로 어떤 변화를 만들고 싶은가? 오늘 그 목표에 기여할 수 있는 일은 무엇인가? 단기적으로 어떤 과제와 지표에 집중하고 있는가? 그 과제와 지표가 장기적인 목표를 달성하는 데 어떻게 도움이 되는가?

2. 하루를 마치고 나면 오늘 하루를 어떻게 평가할 것인가? 어떤 마음가짐을 유지하고 싶은가? 자신과 주변 사람들에게 어떤 질문을 던질 것인가? 오늘 하루 좋은 일이 일어나든 나쁜 일이 일어나든 어떤 관점을 유지할 것인가?

3. 오늘 무엇을 배울 것인가? 단기적으로 기대한 결과를 얻지 못하더라도 무엇을 얻을 수 있는가?

4. 오늘 하루를 잘 보낸다면 누가 손해를 보는가? 그들이 꼭 손해를 봐야 하는가? 당신의 경쟁자는 누구인가? 그들과 협력하여 더 큰 가치를 창출하려면 어떻게 해야 하는가?

5. 오늘 만나는 사람들과 어떻게 연결될 것인가? 주변 사람들에게, 그리고 자신에게 어떤 영향을 주고 싶은가? 오늘 어떤 모습으로 하루를 보내고 싶은가?

◆ 이야기

승리에만 집착하던 기존의 구호와는 사뭇 다른 종목들이 올림픽에 새로 편입되고 있다. 그중 우리에게 신선한 이야기를 들려주는 것들도 있다. 예를 들면 빅에어, 모글, 에어리얼 등 프리스타일 스키 종목이다. 이 종목에 출전한 선수들은 강한 유대감을 바탕으로 서로를 응원한다. 인터뷰를 보면 다 함께 즐기고 도전하는 문화가 있다는 걸 알 수 있다. 모험을 추구하는 것 자체가 큰 영광이자 자부심이지 메달에 집착하는 사람은 없다. 이 스포츠는 메달을 따기 위해 안전하게 경기를 운영하는 것보다, 위험을 감수하며 한계를 뛰어넘는 데 의미가 있기 때문이다. 프리스타일 스키 선수들에게 가장 중요한 사명과 보상은 과감하게 도전하고 경계를 허무는 것이다.

2014년 출범한 인빅터스 게임Invictus Games은 전혀 새로운 차원의 스포츠 경기다. 전쟁 중 부상을 입거나 질병을 앓고 있는 군인과 참전 용사들이 참가하며 휠체어 농구, 좌식 배구, 실내 조정 등의 장애인 스포츠로 구성되었다. 기존의 종합 스포츠 대회와 형태는 비슷하지만 이 게임은 단순히 승부를 겨루는 자리가 아니다. '인빅터스'는 라틴어로 '정복되지 않은' 또는 '패배하지 않은'

이라는 뜻을 가진다. 스포츠의 힘으로 상이군인들의 회복을 돕고 재활을 지원하며, 더 나아가 이들에 대한 사회적 이해와 존중을 널리 확산하는 것이 이 대회의 목표다. 인빅터스 게임의 후원자인 서식스 공작 해리 왕자는 이렇게 말했다.

"결승선을 향해 전력 질주를 하다가 마지막 동료가 들어오면 다 함께 박수 치는 모습을 보라. 인빅터스 게임은 동료와 함께 결승선을 통과하는 대회다. 모두 1등을 하고 싶지만 그렇다고 동료가 2등이 되는 건 바라지 않는다. 인빅터스 게임은 인간 정신의 숭고함을 그대로 보여 준다."[169]

캐나다 조정 선수 출신인 제이슨 돌런드는 스포츠가 사람을 무너뜨릴 수도 있고 다시 일어서게 할 수도 있다고 말한다. 그는 선수와 코치로 활동하는 동안 '어떻게든 이겨야 한다'는 두려움을 안고 살다가, 바닥을 찍고 나서야 다른 방법이 있다는 사실을 깨달았다. 이제 그는 자신이 '패배한 이야기'에 누군가를 일으킬 힘이 있다고 믿는다. "스포츠는 지금의 모습을 그대로 유지할 수도 있다. 즉, 승리를 쟁취하기 위해 수단과 방법을 가리지 않는 전쟁터로 남을 수 있다는 뜻이다. 하지만 더 의미 있는 선택을 할 수도 있다. 그렇게 해야만 스포츠에 진정한 기회가 찾아올 것이다."[170]

존 매커보이John McAvoy는 올림픽 메달을 한 번도 딴 적이 없음에도 나이키의 후원을 받는 유일한 철인 3종 경기 선수다. 그에게 메달은 없지만 그의 이야기에는 아주 강력한 힘이 있다. 매커보이는 한때 무장 강도 혐의로 수감된 바 있는, 영국에서 가장 악명 높은 범죄자였다. 그러나 스포츠가 그의 인생을 완전히 바꿔 놓았다. 교도관 중 한 명이 그가 로잉 머신을 타는 모습을 보고 운동에 재능이 있다는 사실을 알아챘고 몇 년 후, 그는 출소해 철인 3종 경기 선수가 되었다.

매커보이는 현재 빈민가 청소년과 소년원 수감자들을 돕는 다양한 활동을 하고 있다. 그에게는 경기만큼이나 사회적 책임도 중요하다. 그의 이야기는 어디에서도 들어 본 적 없는 특별한 이야기다. 그의 이야기를 들은 사람은 인생에서 정말 중요한 것이 무엇인지를 생각하곤 했다. 단순히 1등이 되는 것 외에도 수많은 이야기가 있다는 것을 깨닫고 말이다.[171]

과거와 달리 이제는 많은 선수가 자신의 스포츠 여정에서 더 깊은 의미를 탐색하기 시작했다. 애초에 그런 목표를 세우고 출발하는 경우도 있지만 우연히 또는 어려움을 겪으면서 깨닫기도 한다. 엘리트 스포츠 선수라면 누구나 한계를 극복해야 하는 순간이 오며, 그 과정을 거치면 눈앞의 목표를 넘어 또 다른 가능성을 볼 안목이 생긴다. 희생, 고통, 투쟁이 전부라고 생각하는가? 이제 스포츠계에도 우정, 사랑, 인간관계, 정서적 안정, 의미, 지지, 가치관, 진정성 같은 단어가 나타나기 시작했다.

우리는 앞서 롱 위너들의 삶에서 다양한 모습의 성공을 엿보았다. 그리고 당신이 잘 안다고 생각하는 분야라도 질문을 던져야 하고, 자기만의 승리를 재정의해야 하는 이유를 배웠다. 이 모든 배움은 '이야기'를 통해 이루어졌다. 결국 우리 삶을 변화시키는 것은 '이야기'인 것이다.

말콤 글래드웰은 《다윗과 골리앗》에서 우리가 늘 들어 왔고 의심 없이 받아들이며 감탄해 마지않던 이야기를 재해석한다. 다윗이 골리앗과 마주한 장면을 새롭게 조명한 것이다. 그는 골리앗이 일대일 결투 의식에 따라 갑옷을 입었을 것이라 말한다. 골리앗은 갑옷의 무게 때문에 빠르게 움직일 수 없고 시야를 확보할 수도 없었을 것이다. 반면 다윗은 관행을 따라 싸울 생각이 전혀 없었다. 자신이 잘하는 방식, 즉 야생동물과 싸울 때 쓰던 슬링샷으로 골리앗과 싸운다. 게다가 다윗은 갑옷을 입지 않아 빠르고 자유롭게 움직일 수 있었다.

대다수는 이 이야기를 그런 식으로 해석하지 않는다. 당연히 다윗이 이길 확률이 낮다고 생각하고, 승자에게 필요한 힘이 무엇인지 너무나 빠르게 단정 지어 버린다. 글래드웰은 사울 왕의 이야기도 덧붙인다. 사울 왕은 다윗이 골리앗과 맞서야 한다는 점에는 동의했지만, 다윗이 이길 거라고는 전혀 예상하지 못했다. 강력한 육체만을 힘이라 생각했지, 속도나 기습 같은 능력도 힘이 될 수 있다는 걸 전혀 몰랐기 때문이다. 글래드웰은 다윗과 골리앗 비유를 통해 다음과 같이 이야기한다. "우리는 여전히 똑같은 실수를 저지르고 있다. 이로 인해 아이들을 어떻게 가르쳐야 하는지부터 범죄와 무질서를 어떻게 다뤄야 하는지에 이르기까지 다양한 분야의 문제도 영향을 받는다."[172]

글래드웰은 이처럼 누구나 아는 이야기를 뒤집음으로써, 편협한 생각에 기반한 지배적 내러티브에 맞서야 한다고 이야기한다.

"우리가 세상에서 가치 있다고 여기는 것 중 상당수는 이런 불균형한 싸움에서 비롯된다. 역경에 맞서는 과정에서 위대함과 아름다움이 탄생하기 때문이다. … 그러나 우리는 이런 대결 구도를 시종일관 오해하고 있다. 이야기를 제대로 읽지 못하고 잘못 해석해 버린다. 거인은 우리의 생각과 다른 존재다. 거인의 힘은 동시에 거인의 약점이 되기도 한다."[173]

글래드웰의 이야기를 듣고 나면 승리의 모습에 대해서도 우리가 오해해 왔음을 깨달을 수 있다. 승리는 우리가 생각하는 것과 다를 수 있으며, 단기적으로 승리를 돕는 자질이 장기적으로는 패배를 초래할 수 있다. 반면 패배는 우리가 지금껏 간과해 왔던 방식으로 사람을 긍정적으로 바꾸기도 한다. 예상과 다른 성공의 모습 덕분에 이전에는 상상하기 어려웠던 더 위대한 목표를 다 함께 탐색하게 될 수도 있다.

일상에서 다양한 이야기와 관점을 듣고 나누는 것은 롱 윈 사고의 연료가 되어 줄 것이다. 관련해 인상 깊은 이야기 하나가 떠오른다. 어느 기업 만찬 자리에서 올림픽 조정 금메달리스트가 자신의 이야기를 들려주었다. 그의 팀은 몇 년 동안 패배했지만, 팀이 돌아가는 방식을 완전히 바꾸자 모든 팀원의 퍼포먼스가 향상하면서 올림픽 챔피언이 되었다고 했다. 정말 감동적인 이야기였고 이야기를 전하는 솜씨 또한 훌륭했다. 사람들이 모두 박수를 치며 황홀한 표정으로 금메달을 바라볼 때, 내 옆에 앉아 있던 사업가 한 명이 내게 말했다.

"정말 멋진 이야기네요. 감동적입니다. 그런데… (말하면 안 될 것을 말하는 듯 목소리를 낮추며) 저는 경기에 참가했던 다른 선수들도 궁금합니다. 그들이 있었기에 저분의 승리도 더 빛나는 거니까요. 아마 다른 선수들도 저분만큼, 아니 어쩌면 그보다 더 열심히 훈련했을지도 모릅니다. 훈련하면서 본인들이 제대로 하고 있는 건지 끊임없이 의문을 품었을 거고요. 그런데 우승하지 못했다는 이유만으로 그들은 사람들 앞에 나서지 못합니다. 우리는 그들을 볼 수도, 인정할 수도 없고, 그들에게서 뭔가를 배울 수도 없어요. 그래도 저는 그 사람들한테도 분명 가치 있는 이야기가 있을 거라고 믿습니다."

그의 말은 내 머릿속에 깊이 각인되었다. 이 책을 써야겠다고 마음먹은 이유가 다시금 떠올랐다. 현재는 물론이고 앞으로도 우리가 성공하는 데 중요한 역할을 할 새로운 이야기가 필요했다.

이야기는 생각을 바꿀 수 있는 아주 훌륭한 도구다. 이 책 곳곳에도 이야기를 활용했다. 이 이야기들이 독자 여러분의 기억 속에 잠들어 있는 이야기를 꺼내 주었으면 한다. 그리고 그 이야기를 새로운 시각으로 바라보며 더 넓은 의미를 탐색할 수 있게 되기를 바란다. 그 과정이 바로 롱 윈을 정의하고 구현하는 첫걸음이 될 것이다.

이 책은 질문으로 가득하다. "승리의 진정한 의미는 무엇인가?" 라는 질문을 폭넓게 파고들며 곱씹어 보았다. 정답이나 공식을 찾으려고 한 것은 아니다. 저마다의 승리 경험을 되짚어 보고 성찰하는 데 도움이 되기를 바랐다. 무엇이든 일단 관심을 두기 시작하면 더 잘 보이기 마련이다. 승리나 패배와 관련된 가장 강렬한 기억은 무엇인가? 지금 머릿속에 떠오르는 이야기가 있는가? 당신은 이제부터 무엇을 새롭게 바라볼 수 있게 되었는가?

승리는 겉보기에 단순하고, 긍정적이며, 좋은 것처럼 보이지만 사실 여러 얼굴을 가지고 있었다. 승리 외에 다른 선택지 또한 얼마든지 존재한다는 사실도 분명했다. 승리가 전부라는 말의 진정한 의미를 과감히 탐구하기도 했다. 정말 승리가 전부라고 해도, 그 전부는 일시적일 뿐 지속적인 의미를 지닐 수는 없다. 오히려 장기적인 가능성을 탐색하는 데 걸림돌이 될 수도 있다.

롱 윈을 향한 여정은 승리의 편협한 정의를 깨는 것에서부터 시작된다. 그 뒤로는 자연스레 삶에 의미를 부여하고 우리가 속한 공동체와 연결되기 위한 목표를 세울 수 있다. 기존의 아이디어에 의문을 제기하고 끊임없이 배우며 성장할 수 있다. 모두가 협력하면서 최고의 역량을 발휘하는 네트워크를 구축할 수도 있다.

성공은 생각보다 훨씬 더 복합적인 개념이다. 승자의 메달을 얻는 것보다 더 많은 부를 획득할 수 있는 더 큰 게임이 존재한다. 21세기에 승리란 무엇일까? 우리 모두 다시 정의해야 할 때다.

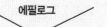
에필로그

결승선을 통과하며

마지막 올림픽을 위해 아테네에 도착했을 때, 나의 계획은 분명
했다. 예선을 1위로 통과해 결승에 직행한 뒤 최고의 퍼포먼스로
금메달을 차지하는 것. 하지만 인생이 늘 그렇듯 계획대로만 흘
러가지 않았다. 나와 캐서린은 첫 번째 경기에서 벨라루스 팀에
게 크게 뒤지며 패배했다. 이제 결승에 오르려면 단 한 번의 패자
부활전에서 이기는 방법뿐이었다. 첫 경주를 망친 뒤 실망한 팀
원들이 우리를 피하는 게 느껴졌다. 좀처럼 우리와 대화하려 들
지 않았고, 숙소에서도 먼저 다가올 생각이 없어 보였다.

패자부활전까지는 5일이 남아 있었고 거기서 통과하면 결승에
진출할 수 있다. 이제 우리만의 이야기를 쓸 준비를 해야 했다. 새

로운 것에 도전하고, 위험을 감수하고, 변화를 받아들이고, 서로를 믿어야 했다. 주위의 잡음은 모두 차단해야 했다. 올림픽 첫 경기에서 처참하게 패배했으니 다시는 일어설 수 없을 거라는 말, 캐서린의 부상과 나의 저조했던 기록을 보면 결과는 뻔하다는 말은 모두 흘려듣기로 했다. 10년이 넘는 시간 동안 수없이 많은 위기를 겪었고 그럴 때마다 고비를 넘어 왔다. 아테네는 또 하나의 커다란 도전이었다.

며칠 동안 정신없이 훈련에 매진했다. 일단 패자부활전에서 이기기 위해, 그리고 올림픽 결승에 대비하기 위해 우리를 괴롭히는 악마와 싸우며 다시 일어섰다. 남은 시간은 얼마 되지 않았지만 우리는 스스로를 채찍질하며 변화를 꾀하고 기술을 다듬었다. 마지막 순간까지도 일이 어떻게 흘러갈지 모른다는 불안감 속에서 온갖 생각과 감정이 머릿속을 헤집고 지나갔다. 그리고 우리는 기어이 올림픽 결승전 출발선에 섰다. 나의 처음이자 마지막 올림픽 결승전이었다. 아드레날린이 솟구치고 숨이 터질 것만 같았다. 7분 8.66초 동안 2,000미터 거리의 물길 위에서 심장과 영혼을 모두 쏟아부었다.

2004년 8월 21일, 스키니아스 호수에서 결승선을 통과하던 순간 수많은 감정이 교차했다. 동시에 그때 떠오른 질문들은 지금까지도 나를 고민하게 만든다. 처음에는 내가 '패자'인지 아닌지를 고민하느라 괴로웠다. 1등을 하지 못해서 위안을 찾으려는 건가 싶기도 했고, '승자'들이 이런 고민을 비웃으면 어쩌나 걱정하기도 했다. 하지만 승자들도 똑같은 고민을 한다는 걸 이제는 알고 있다. 결과가 어떻든 이런 질문은 사라지지 않는다.

스키니아스에서의 경험은 그저 반짝이는 동그란 금속 조각 하나로 온전히 표현될 수 없다. 메달 색깔이 무엇이든 간에, 지금에 이르기까지 풍성한 이야기가 가득 쌓였다는 사실은 변함없다. 메달은 그 이야기의 일부분에 불과하며 성공은 당신이 생각하는 것보다 더 많은 모습을 하고 있다.

지금 생각해 보면 그해 8월 아테네의 뜨겁고 화창한 볕 아래서 나는 무엇이 중요한지를 깨우치기 위해 한 걸음 더 내디딘 것이었다. 오랫동안 내 마음을 지배했던 고정관념을 떨치고, 승리가 우리 모두에게 어떤 의미가 될 수 있을지 탐구하는 흥미로운 여정의 출발점에 선 것이었다.

이 책의 아이디어와 경험, 생각을 함께 발전시키고 논의했던 수많은 이들에게 감사의 마음을 전하고 싶다. 그들의 이름을 모두 언급할 수 없어 아쉬울 따름이다. 나와 함께 승리와 패배를 맛본 모두에게 고마움을 전하고 싶다. 특히 두 번의 올림픽에 함께 출전한 도트 블래키Dot Blackie와 캐서린 그레인저에게 감사를 전한다. 그밖에 너무나 많은 사람의 도움을 받았다. 그 어떤 메달보다 값진 도움이다.

이 책을 집필하는 데 중요한 역할을 한 사람이 정말 많다. 마거릿 헤퍼넌과 매슈 사이드와 함께 논의할 수 있었던 건 큰 행운이었다. 그들의 너그러움과 격려에 진심으로 감사한다. 샘 파피트, 로렌스 홀스테드Laurence Halsted, 벤 라이언Ben Ryan, 어메이징 이프의 헬렌 터퍼와 사라 엘리스, 데비 세이어스, 알레한드로 카데나와 카라벨라 팀, 제인 데이비슨, 존 모건, 크리스 도셋, 게리 헨들러와 에자이 팀, 사이먼 먼디Simon Mundie, 존 알렉산더, 벤 헌트 데이비스와 윌 잇?Will It? 팀, 스티브 잉햄Steve Ingham, 크리스 샴브룩Chris Shambrook, 제이슨 돌런드, 애니 버논, 골디 세이어스Goldie Sayers, 발로리 콘도스 필드, 조시 페리Josie Perry, 앨 스미스Al Smith, 앤드루 힐, 에바 카네이로Eva Carneiro, 로저 베일리Roger Bayly, 맷 브리틴Matt Brittin, 앨리슨 메이트런드에게도 감사의 인사를 전한다.

케임브리지 저지 경영대학원에서 수업할 기회를 얻은 덕분에 내 생각을 다듬고 일터에 대한 새로운 관점을 형성할 수 있었다. 이 프로그램을 함께한 동료들, 마크 드 론드Mark de Rond, 필립 스타일즈Philip Stiles, 마크 스미스Mark Smith, 파트리지아 베키Patrizia Vec-chi, 스마란다 고사멘싱Smaranda Gosa-Mensing, 그리고 안타깝게도 세상을 떠난 수체타 나두카르니Sucheta Nadkarni에게 감사를 전한다.

앨리슨 존스Alison Jones와 출판사에게도 큰 빚을 졌다. 그들의 도움으로 나는 작가 세계에 입문해 계속해서 영감을 얻고 사고를 확장할 수 있었다.

마지막으로 가족에게 깊은 감사를 표하고 싶다. 나는 늘 한계에 도전하는 습관이 있다. 이번에도 책을 쓰고 수정하는 과정에서 한계를 경험했다. 이런 프로젝트에 몰두할 때마다 주변을 살피지 못한 나를, 가족은 기꺼이 이해해 주었다.

이 책에서 빠진 내용이나 오류는 모두 내 잘못이며 너그럽게 이해해 주기 바란다. 이 책이 당신만의 오래 지속될 승리를 찾는 여정에 도움이 되기를 진심으로 기원한다.

롱 원 사고 vs 쇼트 원 사고

다음의 도구들은 롱 원을 추구하는 데 필요한 언어, 특징, 사고 방식을 잘 보여 준다. 롱 원과 비교하기 위해 쇼트 원short win도 적어 놓았다. 이 예시를 참고하여 롱 원 사고를 우리 삶에 적용하고, 나아가 주변에도 확산해 보기 바란다.

참고: 둘 중 하나를 선택해야 하는 건 아니다. 두 관점 모두를 활용해도 되기 때문이다. 다만, 롱 원 사고를 선택해야 퍼포먼스를 계속 유지하면서 집단의 잠재력을 장기적으로 일깨울 수 있다.

롱 윈 사고의 실질적 특징

명확성	
롱 윈 사고	**쇼트 윈 사고**
넓은 시야를 가지고 끊임없이 큰 그림과 연결된다.	시야가 좁고 단기적인 목표에만 집중한다. 당장 눈앞의 틀을 넘어서려고 하지 않는다.
성공의 정의가 다양하다. 경험, 가치가 실현된 이야기, 협력, 목적을 향한 진전, 건강과 행복, 사회적 영향 등 의미 있는 지표를 사용한다.	매출 수치, 수익, 핵심 성과 지표와 목표, 선거 결과, 시험 점수, 순위 등 편협한 지표를 가장 중요시한다.
가치가 모두의 일과 연결되어 있으며, 리더는 좋은 상황에서도 어려운 상황에서도 가치를 지킨다.	단기적인 이익이 필요할 때, 또는 위기에 처할 때 가치를 포기한다.
실질적인 문화. 구성원의 경험이 가장 중요하다.	공식 발표, 벽에 걸린 사칙 등 표면적인 문화가 중요하다.
단기적 성과에 집착하지 않는다. 장기적으로 성장하기 위해 실수에서 교훈을 얻고 변화한다.	단기적 성과와 단기적 의사 결정이 최우선이다.
성공은 문화로 정의되며 일하는 방식이 곧 문화다. 결과보다 과정의 탁월함에 박수를 보내며 장기적인 영향에 집중한다.	성공은 결과로 평가하며, 결과를 위해서는 어떤 대가도 치를 수 있다.

꾸준한 배움

롱 윈 사고	쇼트 윈 사고
다양한 이야기에 귀를 기울인다. 특히 1등이 아닌 결과에도 관심을 가진다.	1등을 차지한 사람만 모방하려고 한다.
비판적 사고, 창의성, 혁신, 협력하는 능력에 시간과 노력을 투자한다.	당장 눈에 보이는 능력만 인정하고 높이 평가한다.
승자는 가치 있는 관점을 제시하고, 새로운 아이디어와 질문, 경험을 나누는 사람이다.	승자는 1등을 하는 사람이다.
모든 아이디어에 호기심을 갖고 탐구한다. 성급하게 판단하지 않는다.	단기적인 행동에 집중한다.
장기적이고 폭넓은 성과에 필요한 노력을 우선시한다.	빠르게 성과를 낼 전략을 우선시한다.
어떤 모습을 보일지에 집중한다. 예) 다른 사람과 발맞추기 위해 속도 조절하기, 마음 챙김을 연습하여 자신과 타인에 대한 인식을 높이기, 공감하기	할 일 목록과 업무 수행에 집중하며 '영웅적인 해결사'를 칭송한다.
다양한 분야를 아우르는 사고, 폭넓고 창의적이며 쉽게 정의할 수 없는 기술을 우선시한다.	좁은 분야의 전문성, 특수한 기술, 정의하기 쉬운 능력을 우선시한다.

연결	
롱 윈 사고	**쇼트 윈 사고**
사람은 성과가 아니라 존재 그 자체로 인정받는다.	사람은 성과로 평가받는다. 운동선수, 엔지니어, 변호사처럼 말이다.
신뢰, 협력, 포용을 바탕으로 관리한다.	통제, 복종, 지배에 의존해 관리한다.
불확실성과 모호함을 용인한다.	가능한 한 확실한 것만을 추구한다.
협상이나 업무 대화는 윈윈 게임이다. 양쪽 모두 이익을 누려야 하며, 다함께 최상의 결과를 만들고 그 결실을 나눈다.	협상이나 업무 대화는 제로섬 게임이다. 이기는 사람이 있으면 지는 사람도 있다.
협력이 핵심이며 관계를 소중히 여긴다.	경쟁이 핵심이며 모두가 이 사실을 인정하고 보상할 것이라 여긴다.
성공적인 회의는 공동의 목표를 확인하고 다양한 아이디어와 소외된 목소리에 귀 기울이는 회의다. 관계를 돈독히 하고 서로를 이해하며 폭넓은 동의를 확보하는 과정이다.	성공적인 회의는 의사 결정과 실행 항목으로 정의된다.

언어	
롱 윈 사고	**쇼트 윈 사고**
지속적인 가치 추구	일시적인 가치 추구
공동의 비전, 다양한 정성 지표와 과정 중심	목표, 핵심 성과 지표, 마감 기한, 매출, 최종 결과 등 단순한 지표 중심
인간의 경험, 의미, 감정 등 내면에 초점을 맞춘 언어	기계적이고 비인간적이며 외면에 초점을 맞춘 언어
다양성, 창의성, 독창성을 강조	획일성과 순응을 강조
자율적으로 몰입하며 목소리를 냄	순응, 통제, 목표를 강요
사람을 먼저로 생각하는 목적 중심적 언어	과업 중심적 언어
사회적 영향과 공동체 발전에 기반한 성공	개인의 이익에 기반한 성공
인간의 성장, 집단의 발전, 함께 배우는 것에 대한 이야기	지위와 자존심에 대한 이야기
다양한 가능성과 관점을 수용	이분법적 사고, 옳고 그름의 대립, 고정 마인드셋
가능한 모든 경로 탐색	가장 확률이 높은 경로 탐색

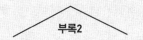

롱 윈 사고법 일터에 적용하기

◆ **명확성**

- 매일의 대화, 회의, 활동을 모두 더 큰 목적과 연결한다. 회의를 주재하는 경우라면 회의 시작 전 한 문장을 덧붙여도 좋고, 평소에 대화를 시작하고 진행하는 방식을 바꿔도 좋다.
- 조직의 모든 구성원이 더 큰 목적에 집중하도록 '5가지 왜' 기법을 활용한다. 예를 들어 다음과 같이 질문과 답변을 이어 갈 수 있다.

Q1. 왜 이 회의가 중요한가?

A1. 정보를 공유해야 하므로.

Q2. 왜 정보를 공유해야 하는가?

A2. 정보가 있어야 최선의 결정을 내릴 수 있으므로.

Q3. 그 결정은 왜 중요한가?

A3. 다음 프로젝트를 시작해야 하니까.

Q4. 다음 프로젝트가 왜 중요한가?

A4. 고객에게 다가가기 위해.

Q5. 왜 고객에게 다가가야 하는가?

A5. 고객의 삶의 질을 높이기 위해.

질문은 다섯 번을 넘어 더 이어질 수도 있다.

Q6. 왜 고객의 삶의 질을 높여야 하는가?

A6. 사회적 결속을 강화하기 위해.

- 팀, 부서, 조직 차원에서 '어떻게' 일할 것인지 합의한다. '어떻게'는 일하는 방식이자 조직 문화이며, 구성원들이 어떤 행동을 하고 어떻게 소통할지에 대한 공동의 기준과 규범이다. 팀이 잘 돌아가지 않을 때 일하는 방식을 참고하면 길이 보인다. 어떤 이들은 이를 '기본 규칙'이나 '헌장'이라고 부른다. 어떻게 부르든 상관없다. 피드백을 주고받거나, 의사 결정을 내리거나, 갈등을 관리할 때 '어떻게' 할 것인지 명시적으로 논의하고 합의하는 게 중요하다. 그리고 이를 정기적으

로 검토하고 업데이트한다. 이런 과정을 그저 운에만 맡기면 갈등, 오해, 각종 장애가 발생하기 마련이다. 심하면 평판이 심각하게 훼손되거나 비윤리적인 행동이 나타날 수도 있다.

◆ 꾸준한 배움

- 검토는 상황이 안 좋을 때만 하는 것이 아니다. 상황이 좋을 때도 검토는 반드시 해야 한다. 배움은 말할 것도 없다. 결과에 상관없이 무엇이 잘 작동했고, 무엇을 개선해야 하며, 다음에 무엇을 다르게 시도할 수 있을지 검토한다. 이 세 가지 틀에 따라 검토하는 습관을 들이면 조직 전체의 학습 효과를 극대화할 수 있으며, 꾸준히 배우려는 마음가짐이 팀의 회복 탄력성도 키운다. 결과만 검토하지 말고 과정과 경험, 구성원들이 일을 처리한 방식까지 모두 확인해 보자. 성과를 개선할 수 있는 기회는 대부분 이곳에서 찾을 수 있다.

- 하루 중 틈틈이 성찰하고 배우는 시간을 가져 본다. 일기를 쓰면서 그날그날 느낀 점을 기록해도 좋다. 하루를 마무리하며 어떤 순간들이 기억에 남는지 떠올려 보자. 긍정적인 순간이든 부정적인 순간이든 상관없다. 왜 그런 순간들이 기억에 남는지 함께 생각해 보기 바란다. 성찰하는 과정에서는 성급하게 판단하지 말고 먼저 이해하려고 노력해야 한다. 그럴 때 비로소 앞으로 나아가는 방법이 보일 것이다.

- 코칭 문화를 구축한다. 조직의 모든 구성원이 코칭 스킬을

갖추도록 투자해야 한다. 그래야 모두가 목소리를 내는 학습 문화를 만들 수 있다. 사람들은 대개 자신이 코칭을 잘한다고 생각하지만 실제로는 그렇지 않은 경우가 많다. 탄탄한 코칭 스킬을 쌓기 위해서는 꾸준한 교육과 훈련이 필요하며 코칭 스킬을 실제로 활용해 볼 수 있는 지원도 필요하다.

◆ **연결**

- 사람과 관계를 우선하는 방법을 실제로 적용해 본다.
- 일정을 관계 중심적으로 바라본다. 보통 우리는 캘린더에 회의, 안건, 시간을 기록한다. 즉, '무엇'을 '언제' 하는지가 중요하다. 여기에 '누구'와 함께하는지를 추가해 보자. 안건 목록, 할 일 목록, 협업 문서에도 사람과 관계에 관한 정보를 더 많이 추가하자. 이를테면 다음과 같은 질문을 할 수 있다. 회의에 누가 참석하는가? 그들에게서 무엇을 배우고 싶은가? 이 회의에서 참석자들과의 관계를 어떻게 돈독히 할 수 있을까?
- 단순히 업무와 관련된 목표만 세우지 말고 관계를 쌓기 위한 목표도 설정한다. 사람과 관련된 목표는 할 일 목록에서 가장 우선순위가 높아야 한다. 목표를 세울 땐 이 일에서 어떤 경험을 하고 싶은지, 나아가 동료들이 나와 함께 일하면서 어떤 경험을 하도록 만들고 싶은지 고민해 보자.
- 조직도를 살펴보며 사람 사이의 빈 공간에서 어떤 일이 일어나고 있는지 이해하고 개선해 본다. 그곳에서 관계와 팀워크

가 형성되고 협업, 소통, 학습, 혁신이 일어난다. 즉, 우리가 의식적으로 발전시키고자 하는 팀과 조직의 '접착제'가 바로 그곳에 있다. 조직도를 그릴 때 선의 모양과 색을 다르게 하여 소통, 협업, 에너지를 표현해 보자. 선의 굵기로 관계의 강도와 깊이를 나타내고, 화살표로 소통이 양방향인지 일방향인지를 나타낼 수 있다. 이렇게 하면 인간다운 조직도를 만들 수 있으며, 퍼포먼스와 행복에 결정적인 영향을 미치는 영역을 발견하여 그곳에 집중할 수 있다. 또는 더 강한 연결이 만들어질 만한 빈틈을 포착할 수도 있다.

- 마지막으로, 이야기는 우리에게 중요한 것을 명확히 일깨워 준다. 우리의 목표가 무엇인지, 그 목표와 우리의 일이 어떻게 연결되는지, 직장의 문화는 어떤지 파악할 수 있는 도구가 바로 이야기다. 현재 당신의 리더십에 관해 어떤 이야기가 들리는가? 당신의 팀이나 조직을 두고 어떤 이야기가 오가는가? 모두 '쇼트 윈'에 관한 이야기인가, '롱 윈'에 관한 이야기인가? 어떤 이야기를 만들어 가고 싶은지, 그 이야기를 만들기 위해 무엇이 필요한지 생각해 보자. 이야기는 종종 성공을 평가하는 가장 의미 있는 척도가 된다.

주

1   12세기 프랑스 수도사 알랭 드 릴이 현지에서 유행하던 속담을 라틴어로 번역한 것으로, 1175년경 《Parabolae》에 최초로 기록되었다. 이후 《이솝 우화》를 비롯해 수많은 노래, 시, 문학 작품에 등장했다. 제프리 초서의 《The House of Fame》, 《캔터베리 이야기》, 초서의 후계자 존 리드게이트가 쓴 시 《The Fall of Princes》, 셰익스피어의 《베니스의 상인》, 토머스 그레이의 《Ode on the Death of a Favourite Cat, Drowned in a Tub of Goldfishes》, 세르반테스의 《돈키호테》, J. R. R. 톨킨의 《반지의 제왕》 등에서 찾아볼 수 있다. 영화 〈인디아나 존스: 최후의 성전〉에도 이 격언을 떠올리는 장면이 나온다. 악당 도노반이 금과 보석으로 치장된 잔을 성배라 믿고 집착하지만, 사실 그의 동료 엘사가 꾸민 속임수였고 진짜 성배는 훨씬 소박한 잔이었다.

2   Buzz Aldrin, Magnificent Desolation: The Long Journey Home from the Moon, Harmony, 2009.

3   Andy Bull, 'Jonny Wilkinson: "It took a few years for the pressure to really build. And then it exploded"', The Guardian, 9 September 2019.

4   Valorie Kondos Field, Why Winning Doesn't Always Equal Success, TED Talk, 2019.

5   Donald Trump, electoral campaign speech, May 2016.

6   Danielle Gaucher, Justin Friesen and Aaron C. Kay, 'Evidence that gendered wording in job advertisements exists and sustains gender inequality', Journal of Personality and Social Psychology, 101 (1), 109 – 128, 2011.

7   Alfie Kohn, No Contest: The Case Against Competition: Why We Lose in Our Race to Win, Houghton Mifflin, 1986, p. 30.

8   David Hauser and Norbert Schwarz, 'The war on prevention II: Battle metaphors undermine cancer treatment and prevention and do not increase vigilance', Health Communication, 35 (13), 1698 – 1704, 2019.

9   Jerry Z. Muller, The Tyranny of Metrics, Princeton University Press, 2018, p. 79.

10 Joseph Stiglitz, 'It's time to retire metrics like GDP. They don't measure everything that matters', The Guardian, 24 November 2019.

11 Jay Winsten, 'Science and the media: The boundaries of truth', Health Affairs, 4 (1), 5 – 23, 1985.

12 예를 들어 Journalism Research and Education section of the International Associa-
    tion for Media and Communication Research conference, Stockholm, July 2008에
    게재된 Eva-Maria Jacobsson, Lee B. Becker, Tudor Vlad, C. Ann Hollifield and
    Adam Jacobsson, 'The impact of market competition on journalistic performance'
    가 있다.

13 죄수의 딜레마는 게임 이론에서 매우 널리 알려진 모델 중 하나다. 이 모델은 두 명의 합리
    적인 개인이 협력하는 것이 최선임에도 불구하고 협력하지 않을 수 있음을 보여 준다.
    1950년 메릴 플러드Merrill Flood와 멜빈 드레셔Melvin Dresher의 심리학 연구에서
    본격적으로 소개되었고, 이후 앨버트 터커Albert W. Tucker가 문제를 다음과 같이 정립
    했다.
    어느 범죄 조직의 구성원 두 명이 체포되어 감옥에 갇혔다. 두 사람은 독방에 갇혀 서로 소
    통할 수 없다. 검사는 두 죄수에게 거래를 제안한다. 상대방의 범죄를 증언해 배신할 수도
    있고, 침묵을 지켜 협력할 수도 있다. 만약 두 죄수가 서로를 배신하면 둘 다 2년형을 받는
    다. 반면 모두 침묵을 지키면 둘 다 1년형을 받는다. 하지만 한쪽이 상대방을 배신하면 배
    신한 쪽은 풀려나고, 침묵을 지키다 배신당한 쪽은 3년형을 받는다.
    두 죄수 모두 협력했을 때 얻는 보상이 배신했을 때 얻는 보상보다 크다. 하지만 상대가 협
    력하고 자신이 배신한다면 더 큰 보상을 얻을 수 있다. 개인에게 합리적인 선택이 둘 모두
    에게 합리적인 것은 아니다. 장기적으로 보면 둘 다 협력했을 때 각자 최대한의 이익을 얻
    는다.

14 이 활동을 처음 접한 곳은 리더십 트러스트Leadership Trust였다. 이 조직은 교육 과정
    에서 경험적 학습과 성찰의 시간을 중요하게 여긴다. 이후 여러 경영대학원에서도 이 활
    동을 교육의 일환으로 활용하고 있다.

15 Kohn, No Contest, p. 12.

16 Frans De Waal, Moral Behaviour in Animals, TED Talk, 2012.

17 Kohn, No Contest p. 21.

18 Ibid.

19 Charles Darwin, On the Origin of Species, Chapter III, John Murray, 1859, p. 6.

20 Albert Bandura, Social Learning Theory, Pearson, 1976.

21 Ibid.

22 Amy Cuddy, Your Body Language May Shape Who You Are, TED Talk, 2012. 흥미롭게
    도 커디의 파워 포즈 연구가 성공을 거두자 사람들의 반응은 극도로 적대적이었고 여전
    히 연구 결과를 인정하지 않는 이들도 많다. 커디는 계속해서 비판에 맞서야 했다.

23 Emma Vickers, 'Problem gambling among athletes: Why are they susceptible?',
    Believe Perform, https://believeperform.com/problem-gambling-among-athle
    tes-why-are-they-susceptible/

24   Matthew Syed, Bounce: The Myth of Talent and the Power of Practice, Harper Collins, 2010, p. 195.

25   Bull, 'Jonny Wilkinson'.

26   Bob Goldman and Ronald Klatz, Death in the Locker Room: Drugs & Sports (2nd ed.), Elite Sports Medicine Publications, 1992, p. 24.

27   James Connor, Jules Woolf and Jason Mazanov, 'Would they dope? Revisiting the Goldman dilemma', British Journal of Sports Medicine, 47 (11), 697 – 700, January 2013.

28   Frank Ryan, Sports and Psychology, Prentice Hall, 1981, p. 205.

29   Caroline Criado Perez, Invisible Women: Exposing Data Bias in a World Designed for Men, Chatto & Windus, 2019, p. xi.

30   Anand Giridharadas, Winners Take All: The Elite Charade of Changing the World, Knopf, 2018.

31   우분투 사상은 "네가 있어 내가 있다."라는 뜻을 가지고 있다. 데즈먼드 투투와 넬슨 만델라의 신학 덕분에 아프리카 바깥에도 널리 알려지게 되었다.

32   복싱 레슬링이 섞인 종합 격투기.

33   'The Olympic motto', www.olympic.org/the – olympic – motto

34   모노폴리는 원래 20세기 초 엘리자베스 매기Elizabeth Magie가 땅 투기와 자본주의 독점의 위험성을 경고하기 위해 만든 게임이다.

35   Margaret Heffernan, 'Hierarchies lie at the root of corporate decay', Financial Times, 7 December 2017.

36   Rich Karlgaard, Late Bloomers: The Power of Patience in a World Obsessed with Early Achievement, Currency, 2019.

37   Ibid.

38   Hanna Sistek, 'South Korean students wracked with stress: South Korea has one of the best education systems in the world, but student suicide rates remain high', Aljazeera, 8 December 2013, www.aljazeera.com/indepth/features/2013/12/south – korean – students – wracked – with – stress – 201312884628494144.html

39   Margaret Heffernan, A Bigger Prize, Simon & Schuster, 2014, p. 53.

40   Benjamin Zander and Rosamund Stone Zander, The Art of Possibility, Penguin, 2000, p. 31.

41   Zander and Zander, The Art of Possibility, p. 46. 윌 크러치필드Will Crutchfield는 피아노 콩쿠르 때문에 연주가 지나치게 획일화되고 있다고 한탄한 바 있다. 우승을 목표로 삼는 연주자들이 기교적으로 대범한 시도를 피하면서 자신의 잠재력을 떨어뜨린다는 것이다. 'The ills of piano competitions', New York Times, 16 May 1985를 참고하라.

42   Muller, The Tyranny of Metrics, p. 92.

43 David Boyle, Tickbox, Little Brown, 2020, p. 232.

44 Zander and Zander, The Art of Possibility, p. 25.

45 아놀드의 연구는 Eric Barker, Barking Up the Wrong Tree: The Surprising Science Behind Why Everything You Know about Success Is (Mostly) Wrong, Harper One, 2017, pp. 9 – 10에 인용되어 있다.

46 Kohn, No Contest, p. 100.

47 James P. Carse, Finite and Infinite Games, Free Press, 1986, p. 73.

48 Carol Dweck, Mindset: The New Psychology of Success, Random House, 2006.

49 Stephen M. Kosslyn, 'Are you developing skills that won't be automated?' Harvard Business Review, September 2019.

50 School House, 'Anthony Seldon on the future of education', Country and Town House, www.schoolhousemagazine.co.uk/education/anthony – seldon/

51 Margaret Heffernan, 'How to kill creativity, the Microsoft way', Inc., 6 February 2014, www.inc.com/margaret – heffernan/how – to – kill – creativity.html에 인용되어 있다.

52 Daniel H. Pink, Drive: The Surprising Truth About What Motivates Us, Canongate, 2009.

53 Ibid.

54 Annie Vernon, Mind Games: Determination, Doubt and Lucky Socks: An Insider's Guide to the Psychology of Elite Athletes, Bloomsbury, 2019, p. 209에 인용되어 있다.

55 Matthew Syed, 'Thomas Bjorn: I felt empty winning tournaments on my own, but this Ryder Cup victory was great', The Times, 3 October 2018.

56 Tyson Fury, Behind the Mask: My Autobiography, Century, 2019, p. 142.

57 Michael Hutchinson, Faster: The Obsession, Science and Luck Behind the World's Fastest Cyclists, Bloomsbury, 2014

58 'British rower Tom Ransley retires after Games delay', BBC Sport, 3 April 2020, www.bbc.co.uk/sport/rowing/52140705에 인용되어 있다.

59 Andre Agassi, Open: An Autobiography, HarperCollins 2009, location 3241 e –book.

60 Vernon, Mind Games, p. 214.

61 Adriaan Kalwij, The Effects of Competition Outcomes on Health: Evidence from the Lifespans of US Olympic Medalists, CESR – Schaeffer Working Paper No. 2017 – 006, 20 September 2017.

62 'Disappointment sends silver medallists to an early grave', The Times, 13 October 2018에 인용되어 있다.

63   Jerry Seinfeld, I'm Telling You for the Last Time (part 4 of 5), filmed live in Broad-
      hurst Theatre, New York, YouTube, 1998, www.youtube.com/watch?time_contin
      ue=5&v=PbIEjy_ww90&feature=emb_title

64   Jason G. Goldman, 'Why bronze medalists are happier than silver winners', Scientific
      American, 9 August 2012.

65   '은메달 증후군' 관련 연구에 대해 더 깊은 논의를 살펴보고 싶다면 로리 산토스Laurie
      Santos 박사의 팟캐스트 The Happiness Lab, episode 3, 'A silver lining', 1 October
      2019를 참고하기 바란다.

66   Jason Dorland, Chariots and Horses: Life Lessons from an Olympic Rower, Heritage
      House, 2011, p. 119.

67   Geraint Hughes, 'Team GB's men's rowers emotional over Tokyo Olympic Games
      2020 training', Sky Sports News, 8 January 2020에 인용되어 있다.

68   Hutchinson, Faster, p. 152

69   Lily Nothling, 'Cate Campbell opens up on being "Australia's poster girl for failure" after
      open letter to trolls', Australian Broadcasting Corporation, 31 August 2018, www.abc.net.
      au/news/2018-08-31/olympian-cate-campbell-pens-letter-to-trolls-
      qld/10186576; Cate Campbell, 'A letter to⋯ the keyboard warriors', 29 August 2018,
      www.exclusiveinsight.com/cate-campbell-a-letter-to-the-keyboard-warriors/에
      인용되어 있다.

70   'State of Sport 2018: Half of retired sportspeople have concerns over mental and emo-
      tional wellbeing', BBC Sport, 5 February 2018, www.bbc.co.uk/sport/42871491

71   'EY Personal Performance Programme', EY, www.ey.com/en_uk/workforce/perso
      nal-performance-programme

72   Baroness Tanni Grey-Thompson, Duty of Care in Sport: Independent Report to
      Government, April 2017, www.gov.uk/government/publications/duty-of-care-
      in-sport-review, p. 4. At the time of writing, many recommendations from this
      report have not been implemented.

73   Francesca Cavallerio, 'Sportsmen must develop identities outside sport', The
      Statesman, 21 June 2020.

74   선수의 커리어 전환을 이해하기 위한 연구는 점점 늘어나고 있다. 대표적으로 A. Da-
      cyshyn, 'When the balance is gone: The sport and retirement experiences of elite
      female gymnasts', in Jay Coakley and Peter Donnelly (eds), Inside Sports, Rout-
      ledge, 1999, pp. 212-222가 있다.

75   Kitrina Douglas, 'Storying myself: Negotiating a relational identity in professional sport',
      Qualitative Research in Sport and Exercise, 1 (2), 176-190, 2009.

76   Douglas Harper, Online Etymology Dictionary, www.etymonline.com

77   Hutchinson, Faster, p. 10.

78   Sean Ingle, 'British bobsleigh team told: Keep quiet about bullying or miss Olympics', The Observer, 17 June 2017; Sean Ingle, 'Inside British bobsleigh's "toxic" culture: The latest Olympic sport in the dock', The Guardian, 9 October 2017. The 2017 Independent Review into British cycling found shortcomings in governance, leadership and culture. See Report of the Independent Review Panel into the Climate and Culture of the World Class Programme in British Cycling, www.uksport.gov.uk/news/2017/06/14/british – cycling

79   'Values', Canadian Olympic Committee, https://olympic.ca/canadian – olympic – committee/values/

80   희생, 명예, 모험, 한계 극복과 같은 전통적인 '스포츠 윤리'에 지나치게 순응하면 부패에 취약해진다는 연구 결과가 있다. Robert Hughes and Jay Coakley, 'Positive deviance among athletes: The implications of overconformity to the sport ethic', Sociology of Sport Journal, 8 (4), 307 – 325.

81   Simon Barnes, Epic: In Search of the Soul of Sport and Why it Matters, Simon & Schuster, 2019.

82   Richard Moore, The Dirtiest Race in History: Ben Johnson, Carl Lewis and the 1988 Olympic 100m Final, Wisden, 2013, p. 299.

83   Atherton, Mike, 'It's sport, not business. Australia's sandpaper – gate report is vital for administrators everywhere. Mike Atherton says findings show damage of "win at all costs" ethos', The Times, 30 October 2018

84   Sport England, Go Where Women Are: Insight on Engaging Women and Girls in S port and Exercise, p. 13, https://sportengland – production – files.s3.euwest – 2.amazonaws.com/s3fs – public/insight_go – where – women – are.pdf?Vers ionId = eYAoAledAKaO0lngZqC6_DFYjF7_rfAI

85   Amanda J. Visek, Heather M. Mannix, Avinash Chandran, Sean D. Cleary, Karen McDonnell and Loretta DiPietro, 'Perceived importance of the fun integration theory's factors and determinants: A comparison amongst players, parents and coaches', International Journal of Sports Science and Coaching, 13 (6), 849 – 862, 2018; Amanda J. Visek, Sara M. Achrati, Heather Mannix, Karen McDonnell, Brandonn S. Harris, and Loretta DiPietro, 'The fun integration theory: Towards sustaining children and adolescents sport participation', Journal of Physical Activity and Health, 12 (3), 424 – 433, 2015.

86   Jeffrey Pfeffer and Robert Sutton, 'The knowing – doing gap', Stanford Business, 1 November 1999, www.gsb.stanford.edu/insights/knowing – doing – gap

87   Jeffrey Pfeffer and Robert Sutton, The Knowing – Doing Gap: How Smart Companies

Turn Knowledge into Action, Harvard Business School Press, 2000, p. 211.

88 Andrew Hill, 'The difficulty in managing things that cannot easily be measured', Financial Times, 26 November 2018.

89 Andrew Hill, 'The executive success factors that lead directly to jail', Financial Times, 10 February 2020에 인용되어 있다.

90 Muller, The Tyranny of Metrics, p. 20.

91 David Pilling, The Growth Delusion, Bloomsbury, 2018, p. 3.

92 Stiglitz, 'It's time to retire metrics like GDP'.

93 Heffernan, A Bigger Prize, p. 113.

94 Megan Reitz and John Higgins, Speak Up: Say What Needs to be Said and Hear What Needs to be Heard, Pearson, 2019, p. xxx.

95 Anthony Salz, Salz Review: An Independent Review of Barclays' Business Practices, Barclays, April 2013, p. 82.

96 Heffernan, A Bigger Prize, p. 287에 인용되어 있다.

97 Bruce Daisley, The Joy of Work, Penguin Random House, 2019, pp. 3, 21.

98 Thomas J. DeLong and Vineeta Vijayaraghavan, 'Let's hear it for B players', Harvard Business Review, June 2003.

99 'Ministerial statements—mosque terror attacks—Christchurch', New Zealand Parliament, 19 March 2019, www.parliament.nz/en/pb/hansard-debates/rhr/combined/Hans Deb_20190319_20190319_08

100 Edward Luttwak, The Pentagon and the Art of War, Simon & Schuster, 1985.

101 Andrew Mackay and Steve Tatham, Behavioural Conflict: Why Understanding People and Their Motivations Will Prove Decisive in Future Conflict, Military Studies Press, 2011.

102 General Stanley McChrystal, Team of Teams: New Rules of Engagement for a Complex World, Penguin, 2015, p. 249.

103 '"You did not act in time": Greta Thunberg's full speech to MPs', The Guardian, 23 April 2019.

104 David Brooks, The Social Animal: A Story of How Success Happens, Random House, 2011, p. x.

105 Dan Cable, Alive: The Neuroscience of Helping Your People Love What They Do, Harvard Business Review Press, 2019, p. 123.

106 Gianpiero Petriglieri, 'Are our management theories outdated?', Harvard Business Review, June 2020.

107 Alex Hill, Liz Mellon and Jules Goddard, 'How winning organizations last 100 years', Harvard Business Review, September 2018. 이 글에 따르면 2018년까지 80년

동안 미국 S&P 500 기업의 평균 수명은 67년에서 15년으로 80퍼센트 감소했다. 한편 2018년까지 30년 동안 영국 FTSE 100 기업의 76퍼센트가 사라졌다.

108 Jim Collins, Good to Great: Why Some Companies Make the Leap… And Others Don't, Collins, 2001, p. 194.

109 예를 들어 'Apple's Worldwide Developers Conference 2020 kicks off in June with an all-new online format', press release, Apple, 13 March 2020, www.apple.com/uk/newsroom/2020/03/apples-wwdc-2020-kicks-off-in-june-with-an-all-new-online-format/가 있다.

110 'Our approach to Search', Google, www.google.com/search/howsearchworks/mission/

111 EY, 'The Business Case for Purpose', Harvard Business Review, 2016, pp. 1, 4, https://assets.ey.com/content/dam/ey-sites/ey-com/en_gl/topics/digital/ey-the-businesscase-for-purpose.pdf

112 George Serafeim, 'Facebook, BlackRock, and the case for purpose-driven companies', Harvard Business Review, January 2018; George Serafeim, 'The type of socially responsible investments that make firms more profitable', Harvard Business Review, April 2015.

113 Robert Phillips, 'Accountability: A business answer to a world in crisis', Jericho, 19 November 2019, www.jerichochambers.com

114 James Kerr, Legacy: What the All Blacks Can Teach Us about the Business of Life, Constable, 2013, p. 13.

115 Mihalyi Czihsentmihalyi, Flow: The Psychology of Optimal Experience, CreateSpace Independent Publishing, 1990.

116 영국 조정 팀의 스포츠 심리학자 크리스 샴브룩은 '결과에 납치당한다'는 표현을 만들었다. 우리가 승패에 집착하고 결과의 중요성에 사로잡혀 결과에 따라 자신을 규정하고 마는 순간을 경계하라는 뜻이었다. 그 덕분에 우리는 배를 최대한 빠르게 달리도록 해서 최고의 퍼포먼스를 내는 데에만 다시 집중할 수 있었다.

117 1998년 심리학의 한 분야로 공식적으로 인정받은 긍정 심리학은 수천 년에 걸친 종교적, 역사적 개념에 뿌리를 두고 있다. 특히 3장에서 언급한 아리스토텔레스 윤리학의 핵심 개념 '인간의 번영'과 밀접히 연관된다. 긍정 심리학은 서유럽과 미국에서 크게 발전했으며, 물질적 성과가 아닌 긍정적인 감정과 사회적 유대감을 통해 행복을 추구하도록 한다. 그리고 낙관주의와 목적의식, '의미 있는 삶'을 중시하며, 삶에서 진정으로 중요한 게 무엇인지 알기 위해 내면의 가치와 감각을 돌아보게 만든다. 긍정 심리학은 시간에 대한 관점도 바꾼다. 과거의 문제보다는 미래의 가능성에 주목해야 한다는 것이다.

118 Ben Hunt-Davis and Harriet Beveridge, Will It Make the Boat Go Faster? Olympic-Winning Strategies for Everyday Success, Matador, 2012와 Will It Make the

Boat Go Faster? website, www.willitmaketheboatgofaster.com를 모두 참고하라.

119 Teresa Amabile and Steven Kramer, The Progress Principle: Using Small Wins to Ignite Joy, Engagement, and Creativity at Work, Harvard Business Review Press, 2011, pp. 7, 10.

120 BBC Radio 4, 'The cathedral thinkers', BBC Sounds, 24 March 2020.

121 Eric Ries, The Lean Startup: How Today's Entrepreneurs Use Continuous Innovation to Create Radically Successful Businesses, Crown, 2011.

122 Embankment Project for Inclusive Capitalism, https://coalitionforinclusivecapitalism. com/epic/

123 Beatrice Pembroke and Ella Saltmarshe, 'The long time', Medium, 29 October 2018, https://medium.com/@thelongtimeinquiry/the - long - time - 3383b43d42ab

124 'Do we need to re - think our ideas of time?', BBC Ideas, www.bbc.co.uk/ideas/videos/ do - we - need - to - re - think - our - ideas - of - time/p0818lnv

125 Greta Thunberg, Speech to UK Parliament, 23 April 2019.

126 Barker, Barking Up the Wrong Tree, pp. 239.

127 Daniel Kahneman and Angus Deaton, 'High income improves evaluation of life but not emotional well - being', Proceedings of the National Academy of Sciences, 107 (38), 16489 - 16493, 2010.

128 Peter J. Kuhn, Peter Kooreman, Adriaan Soetevent and Arie Kapteyn, The Own and Social Effects of an Unexpected Income Shock: Evidence from the Dutch Postcode Lottery, Department of Economics, University of California Santa Barbara, 2008.

129 Philip Brickman, Dan Coates and Ronnie Janoff - Bulman, 'Lottery winners and accident victims: Is happiness relative?', Journal of Personality and Social Psychology, 36 (8), 917 - 927, 1978.

130 Sinek, The Infinite Game, pp. 221.

131 딜로이트Deloitte는 미국 비영리 단체인 소셜 프로그레스 임페러티브Social Progress Imperative와 함께 2015년 사회 발전 지수Social Progress Index를 개발했다. 이 지수 는 사회와 환경 지표에 중점을 둔다. 국가의 발전을 평가할 때 더 이상 경제 성장만 보아서 는 안 된다는 뜻이다.

132 Alvin Toffler, Powershift: Knowledge, Wealth and Power at the Edge of the 21st Century, Bantam, 1990.

133 Satya Nadella, Hit Refresh: The Quest to Rediscover Microsoft's Soul and Imagine a Better Future for Everyone, Harper, 2017.

134 Matthew Syed, Blackbox Thinking: The Surprising Truth About Success, John Murray, 2015.

135 Yian Yin, Yang Wang and Dashun Wang, 'Quantifying the dynamics of failure across sci-

ence, startups and security', Nature, 575, 190 – 194, 2019.

136 Jeff Bezos, '2018 letter to shareholders', Amazon, 11 April 2019, https://blog.about amazon.com/company –news/2018 –letter –to –shareholders?utm_source = social&utm_medium =tw&utm_term =amznews&utm_content = 2018letter

137 Ali Ash talking about his book, The Unfair Advantage, co – written with Hasan Kubba, on Alison Jones' The Extraordinary Business Book Club podcast, episode 202.

138 David Epstein, Range: Why Specialists Triumph in a Specialized World, Riverhead, 2019, p. 97.

139 Ibid, p. 86.

140 Ibid, p. 90.

141 'An overview of cooperative learning', Cooperative Learning Institute, www.co – operation.org/what –is –cooperative –learning

142 Alfie Kohn, 'Learning together: A defense and analysis of cooperative learning', Alfie Kohn, www.alfiekohn.org/cl/

143 Matthew Syed, Rebel Ideas: The Power of Diverse Thinking, John Murray, 2019, p.37

144 David L. Georgenson, 'The problem of transfer calls for partnership', Training and Development Journal, 36 (10), 75 – 78, 1982.

145 Alan M. Saks, 'So what is a good transfer of training estimate? A reply to Fitzpatrick', The Industrial –Organizational Psychologist, 39, 29 – 30, 2002.

146 David Hibbard and Duane Buhrmester, 'Competitiveness, gender, and adjustment among adolescents', Sex Roles, 63 (5 –6), 412 –424, 2010; Richard M. Ryckman, Cary R. Libby, Bart van den Borne, Joel A. Gold and Marc A. Lindner, 'Values of hypercompetitive and personal development competitive individuals', Journal of Personality Assessment, 69 (2), 271 – 283, 1997.

147 John Whitmore, Coaching for Performance: The Principles and Practice of Coaching and Leadership, Nicholas Brealey, 1992.

148 Julia Milner and Trenton Milner, 'Most managers don't know how to coach people. But they can learn', Harvard Business Review, August 2018.

149 Kenneth Mikkelsen and Richard Martin, The Neo –Generalist, LID, 2016, p. 114.

150 Jeffrey Thompson Parker, Flicker to Flame: Living with Purpose, Meaning, and Happiness, self –published, 2006, p. 118에 인용되어 있다.

151 Clayton Christensen, How Will You Measure Your Life? Harvard University Press, 2017, pp. 29 – 30.

152 Brooks, The Social Animal, pp. xx, xviii.

153 Jeremy Wilson, 'Alex Danson has "zero regrets" after bringing glittering career to

an end following cruel head injury', The Telegraph, 20 February 2020에 인용되어
있다.

154 Terry Orlick, Winning Through Cooperation: Competitive Insanity, Cooperative
Alternatives, Acropolis, 1978, p. 121.

155 이 책에서 협력과 협업은 엄밀하게 구분되지 않은 채 사용되었다. 일반적으로 협업은 협
력보다 더 많은 이해관계, 책임, 목적을 공유하는 것을 뜻하지만, 교육, 정치, 비즈니스, 스
포츠 등 분야에 따라 둘의 구분은 조금씩 다를 수 있다. 중요한 건 협력과 협업 모두 진정
한 '연결'이 필요하다는 것이다.

156 영국 국립 정신 건강 연구소National Institute of Mental Health와 같은 기관에서는 최
근 몇 년간 인구 집단과 정신 건강 문제의 다양한 측면을 상세히 추적해 보고서를 작성했
다. Paul Wachtel's The Poverty of Affluence: A Psychological Portrait of the Ameri-
can Way of Life, Free Press, 1983에서는 미국의 '고립적 개인주의'의 근원으로 '성장에
대한 끝없는 욕망'을 지목한다. 2021년 출범한 외로움과 연결에 관한 글로벌 이니셔티
브Global Initiative on Loneliness and Connection는 외로움의 사회적, 심리적, 경제
적 영향을 더 깊이 이해하고 각국의 정책을 지원하는 데 힘쓰고 있다(www.gilc.global을 참
고하라). 2018년 영국 정부는 외로움에 대응하는 전략으로 연결된 사회Connected Soci-
ety를 발표했다. 이 전략은 조 콕스 재단The Jo Cox Foundation 등 외로움과 고립을 해
결하기 위해 연구 결과와 권고안을 제시하는 여러 단체의 도움을 받아 만들어졌다.

157 Brené Brown, The Gifts of Imperfection, Hazelden, 2010, p. 19.

158 건강한 삶을 위해서는 긍정적인 문화가 필수다. 친구를 사귀고 유대감을 쌓는 것은 실제
로 삶의 태도뿐만 아니라 면역력과 혈압에도 영향을 미친다. Emma Seppälä and Kim
Cameron, 'Proof that positive work cultures are more productive', Harvard Busi-
ness Review, December 2015.

159 Andrew J. Howell, Raelyne L. Dopko, Holli-Anne Passmore and Karen Buro, 'Na-
ture connectedness: Associations with well-being and mindfulness', Personality
and Individual Differences, 51 (2), 166-171, 2011.

160 Petriglieri, 'Are our management theories outdated?'

161 Paul Skinner, Collaborative Advantage: How Collaboration Beats Competition as a Strate-
gy for Success, Robinson, 2018, p. 143.

162 John Vincent and Sifu Julian Hitch, Winning Not Fighting: Why You Need to Rethink
Success and How You Achieve it with the Ancient Art of Wing Tsun, Penguin, 2019, p.
60.

163 Heffernan, A Bigger Prize, p. 33.

164 Sinek, The Infinite Game, pp. 159-160.

165 Adam Grant, Give and Take: A Revolutionary Approach to Success, Weidenfeld & Nicol-

son, 2013, pp. 11 – 12.

166 이 분야에서 다양한 연구가 진행된 바 있다. 다음을 참고하라. Amy C. Edmondson's Teaming, Jossey – Bass, 2012, and The Fearless Organization, Wiley, 2008; Sandy Pentland's work at MIT's Human Dynamics Lab; Alex Pentland, 'The new science of building great teams', Harvard Business Review, 2012; and Brené Brown, The Power of Vulnerability, TED Talk.

167 Paul J. Zak, 'The neuroscience of trust', Harvard Business Review, January – February 2017.

168 Yuval Noah Harari, Sapiens: A Brief History of Humankind, Harvill Secker, 2011.

169 'A speech by Prince Harry at the closing ceremony of the Invictus Games, London, 2014', The Royal Household, 14 September 2014, www.royal.uk/speech – hrh – prince – harry – closing – ceremony – invictus – games – london

170 Jason Dorland, Pulling Together: A Coach's Journey to Uncover the Mindset of True Potential, Heritage House, 2017, p. 241.

171 John McAvoy, Redemption: From Iron Bars to Ironman, Pitch, 2016.

172 Malcolm Gladwell, David & Goliath: Underdogs, Misfits and the Art of Battling Giants, Little, Brown & Company, 2013, pp. 12 – 13.

173 Ibid, p. 6.

찰나의 영광을 넘어 오래 지속되는 승리로

롱 윈

초판 1쇄 발행 2025년 3월 26일

지은이 캐스 비숍
옮긴이 정성재
펴낸이 김선식, 이주화

기획편집 임지연
콘텐츠 개발팀 이동현, 임지연
콘텐츠 마케팅팀 안주희
디자인 STUDIO 보글

펴낸곳 ㈜클랩북스 출판등록 2022년 5월 12일 제2022-000129호
주소 서울시 마포구 어울마당로3길 5, 201호
전화 02-332-5246 팩스 0504-255-5246
이메일 clab22@clabbooks.com
인스타그램 instagram.com/clabbooks
페이스북 facebook.com/clabbooks

ISBN 979-11-93941-30-0 (03330)

㈜클랩북스는 독자 여러분의 책에 관한 아이디어와 원고 투고를 기다리고 있습니다.
책 출간을 원하시는 분은 이메일 clab22@clabbooks.com으로 간단한 개요와 취지, 연락처 등을 보내주세요.
'지혜가 되는 이야기의 시작, 클랩북스'와 함께 꿈을 이루세요.